DIÁRIO DE FERNANDO

FREI BETTO

DIÁRIO DE FERNANDO

Nos cárceres da ditadura militar brasileira

Rocco

Copyright © 2009 by Frei Betto e Frei Fernando de Brito

"A noite dissolve os homens", in *Sentimento do mundo*, de Carlos Drummond de Andrade, Rio de Janeiro, Record. Reproduzido mediante autorização. *Copyright*: Carlos Drummond de Andrade © Graña Drummond. www.carlosdrummond.com.br

Direitos desta edição reservados à
EDITORA ROCCO LTDA.
Rua Evaristo da Veiga, 65 – 11º andar
Passeio Corporate – Torre 1
20031-040 – Rio de Janeiro – RJ
Tel.: (21) 3525-2000 – Fax: (21) 3525-2001
rocco@rocco.com.br | www.rocco.com.br

Printed in Brazil/Impresso no Brasil

revisão especial de texto
FELIPE ANTUNES DE OLIVEIRA

preparação de originais
MARIA HELENA GUIMARÃES PEREIRA

CIP-Brasil. Catalogação na fonte.
Sindicato Nacional dos Editores de Livros, RJ.

B466d Betto, Frei, 1944-
    Diário de Fernando / Frei Betto. – Rio de Janeiro: Rocco, 2009.

    ISBN 978-85-325-2427-0

    1. Tito, Frei, 1945-1974. 2. Prisioneiros políticos – Brasil – Diários. 3. Dominicanos – Brasil – Atividades políticas. I. Título.

09-1286
CDD–920.936545
CDU–929:343.301

O texto deste livro obedece às normas do
Acordo Ortográfico da Língua Portuguesa.

*Para Edson Braga de Souza
e Mário Simas,
em gratidão.*

*E em memória de
frei Domingos Maia Leite.*

"Nossa memória é nossa coerência, nossa razão, nossa ação, nosso sentimento. Sem ela, não somos nada."

LUIS BUÑUEL

Sumário

Introdução... 11
I – DEOPS – Novembro de 1969... 15
II – Presídio Tiradentes – Dezembro de 1969...................... 45
III – Presídio Tiradentes – Janeiro de 1970......................... 63
IV – Quartéis – Setembro de 1970...................................... 117
V – Retorno ao Presídio Tiradentes – Outubro de 1970...... 125
VI – Presídio Tiradentes – Janeiro de 1971......................... 141
VII – Presídio Tiradentes – Janeiro de 1972........................ 161
VIII – Penitenciária do Estado e Carandiru – Maio
 e Junho de 1972... 181
IX – Penitenciária de Presidente Venceslau – Junho de 1972...... 209
X – Penitenciária de Presidente Venceslau – Janeiro de 1973...... 243
Epílogo.. 277

Siglas

ALN – Ação Libertadora Nacional
CENIMAR – Centro de Informações da Marinha
CNBB – Conferência Nacional dos Bispos do Brasil
CRB – Conferência dos Religiosos do Brasil
DEIC – Departamento Estadual de Investigações Criminais
DEOPS – Departamento Estadual de Ordem Política e Social – Criado em 1924, era originalmente Delegacia Especializada de Ordem Política e Social
DIPE – Departamento dos Institutos Penais do Estado
DOI-CODI – Destacamento de Operações e Informações – Centro de Operações de Defesa Interna
DOPS – Departamento de Ordem Política e Social
DP – Delegacia de Polícia
ESTADÃO – jornal *O Estado de S. Paulo*
EUA – Estados Unidos da América
FAB – Força Aérea Brasileira
GTA – Grupo Tático Armado
IBRADES – Instituto Brasileiro de Desenvolvimento
IPM – Inquérito Policial Militar
JEC – Juventude Estudantil Católica
JUC – Juventude Universitária Católica
MDB – sigla do partido Movimento Democrático Brasileiro
MOBRAL – Movimento Brasileiro de Alfabetização
MOLIPO – Movimento de Libertação Popular
MPL – Movimento Popular de Libertação
MRT – Movimento Revolucionário Tiradentes
OBAN – Operação Bandeirantes
OEA – Organização dos Estados Americanos
ONU – Organização das Nações Unidas
PCB – Partido Comunista Brasileiro
PCBR – Partido Comunista Brasileiro Revolucionário
PCdoB – Partido Comunista do Brasil
PE – Polícia do Exército
PM – Polícia Militar
PUC – Pontifícia Universidade Católica
SENAI – Serviço Nacional de Aprendizagem da Indústria
SNI – Serviço Nacional de Informações
TFP – Tradição, Família e Propriedade (seita ultramontana de origem católica)
UBES – União Brasileira de Estudantes Secundaristas
UEE – União Estadual de Estudantes
UNE – União Nacional dos Estudantes
USP – Universidade de São Paulo

Introdução

Um grupo de frades dominicanos de São Paulo envolveu-se, na segunda metade da década de 1960, com a resistência à ditadura militar implantada no Brasil por um Golpe de Estado, em abril de 1964. Presos em novembro de 1969 – por apoiarem movimentos de guerrilha urbana, em especial a Ação Libertadora Nacional (ALN), comandada por Carlos Marighella –, os religiosos, após passarem pelo DEOPS (polícia política) de São Paulo e pelo DOPS de Porto Alegre, transitaram, ao longo de quatro anos, por diferentes cárceres paulistas: Presídio Tiradentes, Operação Bandeirantes (OBAN, futuro DOI-CODI), quartéis da Polícia Militar, Penitenciária do Estado, Carandiru (Casa de Detenção) e Penitenciária Regional de Presidente Venceslau (SP).

Condenados a quatro anos de reclusão – Fernando de Brito, Ivo Lesbaupin e eu –, nos últimos 16 meses de encarceramento perdemos o direito ao regime especial de presos políticos e fomos misturados a presos comuns.

Toda essa *via crucis* foi devidamente documentada, mormente por nossas cartas de prisão, reunidas em *O canto na fogueira* (Vozes). Outras cartas escritas por mim foram editadas sob os títulos *Cartas da prisão* (Civilização Brasileira) e *Das catacumbas* (Civilização Brasileira).[1] No início da década de 1980, publiquei *Batismo de sangue* (Rocco), narrativa minuciosa das circunstâncias que nos

---

[1] Minhas cartas de prisão, anteriormente reunidas em dois volumes, agora se encontram editadas em um único, intitulado *Cartas da prisão* (Rio, Agir 2008).

induziram a apoiar a luta armada. Descrevo no livro a morte de Carlos Marighella, as sevícias sofridas por nós na prisão e, em destaque, a agonia e o martírio de frei Tito de Alencar Lima, levado à morte, em 1974, na França, em consequência das torturas.[2] Em 2007, o relato chegou às telas em filme de mesmo nome dirigido por Helvécio Ratton. Acresce-se à bibliografia o romance *O dia de Ângelo* (Brasiliense), baseado em minha experiência de isolamento em celas solitárias. Um depoimento contundente de João Antônio Caldas Valença, ex-frei Maurício,[3] que esteve preso conosco, pode ser encontrado na internet: www.carlos.marighella. nom.br/1960.htm

Durante quase quatro décadas, apenas duas ou três pessoas sabiam da existência de um outro documento, inédito, de inestimável valor histórico: o diário de prisão de frei Fernando de Brito. Ao longo de quase quatro anos, Fernando muniu-se de coragem e dedicação para registrar o dia a dia no cárcere. Obstinado monge das catacumbas, anotava em papel de seda, em letras microscópicas, o que via e vivia. Em seguida, desmontava uma caneta Bic opaca, cortava ao meio o canudinho da carga, ajustava ali o diário minuciosamente enrolado e remontava-a. No dia de visita, trocava a caneta portadora do diário com outra idêntica levada por um dos frades do convento.

O risco era permanente, sobretudo em decorrência das frequentes revistas a que éramos submetidos, em especial ao nos dirigir às visitas e nos retirar de volta à cela. Muitas vezes Fernando viu-se obrigado a destruir folhas do diário para evitar caírem em mãos da repressão. Ameaças de revistas em nossas celas, mudanças de prisão, períodos de extrema tensão, como por ocasião de

---

[2] Anos depois, o saldo é como o balanço do incêndio: não importa o que foi consumido pelo fogo, exceto as vítimas e o milagre da sobrevivência da maioria. Frei Tito de Alencar Lima sucumbiu, impelido à morte para livrar-se dos demônios que as sevícias alojaram em sua alma. Em ato extremo de fé, fugiu das atribulações que lhe turvavam o espírito e jogou-se decidido no lado avesso da vida. Mergulho inefável. Dele fica a lição de que só é livre na morte quem faz de si sacramento de vida.
[3] Até o Concílio Vaticano II (1962-1965), era costume se adotar um novo nome ao ingressar numa Ordem ou congregação religiosa, como sinal de renascer para uma nova vida.

sequestros de diplomatas, eram fatores que o induziam a escolher a cautela e queimar suas anotações. Ou deixar de fazê-las. Daí as incompletudes que o leitor perceberá no relato.

Como registra Fernando neste diário, ainda que desconfiassem da caneta que o acompanhava às visitas, ela escrevia, e as suspeitas dos carcereiros estão longe de superar a imaginação criativa dos encarcerados. Do mesmo modo que se deu vazão a este diário, saíram também através de nós denúncias de torturas, de assassinatos e das condições prisionais.

A repressão sempre desconfiou dos frades prisioneiros. Por isso nos isolou dos demais presos políticos em meados de 1972, transferindo-nos para penitenciárias de presos comuns. O que ela nunca soube é como relatos tão precisos transpiravam de muralhas guardadas sob severa vigilância.

A esquerda, tão obcecada pela terra das promissões, pelo futuro messiânico, nem sempre se dá conta de que a direita funda seu poder também na apropriação do passado. A direita, na contramão de Hegel, volta atrás para pisar nas pequenas flores que restaram no caminho, abrigadas sob majestosas copas de grandes árvores que lhes dão sombra. Os mortos, a religião, a tradição... eis o que a esquerda por vezes despreza e a direita apodera-se, açambarca.

Desde 2005, assumi a tarefa de transformar os diminutos alfarrábios de Fernando – alguns a exigirem o auxílio de lentes de aumento – em obra literária. Chegara a hora de dar a conhecer, sobretudo às novas gerações, o que ocorria – conosco e com outras vítimas – nos cárceres da ditadura militar brasileira. O material bruto é bem mais extenso do que o conteúdo deste livro, no qual algumas notas explicativas figuram no pé de páginas. Estou seguro, entretanto, de que nada que mereça interesse histórico foi omitido.

O leitor e a leitora têm agora em mãos um documento que não foi redigido pela ótica acadêmica de um historiador, nem pelo esforço de investigação de um memorialista ou por um jornalista motivado pelo faro do noticiável. Trata-se do testemunho de um preso político, de uma vítima da ditadura, de um observador atento que não ergueu barreiras entre o que presenciou e sentiu, sofreu, ansiou e comemorou. Objetividade e subjetividade são aqui faces de uma mesma moeda, a do preço que se paga para que a memória das vítimas se torne, na história da humanidade – como queria Walter Benjamin – perene e subversiva.

FREI BETTO
São Paulo, 4 de novembro de 2008

CAPÍTULO I

DEOPS

Novembro de 1969

O casarão vermelho é um animal sinistro; o apetite, insaciável; a voracidade, incontida. As paredes grossas, pesadas, não permitem que do lado de fora se ouça o deglutir ávido, envilecido, desse enorme Moloch erguido, solene, no centro de São Paulo. Largo General Osório, 66. Mais um algarismo idêntico e tem-se o número da Besta. Suas pequenas bocas sugam o enxame de capturados, ração cotidiana à venerável deusa da Segurança Nacional.

Dentro do edifício construído por Ramos de Azevedo nos primórdios do século XX, dentro do mastodonte inspirado na arquitetura inglesa, dentro do que outrora serviu de armazém e escritório à Estrada de Ferro Sorocabana, cujos trilhos passam às suas costas, aqui dentro ecoam gritos de dor, e manivelas rodam, rodam, rodam, eletrizam correntes, provocam espasmos em corpos esgarçados de homens e mulheres amarrados à cadeira do dragão,[4] dependurados no pau de arara, atirados às masmorras.

---

[4] A "cadeira do dragão" consistia numa pesada cadeira recoberta de zinco ou chapa de ferro galvanizado, com correias de borracha para prender os braços da vítima, e travas de espuma de látex para as pernas. Na parte posterior, havia uma proeminência por onde eram introduzidos os magnetos da máquina de choque elétrico. Verdadeira cadeira elétrica, possuía uma travessa de madeira que empurrava os pés do prisioneiro para trás, ferindo suas pernas a cada espasmo provocado pelos choques.

O prédio vermelho sedia, desde 1935, o Departamento Estadual de Ordem Política e Social (DEOPS), a polícia política. As paredes externas parecem tingidas pelo sangue de tantos seviciados, como se corpos enxágues, transpirados pela dor, borrifassem a fachada. Comemos três vezes ao dia. Ao amanhecer, café e leite frios, pão seco, sem manteiga ou margarina. As rações do almoço e jantar chegam da Penitenciária do Estado em latões sujos, amassados, enferrujados. Os carcereiros enfiam ali a concha de alumínio de cabo longo e a esvaziam em nossos pratos de folha de alumínio enegrecidos pelo uso. Proibidos de manipular utensílios pontiagudos, só nos resta comer de colher. O almoço, às onze da manhã, consiste em arroz "unidos venceremos", uma sopa escura e rala de feijão pedregoso, na qual boiam uns poucos grãos, e um punhado de repolho gosmento, algo de aspecto indefinido e sabor amargo. Às vezes, uma pasta grudenta, besuntada de óleo de soja, lembra macarrão. O jantar quase sempre se resume a uma sopa de lentilha, um caldo frio com leve sabor de carne. De vez em quando, se descobre um pedaço de muxiba mergulhado na água opaca.

 Dia e noite, escutamos os ruídos da Sorocabana: locomotivas em manobra, engate de vagões, como se o aferrolhar de rodas dentadas mordendo trilhos multiplicasse exageradamente o estrépito das chaves dos carcereiros nas fechaduras enferrujadas de nossas celas.

 A principal figura desse castelo de Frankenstein é o delegado Sérgio Paranhos Fleury, chefe do Esquadrão da Morte. Seus olhos de águia, inoculados de ódio, são quase líquidos. Ao torturar, tornam-se salientes, marcados por rubras e finas estrias. A cabeça redonda assemelha-se a uma bola a equilibrar-se sobre o corpanzil. O tronco avolumado não tem a flacidez dos obesos; antes, dá a impressão de que, por dentro da pele, a estrutura óssea é suficientemente dilatada para ocupar todos os espaços. As bochechas alargam o rosto e o nariz é diminutamente desproporcional ao desenho oval da face. Os cabelos são crespos e ralos, cuidadosamente fixados para imprimir-lhe aparência asseada. As mãos, gigantes, trazem dedos arredondados, e o tom grave da voz acentua-lhe o modo impositivo de falar.

Seu pai, médico necropsista da polícia, morreu em consequência de doença contraída após autópsia de um preso. Quem sabe no inconsciente de Fleury soe continuamente o alarme de que todo preso é o assassino de seu pai; e, como tal, merece ser severamente punido. De nossos encontros não guardo a imagem de um policial; mais se assemelha a um personagem sádico de filme de terror, como se o sofrimento alheio, aliado à humilhação, lhe causasse prazer orgiástico. Não perde tempo em inquirir ou investigar; seu cartão de visitas é a dor. Utiliza os instrumentos de tortura como um cirurgião equipado para abrir, sem anestesia, as entranhas do paciente e extrair o tumor. A seus olhos cada prisioneiro porta o vírus capaz de ameaçar a segurança nacional, contaminando o corpo social. Antes que a peste se espalhe, urge arrancá-lo a ferro e fogo. Se o prisioneiro resiste com o seu silêncio, Fleury passa dos métodos "científicos" – pau de arara, choque elétrico, afogamento – aos brutais: arranca unhas com alicate, fura o tímpano, cega um olho, castra. Nesses casos, quase sempre mata. O único silêncio que não lhe irrita os ouvidos nem lhe instiga a prepotência é o da morte.

 A tortura tem por objetivos obter informações e degradar o prisioneiro. Encerra métodos eficazes: humilha a vítima, antagoniza o corpo ao espírito, opõe-se-lhe em campos opostos a sua dor e o seu ideal. Obriga-a a ser testemunha de seu opróbrio. Reduz o humano à abjeta condição de verme. Mergulha-o num oceano de terror cujas margens ignora. Não há boia de salvação nem se consegue nadar. O naufrágio é inevitável. A diferença é que, em vez de água, há sangue, fezes, urina. Virado ao avesso, o organismo exibe as vísceras.

 O torturador esquece facilmente. Embotado pelo ofício, é como o carrasco que, insensível, apaga da memória o número e o semblante de suas vítimas. O torturado jamais esquece. Sua resistência reside na memória. Esta não se pode apagar. Não se trata de reter a lembrança da dor guardada no pote de mágoa. Nesse caso, a vingança é inútil, pode-se punir um torturador, jamais a tortura e os torturadores. Por isso a memória da dor é subversiva. Cria o desconforto, desmascara os cínicos, mantém acesa a tocha da Justiça. É o grito permanentemente parado no ar. Não o grito da vítima espancada, mas da indignação, da reafirmação do humano, da negação do terror. Grito que silencia o horror.

"Frei Fernando, subir!", chamou Adão, o carcereiro. Adão tem olhos avoengos, fala mansa, jeito cordial. Um anjo nas galerias do inferno. Ao contrário dos colegas de trabalho, não se cumplicia com os torturadores. Possui índole misericordiosa, no sentido etimológico do termo. Nossa dor de algum modo também o fere.[5]

Fui conduzido ao gabinete do delegado Alcides Cintra Bueno, delegado de Cultos. Baixinho, obeso, rosto macilento, seus dedos curtos e rechonchudos lembram lagartas estufadas. Os olhos diminutos carecem de luz, e a voz, áspera, soa irritante. Ex-aluno dos irmãos maristas, o doutor Cintra funciona, de fato, como inquisidor. Faz a ponte entre a polícia política e as denominações religiosas. Padres e pastores, informantes da repressão, prestam contas a ele. Superiores e superioras de Ordens e congregações religiosas vêm, rastejantes, delatar seus próprios súditos. Doutor Cintra confessa-se católico fervoroso e, no entanto, justifica a tortura, compara-a à palmatória que os irmãos maristas lhe aplicavam em sala de aula...

Encontrei o gabinete quase às escuras. O delegado mandou-me sentar à sua frente. Fez uma ou duas perguntas de praxe. Súbito, escutei uma voz. Procedia de alguém acomodado ao fundo da sala, obliquamente à minha esquerda, encoberto pela penumbra acentuada pelo abajur a seu lado. Virei-me e, surpreso, vi tratar-se do jornalista Lenildo Tabosa Pessoa, do *Jornal da Tarde*. A família Mesquita, dona do periódico, sempre se gabou de sua independência frente ao poder público, o que lhe valeu perseguições sob regimes autoritários que governaram o Brasil.

---

[5] O carcereiro Adão demitiu-se dias depois do DEOPS, por não suportar as atrocidades que presenciava.

Contudo, ali estava, acólito de um delegado do DEOPS, um de seus mais destacados profissionais. Talvez uma fonte privilegiada de informações à repressão política.

Ex-seminarista em Pernambuco, católico ultramontano, Lenildo Tabosa Pessoa escreve obsessivamente sobre dois temas: ataques furibundos à Igreja progressista e aviação, seu diletantismo. Quanto ao primeiro, suas baterias têm como alvo principal dom Hélder Câmara, arcebispo de Olinda e Recife (PE).

Supondo não ter sido reconhecido, o jornalista iniciou um interrogatório "canônico". Indagou de onde vêm os recursos da CNBB e da CRB, se conheço outras comunidades subversivas como a dos dominicanos, que ligação havia entre Carlos Marighella e dom Hélder Câmara etc. Monossilábico, respondi ignorar as respostas para algumas perguntas e neguei outras. Meia hora depois o delegado dispensou-me. A soturna figura não se moveu do sofá em que se encontrava afundada.[6]

É nosso vizinho nessas catacumbas Leopoldo Heitor, conhecido por "advogado do diabo", acusado de assassinar a milionária Dana de Teffé que, após a Segunda Guerra, fugiu da Tchecoslováquia para o Brasil. Jamais encontraram o corpo da vítima; contra ele nada se provou. Cabelos lisos a cobrir-lhe a testa larga, estatura mediana, voz grave, ocupa uma cela solitária no fundão da carceragem. Mostra-se sempre solidário aos presos políticos.

Condenado a 35 anos, Leopoldo Heitor esteve encarcerado oito; posteriormente foi absolvido. A polícia considera inverossímil sua versão de que, em junho de 1961, ao transportar a milionária judia em seu carro, do Rio para São Paulo, seu veículo foi interceptado e, ela, sequestrada. Nunca mais se teve notícia dela ou do que restou dela. Antes de seu sumiço, Dana de Teffé

---

[6] Ao depor na Justiça Militar, frei Fernando denunciou o fato. O repórter do *Jornal da Tarde*, presente na Auditoria, fez chegar a notícia à redação. Lenildo Tabosa Pessoa negou que tivesse feito interrogatório, sob a alegação de que não havia escrivão juramentado...

passara ao advogado procuração autorizando-o a dispor de todos os seus bens.

Preso na segunda semana de novembro, no Rio, Leopoldo Heitor é acusado de contatos com Marighella e de falsificar documentos "para terroristas deixarem o país". De fato, a repressão irritou-se por ter ele impetrado *habeas corpus* em favor de Valdemar Uchôa de Oliveira, pai de um militante acusado de participar do sequestro de uma aeronave da Cruzeiro do Sul, desviada do Brasil para Cuba. Assim agem as ditaduras: prende-se o pai no lugar do filho.

A cela vizinha à dele está ocupada por Elza Lobo, Rose Nogueira, Ana Vilma, Vera Lúcia Portilho Nicoletti e Tiana (Sebastiana Bittencourt Guimarães), cujo marido, Pérsio Pereira Guimarães, também está preso conosco. Ex-dirigente da coordenação nacional da JUC, Tiana e o marido não têm envolvimento político. O fato de a foto dela ter sido encontrada entre os papéis do ex-frei Maurício (João Caldas Valença) apreendidos foi o suficiente para que trouxessem o casal preso. Como estão isentos de qualquer atividade política e, portanto, nada têm a confessar, sofrem prolongadas torturas. O DEOPS acredita que, por negarem tudo, são dirigentes revolucionários treinados para guardar segredos... Esta a lógica absurda do arbítrio: quem sabe, apanha; quem não sabe, apanha ainda mais.

Este é um começo árduo; sobretudo sofrido. Após anos de militância ancorada na utopia revolucionária, iluminada pela fé, respaldada por antecedentes históricos – como a Revolução Cubana e o testemunho, na Colômbia, do padre-guerrilheiro Camilo Torres[7] –, nos deparamos com a violência implacável da ditadura militar. Nossos sonhos não incluíam a possibilidade de derrota.

---

[7] Camilo Torres, sacerdote colombiano, aderiu à guerrilha desencadeada pelo ELN (Exército de Libertação Nacional) e morreu em combate, nas selvas da Colômbia, em fevereiro de 1967.

A linearidade dos livros não espelhava os sinuosos e acidentados caminhos do real. Súbito, a casa edificada sobre a areia, sem alicerce popular, ruiu sob o impacto do aparelho repressivo.

Prisões, torturas, delações, mortes... o furacão emergiu, inelutável, a partir do sequestro do embaixador dos EUA, em setembro de 1969, no Rio. Nos porões do poder, as peças do quebra-cabeça foram cuidadosamente recompostas até aparecer o convento dos dominicanos no bairro das Perdizes, na capital paulista.

Os últimos meses de 1969 suscitavam em nós a temerosa apreensão de quem dorme sabendo que, sob a cama, há uma bomba cuja explosão pode ser acionada de fora, por controle remoto. Aqui no DEOPS, a visão dantesca do inferno: corpos mutilados, estratégias dilaceradas, o cheiro de sangue impregnando ideologias. Entremeio, o heroísmo dos que não sucumbem à dor, não temem o medo e reafirmam suas convicções garantidas pela silenciosa cumplicidade dos que seguem lutando lá fora.

Nas celas entupidas, a perplexidade dos peixes na rede tentando rever em que momento e por que motivo nos deixamos apanhar. Palavras recriam a vida militante. A ação abstrai-se em conceitos, a razão recusa-se a acreditar no xeque-mate do absurdo. Entre interrogatórios e torturas, longas discussões. Toda a tragédia do passado exige no presente o resgate da racionalidade, à semelhança da mágoa de um coração traído. As alegrias não; têm gosto de futuro. Aqui o futuro é exíguo: a proximidade da morte ou longos anos de cárcere. Moças e rapazes fazem a terrível experiência da liberdade abortada. O aluvião de propósitos revolucionários retido em corpos adolescentes, irremediavelmente confinados entre quatro paredes. No entanto, não há desespero. Lá fora, outros prosseguem. E é um alívio sobreviver, malgrado o preço a pagar. Centenas de jovens tragados pela voracidade repressiva do regime militar. Ainda que hoje se descarte o mero revanchismo, cada choque elétrico imprime uma sequela no mínimo moral. E toda degradação moral é substancialmente uma questão política; de justiça, sobretudo.

"Fulano, subir!" – é o grito que mais nos assusta. O preso convocado é retirado dessas galerias subterrâneas, escuras e frias, e conduzido ao 3º andar, onde ficam as salas de tortura. Expostos ali, encontram-se cavaletes, máquinas de choque elétrico, fios, borrachas, cordas, porretes, sal e balde. Redivivo, um inquisidor medieval que ali entrasse agora duvidaria da distância entre os séculos. Ali apura-se "a verdade" sobre os "crimes" políticos.

Ocupamos a cela 5. A luz permanece acesa dia e noite. Somos 15 companheiros e, para dormir, entre pulgas e baratas, apenas seis finos e ensebados colchões de palha; colados um ao outro à noite, permitem que um maior número de companheiros possa acomodar-se. Sem lençol, deitamos enviesados, os pés de uns à cabeça de outros. Pela manhã, empilhados junto à parede, os colchões servem de sofás... Um de nós varre a palha solta pelo chão, cuidando para não levantar poeira. Difícil respirar nessa cela fétida com apenas uma pequena janela ao fundo e, à porta, um orifício de controle carcerário.

Todas as noites, o grupo de cristãos reúne-se para orar. Lemos um texto bíblico, cantamos em gregoriano, expressamos súplicas e ações de graça. Os demais, quase todos comunistas ateus, nos fitam com respeito e curiosidade. Em seguida, reunião do coletivo. Debatemos regras de convivência, circunstâncias de nossas prisões, comportamento sob interrogatórios e torturas. Decidimos que tudo que chegar de fora, remetido pelas famílias, será repartido entre todos. Recebemos muitos doces, mais fáceis de conservar que alimentos salgados. Os familiares sabem que, debilitados pelas sevícias, necessitamos de glicose.

Após a reunião do coletivo, palestra. A cada noite, um expõe um tema de sua atividade profissional ou área de interesse. Roberto Pereira nos falou sobre as dificuldades de os engenheiros fazerem algo melhor na construção civil; com o avanço do capitalismo, as empreiteiras estão mais interessadas no lucro que na qualidade das moradias; João Caldas Valença descreveu a história da Igreja no Brasil; Ivo Lesbaupin discorreu sobre os filósofos contemporâneos.

Há na cela um ex-marinheiro, C., que não merece confiança. O DEOPS e o CENIMAR sugeriram-lhe testemunhar que os dominicanos tinham armas escondidas no convento... Ele confidenciou isso ao Rabote (Genésio Homem de Oliveira), que lhe passou uma esculhambação em regra.

"Fulano, subir!" A ordem gela nossas entranhas. Os cristãos, reunidos, rezam o *Pai-Nosso*. Em seguida, todos cantam *O Senhor me chamou a trabalhar*, de Aimé Duval: *Vai trabalhar pelo mundo afora,/ eu estarei até o fim contigo./Está na hora, o Senhor me chamou,/ Senhor, aqui estou.*

"Parece que estão nas catacumbas", comentou um carcereiro. Nossa maior preocupação é a falta de notícias do Betto, preso em Porto Alegre. Sabemos da gana que o delegado Fleury nutre por ele. Sempre que subimos, ficamos de ouvidos atentos, na expectativa de alguma indiscrição de delegados e investigadores. Assim captamos informações, como a pena de excomunhão, imposta pelo bispo de Ribeirão Preto (SP), dom Felício César da Cunha Vasconcelos, aos delegados que torturaram madre Maurina Borges da Silveira, que se encontra presa, acusada de homiziar um grupo "terrorista". Ela é irmã de frei Manoel Borges da Silveira, dominicano. Os excomungados estão horrorizados, como quem recebe uma maldição indelével.

Madre Maurina, da Congregação Franciscana da Imaculada Conceição, superiora do Lar de Santana, em Ribeirão Preto, é acusada de desviar alimentos, destinados às crianças da creche, para o grupo de esquerda liderado por Vanderley Caixe. E de conceder aos "terroristas" autorização para promoverem, ali, bailes, cuja arrecadação se destinaria à compra de armas e munições...

Conseguimos celebrar a eucaristia. Bolachas serviram de hóstias e Ki-suco de vinho. Os carcereiros permitiram que, à celebração, comparecesse um de cada cela. São seis celas e quatro solitárias no fundão. Oficiei, estimulei a participação de todos, e frei Ivo e frei Tito puxaram os cânticos.

Após muitos dias, obtivemos permissão de tomar banho e fazer barba. Na opinião de companheiros que já passaram por prisões, em geral militantes comunistas, é o sinal de que o nosso calvário se aproxima do fim. Não se envia à toalete quem deverá ser novamente esfolado.

De fato, fomos conduzidos ao 4º andar do DEOPS, dia 21. Lá estavam o cardeal Agnelo Rossi, arcebispo de São Paulo; o padre Vincent De Couesnongle, vindo de Roma, representante do Mestre da Ordem, o superior mundial dos dominicanos; e frei Domingos Maia Leite, nosso superior no Brasil.

Relatamos ao cardeal as torturas sofridas, mostramos as marcas gravadas no corpo. O delegado apressou-se a dizer que era tudo mentira, havíamos, sim, "caído da escada". O prelado pareceu acreditar.

O policial nos exigiu falar bem alto e em português. Ivo e eu, próximos aos visitantes, detalhamos em voz baixa, em francês, o que nos sucedeu. Constrangido por não entender o idioma de Baudelaire, o delegado nos mirava com ódio.

Na cela, encontramos um toco de lápis. É guardado como se tivéssemos uma arma a esconder. Em papel de embrulhar pão escrevemos tudo o que se passou em nossos interrogatórios para transmitir ao Betto quando ele chegar.

Minha queda no Caminho de Damasco ocorreu em 1955. Meu catolicismo cheirava a incenso mofado: missa obrigatória aos domingos, confissão periódica, sexualidade refém do diabo... Religiosidade rançosa, pesada como a mala carregada às costas ao deixar Visconde de Rio Branco (MG), minha terra natal, dois anos antes. A cidade oferecia poucas perspectivas aos jovens. O horizonte fechava-se na esquina.

Em Belo Horizonte, instalei-me no pensionato dos franciscanos, na velha casa anexa ao Colégio Santo Antônio, no bairro dos Funcionários. Retardou minha frequência às aulas um princípio de tuberculose; obrigou-me a passar seis meses no Sanatório Hugo Werneck. Livre do bacilo, ouvinte na quarta série ginasial, travei amizade com dois militantes da Ação Católica, Henrique

Novaes e Ronald Castelo Branco. Foram os primeiros a desculpabilizar-me a fé cristã.

A Ação Católica desdobrava-se em movimentos juvenis – A, E, I, O, U: Juventude Agrária Católica (jovens do meio rural); Juventude Estudantil Católica (estudantes secundaristas); Juventude Independente Católica (moças solteiras que haviam completado o ciclo escolar); Juventude Operária Católica (que dera origem às demais, na Bélgica, na década de 1930); e Juventude Universitária Católica. Não se ingressava nesses movimentos senão por escolha de seus militantes.

Atuava no colégio um pequeno núcleo da JEC, sem que a sigla ficasse em evidência. Interessava aos jecistas serem identificados, não como militantes de um movimento, e sim como fiéis da Igreja Católica. Formado na França, em 1953 o dominicano frei Mateus Rocha fundou a JEC de Belo Horizonte.

Matriculado no primeiro ano científico, os estudos ocuparam-me toda a segunda metade do ano de 1955. As boas notas em matemática, física e química alentavam-me o sonho de cursar engenharia. Não despregava os olhos, contudo, dos romances de Jorge Amado, Graciliano Ramos, José Lins do Rego e Dostoiévski.

Em setembro, os jecistas do Santo Antônio convidaram-me a uma peregrinação. Vieram-me à mente as velhas beatas de Visconde de Rio Branco: promoviam sorteios para angariar fundos que lhes permitissem viajar a Rio Pomba (MG) para venerar Lola, mulher condenada à cama devido à fratura na coluna sofrida na adolescência; não ingeria outro alimento senão a hóstia consagrada. A nossa peregrinação seria mais próxima: ao santuário da padroeira de Minas, Nossa Senhora da Piedade, cuja imagem barroca encontra-se no município de Caeté, no alto da Serra da Piedade, a quase dois mil metros de altitude.

Ronald Castelo Branco nada tinha de beato, e o convite me soou como uma excursão de fim de semana. Na sexta à tarde, nos encontramos no bairro da Serra, no convento dos dominicanos, uma construção rústica, sem reboco, que parecia deslizar nas fraldas da Serra do Curral, onde finda a capital mineira. Na capela se reuniram cerca de 30 estudantes. Surgiu no altar um padre de rosto tão branco quanto o hábito que vestia, deu-nos as boas-vindas, rezou conosco o *Pai-Nosso* e nos convidou a subir na carroceria de um caminhão.

Peregrinar sobre rodas apaziguou-me os temores de uma longa caminhada noite adentro. No percurso, o padre ria, fumava, contava piadas picantes, esculhambava um e outro. A turma reagia, dizia palavrões, escondia a boina azul que lhe encobria a careca. Fiquei intrigado; jamais imaginara um ministro de Deus capaz de aceitar tantas molecagens. No entanto, a força perscrutativa de seu olhar, como se nos enxergasse por dentro, impunha respeito.

Desembarcamos ao pé da Serra da Piedade quando a noite já não permitia distinguir vegetação e pedras. Ali se iniciava a caminhada. Deram-me a carregar um pesado embrulho amarrado em cordas; pareceu-me um jogo de vassouras. O frio vergava-nos arrepiados. Mergulhados em nuvem, iniciamos a escalada por uma trilha estreita que parecia fugir aos nossos pés como cobra assustada. A umidade impregnava-nos a roupa, a pele, os ossos.

Cansados e famintos, fomos recebidos no cume por frei Rosário Joffily, dominicano que ali se instalara como eremita desde o final da década de 1940. Usava óculos arredondados, quais duas moedas transparentes sobre os olhos miúdos, e no rosto comprido e estreito, equino, a boca pequena estampava um sorriso contido.

Ao dirigir-se à pequena capela da padroeira para celebrar missa, frei Mateus convidou a todos. Uns aceitaram, outros não. Fiquei entre os que preferiram se aquecer junto ao fogão de lenha aceso no centro da ermida e sorver, agradecidos, uma caneca de mate quente. Só então soube que havia carregado, serra acima, o tripé de uma máquina de filmar. A peregrinação da JEC seria registrada em imagens.

O ermitão alto e troncudo, de origem paraibana, indicounos aos gritos, como dormitório, um velho estábulo de paredes grossas feitas de pedras superpostas. Frei Mateus convidou, a mim e a um outro rapaz, abrigar-nos na ermida, tão logo soube que a tuberculose nos afetara. Aquele estudante magérrimo, que parecia saído de um campo de concentração, só então foi alvo de minha atenção. Ele faria as filmagens. Tinha a pele sobre os ossos, o dorso levemente encurvado, os olhos afundados nas órbitas, a dentadura saliente no rosto que, de tão chupado, deixava entrever a caveira. Chamava-se Herbert José de Souza, mas todos o tratavam de Betinho.[8]

Junto ao fogão de lenha abri-me com frei Mateus. Contei-lhe minha trajetória, falei de inquietações adolescentes, acabei por confessar-me. Ao recolher-me ao quarto, sentia-me leve, tomado por uma paz reconfortante, a sensação de ter encontrado o que havia muito procurava.

Frei Mateus me cedeu sua cama e Betinho ocupou a de frei Rosário que, resmungando, se acomodou no chão, ao lado dele. Para poder estender-se, Betinho retirou de cima do colchão uma pilha de livros empoeirados: obras de teologia, manuais de botânica, uma biografia de Richard Wagner e revistas de astronomia.

Na manhã seguinte, venci a vontade de permanecer sob os cobertores, enfrentei o frio, participei da missa. Surpreendeu-me ver, de coroinha, o grandalhão Ronald Castelo Branco. Vários estudantes traziam o missal em mãos. Comecei a desconfiar de que o cristianismo não é um anestésico para mulheres e crianças. Na hora do sermão, não veio a cantilena que costumava ouvir nas missas do Colégio Santo Antônio. Frei Mateus descreveu o cristianismo como uma religião de mártires e confessores; parecia desafiar nossos brios machistas. Quase todos comungaram. Após o café, fomos às filmagens dirigidas por Betinho. Para sorte dele, o sol desfez a nuvem que cobria a serra como uma camada de suspiro etéreo. Antes do almoço, tomamos banho de água gelada na Fonte dos Milagres.

---

[8] Betinho figura entre os fundadores, em 1961, da Ação Popular, movimento de esquerda de inspiração cristã. Após o golpe de 1964, exilou-se, retornando ao Brasil em 1979. Fundou o Ibase (Instituto Brasileiro de Análises Sociais e Econômicas). A partir de 1990, liderou a campanha contra a fome e a miséria. Hemofílico, contraiu o vírus da AIDS numa transfusão de sangue e veio a falecer em 1997, aos 62 anos.

Retornei jecista da peregrinação. Em Belo Horizonte, a sede do movimento funcionava numa casa quase em ruínas, cedida aos dominicanos por alguma alma piedosa. Logo se transferiu para o salão do antigo Cine São Luiz, na rua Espírito Santo, fundado pela Cúria Arquidiocesana para propiciar aos fiéis católicos filmes de elevada índole moral... Fracassos de bilheteria que o levaram à falência.

Passei a frequentar o convento da Serra, quase sempre recepcionado pela figura singular de frei Marcolino da Cunha Teles, irmão leigo consagrado ao trabalho manual e ao apostolado junto aos mais pobres. Emanava dele uma alegria beatífica; sua humildade nos contagiava a ponto de arrefecer nossos ímpetos juvenis e nos fazer perguntar por que nos revestimos de tantas pretensões.

Frei Estevão Cardoso de Avelar, o prior, sofria de aerofagia e exibia sua flatulência sem o menor pudor. Sempre apressado, falava em *xatobira*, dialeto que inventara e o permitia fazer, a respeito da vida alheia, os comentários mais desairosos sem quebrar o respeito. Frei Nicolau Casagrande tinha voz estridente, metálica, e não se continha quando se tratava de falar mal dos mineiros e bem dos paulistas. Frei Henrique Marques da Silva trazia sempre um límpido sorriso estampado na face. Frei Boaventura Chasserieau, com sua fina ironia francesa, era exemplo de bondade; a voz grossa contrastava com seus gestos comedidos. Frei Guilherme Nery Pinto, o de menor estatura, estampava um sorriso que jamais se lhe apagava dos lábios. Preferia ouvir a falar, e frei Estevão o tratava de Irmão Guilhermino do Amor Divino.

Quase todo fim de semana eu subia ao convento. Às vezes pernoitava com os frades e noviços. Graças a eles, meu interesse literário ampliou-se: Alceu Amoroso Lima, Gustavo Corção, Jacques Maritain, Saint-Exupèry, Claudel, Padre Lebret e Charles de Foucauld.

Certo dia de 1956, ao cursar o terceiro ano científico e me preparar para o vestibular de engenharia, fui tomado por uma agitação inusitada. O nervosismo roubou-me a concentração. Senti-me literalmente grávido de alguma coisa; não sabia de quê. Tomei o ônibus e subi ao convento. No claustro, encontrei frei Guilherme; acabara de jantar e, sentado numa cadeira de vime, desfiava o rosário entre os dedos roliços. Seus olhos miúdos observavam o verde que recobria a Serra do Curral ganhar, com o crepúsculo, tons cada vez mais escuros. Um punhado de estrelas adiantava-se à noite. Ficamos conversando à espera de frei Mateus. Ao chegar, este estranhou minha presença ali àquela hora. Subimos ao quarto dele. Disse-lhe sem peias nem meias: "Vou ser dominicano." Frei Mateus expirou a tragada forte que dera no cigarro Lincoln, deixou um halo de fumaça flutuar entre nós dois e retrucou: "Desde o nosso primeiro encontro desconfiei disso."

No ano seguinte, tomei o hábito de são Domingos de Gusmão e ingressei na Ordem religiosa fundada por ele no século XIII.

Transferi-me para o convento de São Paulo em 1958, onde cursaria filosofia e teologia. Encontrei ali intensa efervescência pastoral e intelectual. Os frades recém-chegados da França, onde se formaram as primeiras gerações de dominicanos brasileiros, lembravam os jovens de Vila Rica diplomados, no século XVIII, pela Universidade de Coimbra: vinham com a cabeça repleta de ideias novas, dispostos a revolucionar as instituições, dessedentados em sua vocação apostólica pelo progressista catolicismo francês do pós-guerra. Frei João Batista dos Santos e frei Manu (Emanuel) Retumba haviam descoberto os padres-operários, em especial o padre Loew, que trabalhava no porto de Marselha. Retumba empregou-se como faxineiro numa metalúrgica de Osasco (SP) e João Batista fundou a Unilabor, fábrica de móveis cujos diretores eram os próprios trabalhadores.

Em nosso convento no bairro das Perdizes, frei Carlos Josaphat transformou a moderna igreja paroquial em auditório e, sob as bênçãos do cardeal Mota, promoveu um curso de Doutrina Social da Igreja. Suas concepções avançadas para a época pré-conciliar suscitaram reações intempestivas da elite paulistana; receberam críticas de *O Estado de S. Paulo* e de parte do clero arquidiocesano. O pontificado de João XXIII e o Concílio Vaticano II vieram sacramentar o pioneirismo dos dominicanos, cuja evangelização descartava o moralismo e valorizava a luta por justiça social.

O Vaticano II limpou, na expressão do bom papa João, a poeira acumulada no trono de Pedro. Foram imediatos seus reflexos entre os dominicanos brasileiros. Em 1966, passamos a usar o hábito apenas em cerimônias litúrgicas; ao sair à rua tínhamos, como diria a *Carta a Diogneto*,[9] aspecto igual aos demais leigos. A vida religiosa sofreu mudanças substanciais. Já não queríamos viver segregados em conventos. A inserção "na cidade secular", segundo expressão de Harvey Cox, se nos impunha habitar em pequenas comunidades abrigadas em apartamentos. Chegara a hora de colocar o fermento na massa, o sal na comida, a luz no teto da sala.

A formação dos jovens dominicanos, antes confinada ao claustro, estendeu-se à USP. Os frades Oswaldo Rezende, Tito de Alencar Lima, Ivo Lesbaupin, Magno Villela, Roberto Romano, Luiz Felipe Ratton Mascarenhas e Carlos Alberto (Betto) Libanio Christo matricularam-se em cursos daquela universidade. O contato direto com o movimento estudantil provocaria em nós o mesmo impacto progressista que, no pós-guerra na França, causou a aproximação de parte do clero com o movimento sindical. Nosso ardor apostólico ganhou conotação nitidamente militante; e a pregação do Reino de Deus, uma consistência imediata: a revolução brasileira.

Viver em grandes comunidades se revelou uma opção demasiadamente onerosa para as combalidas finanças dominicanas. Sobretudo considerando que, no Brasil, os filhos de são Domingos jamais contaram com fontes de renda própria. Renunciamos a ter escolas, fazendas, gráficas e outros empreendimentos que

---

[9] A *Carta a Diogneto*, encontrada em Constantinopla (atual Istambul), no século XV, é um dos mais importantes e antigos documentos da Igreja primitiva. Escrita no século II ou princípio do III por um cristão anônimo, e dirigida a um pagão, descreve como os cristãos viviam como as demais pessoas, destacando-se, porém, pelo vigor da fé e a firmeza da ética. Presume-se que tenha sido destinada ao imperador Adriano.

garantem o pão nosso de cada dia de Ordens e congregações religiosas. Assim, deixar o convento significou ingressar no mercado de trabalho. Cada frade deveria buscar o próprio sustento.

Empreguei-me na Livraria Duas Cidades, enquanto Betto, que cursara jornalismo antes de vestir o hábito, integrou-se à equipe da revista *Realidade* e, mais tarde, à da *Folha da Tarde*, acumulando estudos e reportagens com a função de assistente de direção de José Celso Martinez Corrêa na montagem de *O rei da vela*, peça de Oswald de Andrade. A maioria de nossos confrades tornou-se professor de religião em colégios católicos. Assim, mantínhamos nossas pequenas comunidades.

Frei Carlos Josaphat Pinto de Oliveira havia fundado, nos primórdios da década de 1960, o jornal *Brasil Urgente*, tabloide de esquerda. Reuniu em torno do projeto um grupo de jornalistas de reconhecida excelência profissional, como o psicanalista Roberto Freire, Dorian Jorge Freire, Ruy Cezar do Espírito Santo, Josimar Moreira e Fausto Figueira de Mello. Empastelado pelo golpe militar de 1964, o *Brasil Urgente* deixou de circular; frei Josaphat viu-se forçado a exilar-se na Europa. Contudo, as ideias emanadas das páginas do jornal haviam impregnado o claustro das Perdizes. Frei Chico, o prior, transformou suas missas dominicais, às 11h, em tribuna livre de crítica ao regime militar. Seus sermões eram antecipadamente mimeografados e distribuídos aos fiéis que superlotavam o templo; uns em busca de alimento à fé; outros, de esperança naqueles tempos de obscuridade. Jovens artistas, como Geraldo Vandré e Caetano Veloso, eram vistos no convento, enquanto na Capela do Vergueiro, do outro lado da cidade, frei João Batista dos Santos e frei João Caldas Valença, que ali moravam, acolhiam lideranças operárias empenhadas em fundar uma central sindical.

O ano de 1967 marca o divisor de águas. Nossa presença na USP propiciou a oportunidade de nos embebermos da convicção de que a revolução brasileira era iminente. Todos os ventos pareciam soprar a favor. Os EUA sofriam humilhantes derrotas no Vietnã. Cuba conclamava-nos a "criar um, dois, três... Vietnãs!".

Camilo Torres, sacerdote colombiano, morreria em combate guerrilheiro nas selvas de seu país, comprovando que a luta por libertação era, na América Latina, uma exigência da fé cristã. Che Guevara se meteria nas selvas da Bolívia para libertar o coração da América do Sul...

Nossa participação nas assembleias estudantis, nos debates no CRUSP (Centro Residencial da USP), nas passeatas e manifestações contra a ditadura, logo nos tornaria base de apoio do movimento estudantil. Cedíamos os espaços do convento para reuniões, guardávamos materiais e, graças à nossa intermediação, a UNE encontrou, em Ibiúna (SP), o sítio que lhe pareceu adequado para, em 1968, realizar o congresso nacional que atraiu mais de mil lideranças estudantis.

Na Capela do Vergueiro, líderes operários, pressionados pela conjuntura, passaram da ideia de fundar uma central sindical à formação de uma Organização revolucionária, o MPL. Em 1967, houve o racha interno no PCB. Nossa proximidade com figuras históricas do Partidão nos permitiu acompanhar de perto a crise e seus efeitos. Frei Oswaldo Rezende frequentava a casa do médico José Martins Costa, assim como frei Giorgio Callegari e frei Tito de Alencar Lima mantinham laços estreitos com dona Jorgina e seu marido, o renomado parasitologista Samuel Pessoa, nossos vizinhos nas Perdizes. Frei Betto havia sido curado de uma hepatite pelo doutor Antônio Carlos Madeira, dirigente do PCB paulista. Todos esses amigos tomaram posição, no racha do partido comunista, ao lado de Carlos Marighella, distanciando-se de Luiz Carlos Prestes e nos aproximando de revolucionários marxistas.

O trabalho dos frades na ALN consistia em favorecer o desabrochar da luta armada. Base de apoio de militantes envolvidos em expropriações bancárias, sequestros, bombas etc, acolhíamos feridos e perseguidos, facilitando-lhes a recuperação e a fuga do país; escondíamos armas e material considerado subversivo; fazíamos o levantamento de áreas potencialmente adequadas ao desencadeamento da guerrilha rural. Pau pra toda obra, só não apertamos o gatilho.

Marighella encontrava-se com frequência com o nosso grupo, ora na rua, ora em locais fechados como colégios de freiras ou casa de amigos. Facilitamos inclusive o contato dele com nossos superiores na Ordem, o que ampliou nossa margem de liberdade para viajar a serviço da ALN.

Após o sequestro do embaixador dos EUA, Charles Elbrick, no Rio, em setembro de 1969, surgiram os indícios de que a repressão se nos acercava. Em frente à Livraria Duas Cidades, na rua Bento Freitas, havia um ponto de táxi, cujos motoristas só aceitavam passageiros saídos da livraria... Frei Maurício (João Caldas Valença) sentia-se seguido no trem que o conduzia à faculdade. Nosso médico, Antônio Carlos Madeira, fora preso. Mandou-nos recado que seu pai, hospitalizado, gostaria de receber a visita de um frade. Decidiu-se pela ida de frei Guilherme Pinto, o mais isento da comunidade. No hospital, frei Guilherme soube que Paulo de Tarso Venceslau, militante da ALN e participante do sequestro do embaixador, havia sido capturado em São Sebastião, no litoral paulista, e em sua caderneta de endereços constavam os nomes de frei Ivo e o meu.

A ALN e, por consequência, o grupo dos dominicanos desabaram a partir do sequestro do diplomata americano. O fio da meada começou a ser desenrolado graças ao paletó esquecido por um dos sequestradores na casa usada como cativeiro. Pela etiqueta, a repressão localizou o alfaiate; este, por sua vez, identificou o cliente; logo as quedas tiveram início.

Frei Ratton pressentiu a urgência de uma reunião do grupo dominicano com Marighella. Agendou-a para as 19h30 de uma noite de setembro, no apartamento do ex-frei Maurício, que pedira exclaustração. Ratton, Magno, Ivo e eu chegamos antecipadamente ao local do encontro, na rua Rocha, próxima à praça 14 Bis. Todos conhecíamos a pontualidade de Marighella. À hora marcada, ouvimos tocar a campainha no apartamento do andar de cima. Ratton subiu a escada em disparada, ciente de que indicara a Marighella a porta errada. Encontrou o líder da ALN acompanhado por uma mulher e de arma em punho, pronto para uma eventualidade. Por sorte ninguém atendeu até que Ratton os conduzisse ao endereço certo.

Marighella entrou na sala visivelmente contrariado. Trazia o revólver engatilhado. A mulher que o acompanhava trabalhava num órgão público e portava cédulas de identidade em branco. Dispunha-se a facilitar o necessário para que o grupo de frades falsificasse a identidade dos que sairiam do país.

Informei a Marighella que o pai do doutor Madeira estava hospitalizado, acometido de um derrame, e o DEOPS autorizara o filho preso a visitá-lo no hospital. Madeira contara a frei Guilherme que, com a queda de Paulo de Tarso Venceslau, a repressão descobrira o telefone do convento na caderneta de endereços dele.

Marighella ouviu atentamente. O grupo fez uma avaliação do trabalho de apoio logístico e de como se tornara conhecido por militantes da ALN e de outras Organizações revolucionárias, rompendo os limites da segurança. Com a queda dos GTAs (Grupos Táticos Armados), a maioria dos quadros paulistas nos procurava para atendê-los em quase tudo. Explicamos a Marighella que o fato de a militância dos frades ser conhecida pela repressão implicava o risco de cair colégios e conventos de freiras que guardavam material de apoio e serviam de locais de reunião, e até de hospital improvisado. Sem contar a dezena de carros e casas de amigos fiéis aos dominicanos.

Após breve informe sobre andamentos práticos, inclusive de como arrumar novos passaportes, Marighella falou: "As últimas quedas, e o caráter mais independente do comando da ALN em São Paulo nas mãos de Toledo (Joaquim Câmara Ferreira), me levam a tomar uma atitude mais drástica diante da gravidade da situação em que vocês se encontram. O papel de vocês, de apoio à guerrilha, não poderia nunca desembocar numa ajuda tão efetiva na área de apoio logístico urbano, e sim restringir-se ao levantamento da região do rio Araguaia. E isto já foi feito.[10]

---

[10] Em julho de 1968, por solicitação de Marighella, e tendo em vista a futura implantação da guerrilha rural, os frades Ivo Lesbaupin, Oswaldo Rezende, Luiz Felipe Ratton Mascarenhas e Fernando de Brito fizeram o levantamento da região amazônica cortada pelo rio Araguaia, a partir do convento dominicano em Conceição do Araguaia (PA).

Restaria preparar o povo através da pregação de vocês nas cidades da região e, principalmente, no interior do Pará. Esse desvio de estratégia revolucionária de nossa Organização exige que eu tome uma decisão. A partir deste momento, vocês ficam ligados ao Comando Nacional e à minha pessoa diretamente. Desobedecerão a qualquer ordem advinda do Comitê Estadual."

Antes que ele se retirasse, João Caldas Valença explicou por que morava naquele apartamento, sua recente saída da vida religiosa após dez anos etc. Precisava de tempo para se organizar pessoal e profissionalmente. Pediu um ano de afastamento. Marighella reagiu: "Compreendo perfeitamente o que se passa contigo, e depois deste período confio na tua reintegração. Tenhas sempre em vista teu papel na revolução brasileira."

Em outubro, Tiana (Sebastiana Bittencourt Guimarães) procurou Valença na Livraria Duas Cidades. Entregou-lhe suas fotos para obter passaporte; queria estar preparada para qualquer eventualidade. Ela integrara a equipe nacional da JUC, havia se desligado da Ação Popular e não encontrara acolhida nas demais Organizações. Nesse ínterim, depois de estudado o seu caso, os frades não acharam conveniente abrir-lhe o contato da ALN. Mas decidiram ajudá-la no que fosse necessário.

As quedas continuavam. Um amigo, funcionário da Editora Abril, convidou Valença a passar os feriados de 1 e 2 de novembro em Iperoig (SP). A intuição o levou a picar, durante horas, todo o arquivo de documentos que possuía; com alívio, viu os lixeiros passarem às 21h pela rua Rocha, levá-lo em sacos plásticos e atirá-lo no triturador do caminhão. Restaram um único documento da ALN e as fotos de Tiana. Guardou-os num envelope e o enfiou na tubulação de gás do banheiro.

Valença retornou a São Paulo na noite de domingo, 2 de novembro. Na manhã seguinte, deveria assumir seu novo trabalho na Abril. À tarde, foi assistir a *Teorema*, de Pasolini. Gostou tanto que permaneceu no cinema para mais duas sessões. Ao voltar para casa, por volta de 22h, recebeu telefonema dos Ribeiro Pena, nossos amigos Antônio e Auxiliadora: "João, venha o mais rápido possível; seus irmãos, Fernando e Ivo, ainda não chegaram. O Edson e o Ratton estão conosco."

Valença pegou um táxi na avenida 9 de Julho e se dirigiu à rua Ouro Preto, no Jardim Europa, onde morava o casal. Encontrou um clima de tensão e pânico. Frei Edson Braga, prior das Perdizes, informou que a polícia cercara o convento. Frei Ratton confirmou a viagem dos dois frades ao Rio; e não tinham dado o sinal combinado de estarem seguros. Tudo indicava terem sido presos. Valença reagiu: "Vamos a Perdizes confirmar."

Ratton não julgou prudente, esquivou-se. Auxiliadora suplicou ao marido que não fosse. Inquietos, Edson, Antônio e Valença entraram no carro. Ao chegarem à rua Caiubi, rodaram o quarteirão e confirmaram o cerco. Dezenas de viaturas indicavam a presença de policiais dentro e fora do convento.

Rumaram para a rua Rocha. De longe, Valença percebeu dois homens à porta do prédio em que morava. Disse ao Antônio, que dirigia: "Deixe-me na porta. Depois, vá até o final do quarteirão e retorne; terei mais segurança quando você passar de volta."

O carro se distanciou. Com a chave na mão, Valença foi abordado pelos dois homens: "Mora neste prédio?" "Sim." "Conhece alguém chamado Maurício?" "Não." "Como é o seu nome?" "João Antônio (Caldas Valença)." "Mostre os documentos."

Com cuidado, tirou a carteira com nome civil e empurrou a outra, com nome religioso, para dentro do bolso.

Enquanto abria a porta, ouviu: "O sobrenome é o mesmo. Você está preso!"

Imediatamente o levaram para uma perua Chevrolet, junto com frei Edson e Antônio. Mais carros se juntaram à comitiva. Os policiais exibiam metralhadoras e fuzis. O delegado pediu a chave do apartamento e enviou os dois homens para o vasculharem. E perguntou a Valença: "Sabe por que está sendo preso?" Ele disse "não" e recebeu um sopapo no rosto. O policial acrescentou: "Vai saber daqui a pouco."

*

Na noite de sábado, 1º de novembro de 1969, Ivo e eu viajamos de ônibus de São Paulo ao Rio. Dormi mal na poltrona apertada, revirei-me em posições incômodas, os membros extravasavam o espaço restrito. Fumei em excesso, busquei no fundo do coração retalhos de orações no intuito de refrear minha ansiedade, perdi-me em pensamentos desconexos, atormentado por um pressentimento de mau agouro, um desvario que parece antever que os próximos passos serão incertos, arriscados, a menos que se mude de rota.

Meu corpo era todo sonolência ao desembarcarmos na praça Mauá. Deixei Ivo em casa dos pais dele, no Lido, e hospedei-me em nosso convento, no Leme. O sono se me apagou por uma hora, um sono pesado que quase me fez perder a hora do almoço *chez* Lesbaupin.

Após o cafezinho, Ivo e eu rumamos para o Catete para encontrar Sinval Itacarambi Leão, ex-monge beneditino, funcionário da Editora Vozes. O ônibus nos deixou diante do Museu da República, antigo palácio presidencial. O mormaço asfixiava-me, o tecido da roupa grudava-se na pele, o sol aturdia-me de quenturas. Atravessamos a rua do Catete e entramos pela rua Silveira Martins, onde morava Sinval. Súbito, três homens, com armas nas mãos, nos cercaram e empurraram para dentro de uma perua. Eram policiais: Luiz Zampolo, Rubens de Souza Pacheco e Alcides Paranhos Júnior.[11] Iniciava-se ali o fim de nossa participação na luta armada.

---

[11] A *Folha de S. Paulo* noticiou em 24/8/2006: "SEGURANÇA EM FAMÍLIA - Para comemorar 20 anos de existência, o grupo de segurança Pro Security investiu cerca de R$ 2 milhões em uma nova sede, ainda em construção, no bairro do Morumbi (SP), sua principal área de atuação. Criado pelo policial aposentado Alcides Paranhos Jr. e dirigido por seus filhos Alexandre, Eduardo e Ligia Paranhos, o grupo teve investimento inicial equivalente a R$ 30 mil e hoje chega a faturar R$ 24 milhões ao ano. Sua estrutura conta com 1.300 funcionários, 40 veículos e 200 pontos de comunicação. Entre os clientes, estão cerca de 282 condomínios."

No Arsenal da Marinha, os homens do CENIMAR nos separaram em salas diferentes. Vi-me rodeado por uma dezena de torturadores comandados por um oficial da Marinha alto, louro, cabelos esticados para trás, a quem seus acólitos tratavam de Alemão. Era o capitão da reserva Alfredo Magalhães, também conhecido pela alcunha de Mike.

Reduziu-se o tom de voz, de modo reverencial, quando ingressou na sala um homem corpulento, rosto redondo, macilento, cabelos crespos engomados, olhos azuis – o delegado Sérgio Paranhos Fleury. Pareceu-me ter bem mais que 36 anos, talvez macerado pelos crimes cometidos, cujos requintes de perversidade teciam-lhe os fios de uma fama medonha. Não me iludi. Sabia que o chefe do Esquadrão da Morte jogava ali sua cartada mais importante. E eu era o coringa que ele trazia na manga.

Arrancaram-me as roupas, dependuraram-me no pau de arara, ligaram os eletrodos em minhas orelhas e nos órgãos genitais; armaram-se de porretes, rodaram a manivela, fizeram-me estrebuchar sob a virulência das descargas elétricas. Não sei quantos cavalos do Apocalipse coicearam o meu corpo, sei apenas que mergulhei num profundo e pavoroso vazio; meu ser havia se descolado do corpo que, lá em cima, do lado de fora, ardia em dores, berrava ansioso pela morte, atirava-se num macabro balé ritmado por pancadas, chutes e cargas elétricas, enquanto no âmago daquele vazio minha identidade, volatilizada, estilhaçava-se em mil pedaços.

Na outra sala, Ivo era submetido às mesmas atrocidades. Repetiam a ele as perguntas que me eram feitas: "Cadê o Marighella? Como vocês encontram o Marighella?" Em meio à dor lancinante, balbuciávamos fragmentos de informações, sem no entanto dispor da iniciativa de contatar o líder revolucionário; era ele quem nos contatava, e havia dias nos dissera que se ausentaria por várias semanas de São Paulo. Nunca soubemos onde morava, com quem vivia, como buscá-lo numa situação de emergência, a que número de telefone recorrer. Assim, os fragmentos com os quais a repressão montava o quebra-cabeça remetiam todos aos nossos encontros passados, sem que tivéssemos a menor ideia de quando Marighella voltaria a nos procurar. Convenci-me de que, com certeza, a notícia de nossa prisão correria célere e chegaria até ele.

As torturas prosseguiram até o fim da manhã de segunda-feira. Privados de alimentação, Ivo e eu fomos trazidos para o DEOPS de São Paulo. A viatura entrou no casarão vermelho ao anoitecer. Levados às celas subterrâneas, recebemos comida. Quão penoso era mastigar, devido aos hematomas provocados por pancadas e choques na boca e na língua. Apesar das dores pelo corpo, e do enorme buraco no centro da alma, a exaustão me consumiu no sono.

Retirado da cela na tarde do dia seguinte, levaram-me à Livraria Duas Cidades. Eu havia falado que Marighella costumava ligar-me no telefone do local de trabalho. De fato, menos de uma hora depois, sentado à minha mesa, cercado pela equipe do delegado Fleury, o telefone soou e a senha foi pronunciada: "Aqui é o Ernesto. Nos vemos na gráfica esta noite." Por que não me levaram à livraria no dia anterior? Nem na manhã de terça-feira? Como sabiam que o cabeça da ALN me ligaria exatamente àquela hora?

Não era a voz de Marighella, como se comprovou posteriormente. Julguei que fosse um dos delegados do DEOPS submetendo-me a um teste. Confirmei o encontro.

Ao retornar ao DEOPS, após o cerco policial que assassinou Marighella na noite de 4 de novembro de 1969, na alameda Casa Branca, eu trazia sobre mim o peso esmagador do fracasso. Não era culpa, essa aguda consciência de um erro premeditado que se volta contra quem o pratica. Culpa, sentimento atordoante, advém da transgressão que agride nossos princípios. Não é a ofensa ao outro que a provoca; é a ofensa a si próprio. Em relação ao outro, quase nunca a culpa nasce da transgressão. Nasce da omissão.

O que não se fez dói no fundo da alma, como o choro convulso do filho que, à beira do caixão do pai, dá-se conta de que não há mais tempo para o carinho sonegado.

Naquela noite, o clamor da derrota acuou-me. As torturas me haviam impelido a esbarrar no limite de minha resistência. Virado ao avesso, agora eu conhecia as margens abissais da condição humana. A dor esticara-me ao máximo e, além daquele marco, não era a morte que me parecia pavorosa, era o sofrimento capaz de doer além de minha capacidade de suportá-lo. A morte, naquelas circunstâncias, viria como consolo. Fecharia com seu selo definitivo meus segredos, e também minha agonia. Contudo, ela me era inalcançável, e a dor, interminável. Falei, o desespero e a dor me projetaram para uma outra dimensão da realidade, intermediária entre o pesadelo e a vida. Além disso, sabia que Marighella se ausentara de São Paulo. E era o terceiro dia que eu me encontrava preso. Não me era admissível que o líder da ALN, tão experiente e bem informado, no dia 4 já não estivesse a par de nossa prisão no dia 2 e da invasão policial, dia seguinte, ao convento das Perdizes, quando prenderam os frades Tito de Alencar Lima, Giorgio Callegari e, no Rio, Roberto Romano.

Não vi Marighella surgir das trevas na alameda Casa Branca e caminhar para a morte. Pressenti que o haviam assassinado quando ouvi a saraivada de tiros que abateram aquele que fizera do comunismo seu apostolado, dedicara toda a sua vida à libertação do povo brasileiro, estivera preso no Estado Novo, elegera-se deputado federal após a queda de Vargas, rompera com o PCB e fundara a ALN, agregando-nos a seu grupo de apoio desde 1967.

Marighella sobressaía pelo porte agigantado. Ostentava uma peruca que não condizia com seu perfil e lhe emprestava certo ar jocoso. Olhar penetrante, agudo, voz pausada, mansa, educado e gentil, sabia escutar e mostrava-se muito seguro em seus argumentos. Tinha a história do Brasil na cabeça, as lutas populares e, devido a seus estudos de ciências exatas, facilidade para lidar com detalhes técnicos. Dotado de prodigiosa memória, poliglota, dominava os clássicos e preocupava-se com a vida pessoal de cada militante. Ao mesmo tempo que exigia segurança de seus companheiros, abusava de sua autoconfiança e era visto em restaurantes da moda ou em praças no centro da cidade.

Não me foi possível discernir entre o real e o imaginário. Uma alucinação suscitada por minha mente atordoada? Antes que pudesse distinguir o que havia de realidade ou projeção fantasiosa, Ivo e eu escutamos a saraivada de balas. Não vi Marighella tombar. Esperei que ali se desse também o nosso fim. Meu corpo, teso, aguardou o impacto de um projétil. Logo as portas foram abertas e, nós, retirados do veículo. No meio da rua, um grupo de pessoas mirava o chão – estirado, jazia o corpo de Marighella.

No caminho para o DEOPS, os policiais alardearam que éramos "traidores".

Passado um mês, curioso observar como o sarcasmo me atingiu. Não me soou como insulto; antes, recebi-o como elogio às avessas. Os verdadeiros traidores são, de fato, colaboradores. Não são cobertos de opróbrio pelos algozes de quem se tornaram cúmplices. São acolhidos sob o manto de miserável compaixão.

De volta ao DEOPS, os policiais comemoraram com estardalhaço o fim de Marighella. O homem que suportara invicto as sevícias do Estado Novo; resistira às balas que, em 1964, o atingiram num cinema na Tijuca, no Rio; escrevera um poema concitando resistir à tortura – agora jazia como cadáver no mármore frio do Instituto Médico Legal de São Paulo.

Passava das 9h da noite de 4 de novembro quando o delegado Raul Pudim desceu ao porão do DEOPS. Trazia uma batina dominicana dobrada no antebraço e, na mão, uma Bíblia; gritava eufórico: "Olêeee, oláaa, o Marighella se fodeu foi no jantar!" De dentro da Bíblia retirou fotos recém-reveladas; mostravam o corpo de Marighella estendido junto ao banco traseiro de um fusca. Em reação, os comunistas entoaram *A Internacional*, e os cristãos, um canto gregoriano.

Atirado de volta à cela, vi no rosto de meus companheiros estupor e perplexidade. Ninguém nos acusou de "traidores".

Aquele silêncio, entretanto, me feriu como benevolência indevida. Era muito grave o ocorrido e eu fora peça importante no êxito da emboscada que eliminou o líder revolucionário. Talvez a acusação de "traidor" por parte dos companheiros ajudasse a objetivar em culpa a sensação de derrota que me vergava os ombros. Mas ela não veio; e tive que aprender a conviver com o peso indefinido da humilhação de ter sido manipulado pela polícia. Cheguei a lamentar que uma bala certeira não me tivesse unido ao destino de Marighella. Por que prosseguir vivo se estava perdido o fio de Ariadne? Meus companheiros de cárcere esforçaram-se por consolar-me; remontavam, peça por peça, o amplo quebra-cabeça do cerco a Marighella.

Nada me expurga o sentimento de profundo fracasso, a derrelicção, o desespero d'alma, a certeza de que meu ser, sequestrado, agora exige a morte como resgate.

O cigarro é o meu ponto de apoio. Nele me completo. É meu bastão, minha bengala, minha ponte, minha seta. Sem ele naufrago no vazio. Acendo um no outro, de modo que em meus lábios não falte, em nenhum momento, o farol que me serve de referência nesse mar de trevas.

Agrava-me o quadro alucinatório. Há dias não me desassossego no sono. A tensão emocional produz efeitos somáticos. Durante a noite, sou acometido de alucinações auditivas. Vozes múltiplas me chamam pelo nome e impõem ordens imperativas. Todos os meus pensamentos e ideias parecem continuamente captados e gravados a distância. A cabeça, turbinada, abriga mil fantasmas. São imagens díspares, fugazes, terrificantes, traços necrófilos de perfis indefinidos; porém, assustadores. E elas impedem que o sono me vença.

Luto para que as imagens da tortura não reapareçam. Reviro-me no colchão, acendo a luz, procuro fixar a atenção em leituras, rezo, mas as imagens teimam em retornar e não me permitem dormir. Tenho todo o corpo tenso e teso. Tudo me dói. Tento usar a técnica de relaxamento aprendida no yoga, mas não consigo.

De madrugada, recostado no fundo da cela, fumo incessantemente. Fora as sombras projetadas através das grades, vê-se apenas o ponto incandescente que, conduzido por minha mão, trafega da boca ao colo, do colo à boca. Sugo a fumaça com voracidade, deixo o tabaco acalentar-me o peito, exalo-o com uma breve e recorrente sensação de prazer e alívio. Sem trazer entre dedos e lábios este pequeno rolo de papel branco recheado de fumo, com certeza eu me sentiria como o acrobata que, solto no espaço, não acha o trapézio que deveria vir-lhe ao encontro.

CAPÍTULO II
Presídio Tiradentes

Dezembro de 1969

Nesta primeira semana de dezembro, fomos resgatados do inferno para o purgatório. Transferiram-nos do DEOPS[12] para o Presídio Tiradentes. Deixar as catacumbas do largo General Osório significa – em tese – cessar as ameaças de tortura, livrar-se da anomia jurídica, ter acesso a advogado e visitas, banho de sol e alimentação saudável. Ocupamos a cela 15 do Pavilhão 2.

Irônico capricho da elite brasileira: batizar com o nome de quem sacrificou a vida pela liberdade um local destinado a confinar corpos e ideias... Alguma cabeça arrevesada achou por bem homenagear o protomártir da independência do Brasil, Joaquim José da Silva Xavier, o Tiradentes, associando-o a um cárcere edificado em 1851 no centro de São Paulo, destinado a arruaceiros e escravos fugitivos. Serviu também de entreposto de compra e venda de escravos para os cafezais paulistas. Algemou-se, assim, o símbolo da liberdade.

Aqui os presos políticos sentem-se num quilombo. A ausência de torturas abre espaço para respirar. Tateamos num planeta estranho. Repetir, a cada dia, o mesmo trivial, no mesmo lugar; conviver com pessoas que nunca se viram, ligadas apenas pela utopia da revolução e, no entanto, tão próximas, pois dormem lado a lado, partilham o mesmo sabonete e o mesmo horror à

---

[12] O DEOPS foi extinto em 1983. Hoje, no antigo prédio, funcionam a Pinacoteca do Estado e o Memorial da Resistência, este inaugurado a 1º de maio de 2008.

ditadura. O atencioso radar de nossas mentes capta cada detalhe de notícias, verdadeiras e falsas, que atravessam as grades. Escutar que "Fulano caiu" é suficiente para redimensionar o horizonte no qual se projetam nossas esperanças lapidadas em estratégias e, agora, destroçadas pelo rolo compressor do governo militar.

Sequestraram-nos quase tudo: juventude, tempo, planos. Exceto o coração; ele ainda palpita de alegria ao camuflar a persistente certeza de vitória a longo prazo.

Erguido na avenida de mesmo nome, próximo à Estação da Luz, o Tiradentes é um prédio sombrio, cinza, desbotado, corroído pelo tempo e por tantas almas penadas que aqui padeceram. A porta principal, em forma de arco, lembra o frontispício do inferno de Dante. Suas celas abrigaram Gino Meneghetti, famoso ladrão da década de 1930, que se gabava de não provocar lesões físicas em suas vítimas; e, em 1941, como preso político, Monteiro Lobato, por ousar contrariar os interesses americanos ao proclamar que no Brasil havia petróleo.

Cerca de 200 presos e presas políticos, a maioria jovens, ocupam esse subterrâneo da história. O presídio se divide em três blocos: dois pavilhões para homens e, atrás de um pesado portão de ferro, um edifício cônico, conhecido por Torre das Donzelas, reservado às mulheres. É uma construção circular, de paredes maciças, cercada de guaritas, da qual brota uma escada dupla em forma de ferradura. A amurada superior, qual um mezanino, permite ver o que se passa na parte de baixo, habitada por presas comuns.

No andar térreo do Pavilhão 2 – um edifício escuro, assustador, carcomido pelo tempo, retalhado em masmorras lúgubres –, a polícia entulha, sem notificação legal, presos comuns em período de investigação e interrogatório. São os chamados corrós – apodo de correcionais. Reina ali desavergonhada promiscuidade, sem faltar a presença de menores e travestis. Podem ser torturados a qualquer hora ou assassinados, porque legalmente não se encontram presos. Se aparece um *habeas corpus*, o beneficiário é provisoriamente transferido para uma delegacia qualquer, o que invalida a determinação da Justiça. São quase todos jovens, presos em flagrante ou capturados sob acusação ou suspeita de terem cometido algum delito. Aqui se encontram no limbo jurídico, no buraco negro da cidadania. Já não são cidadãos livres, porque de fato estão encarcerados; nem prisioneiros do braço repressivo do Estado, porque de direito não estão presos, pois ainda não se comunicou à Justiça que se acham atrás das grades. Pobres, desprovidos de recursos para contratar advogados, ignorados pela lei, ficam aqui semanas à mercê dos interrogatórios e dos abusos policiais.

Nos dias úteis, todas as manhãs estaciona no pátio o bondão – um caminhão-baú, pintado de branco e preto, feito para transportar gado humano – e carrega uns tantos para o DEIC. Ali são interrogados, surrados, seviciados. No fim da tarde, retornam trôpegos, feridos, apoiados uns nos outros, visivelmente moídos de pancadas. Seus gritos e gemidos, dores e pavores, ninguém escuta. São a escória da humanidade, dejetos produzidos pela sociedade que se julga civilizada.

Muitos são marcados para morrer. De madrugada, sob conivência da direção do presídio e cumplicidade de guardas e carcereiros, são retirados daqui pelo Esquadrão da Morte – a ala assassina da polícia, liderada pelo delegado Fleury e protegida por magistrados, políticos e militares – e conduzidos à periferia da Grande São Paulo. Postos a correr, tornam-se alvos móveis das armas dos agentes do Estado. O Esquadrão faz questão de assinar o crime: deixa junto ao cadáver o seu símbolo, um cartaz com o desenho de uma caveira sobre duas tíbias. Para a opinião pública, a vítima faleceu em confronto com a polícia. No entanto, com frequência vemos estampadas nos jornais fotos de corrós que, no dia anterior, circulavam pelo presídio, destacados para cuidar da faxina ou da entrega de alimentos.[13]

---

[13] O Presídio Tiradentes foi demolido em 1972 para dar lugar à construção do metrô e a uma agência do banco Nossa Caixa. Resta apenas o arco da porta principal, tombado pelo patrimônio histórico.

Uma excelente memória do que foi o Tiradentes e dos presos políticos que ali estiveram consta do livro *Tiradentes, um presídio da ditadura*, organizado por Alípio Freire, Izaías Almada e J. A. de Granville Ponce, São Paulo, Scipione, 1997.

*

Betto foi capturado em Porto Alegre a 9 de novembro, após escapar do cerco policial por uma semana. A repressão buscou-o dia 2 no Seminário Cristo Rei, em São Leopoldo (RS), onde ele cursava teologia numa faculdade jesuítica. Logrou sair pelos fundos e refugiar-se na capital gaúcha, acolhido por monsenhor Marcelo Carvalheira e padre Manuel Valiente. Homiziado num convento-asilo, misturado entre freiras idosas entregues ao ócio televisivo, enquanto as mãos movimentavam agulhas de crochê, viu-se em apuros quando o *Jornal Nacional* estampou a sua foto e Cid Moreira noticiou que a polícia o procurava. As religiosas, estupefatas, fitaram-no, conferindo se a foto exibida no vídeo correspondia ao hóspede apresentado como um seminarista em retiro espiritual...

Dia seguinte, padre Valiente o conduziu ao sítio da família Chaves Barcellos, em Viamão (RS). A boa vontade costuma andar de mãos dadas com a ingenuidade. O caseiro não reconheceu o homem caçado por todos os órgãos de repressão, ao contrário do filho do proprietário, que prometeu guardá-lo em domicílio mais seguro. Levado à mansão da família Chaves Barcellos em Porto Alegre, ali a repressão veio ao seu encontro, enquanto no palácio arquiepiscopal o cardeal Vicente Scherer, previamente procurado pelo chefe daquela família, se recusara a acolher o perseguido.

Transferido para São Paulo em avião da FAB, após passar pelo DEOPS, nosso confrade chegou ao Presídio Tiradentes dia 12 de dezembro, sexta, junto com Nestor Mota, professor de yoga e ex-noviço dominicano.

De leitura disponível, encontramos no Tiradentes revistas de fotonovela. Ao pressentir nossa fome noturna, o carcereiro nos ofereceu mozarela. Pediu uma pequena fortuna pelo queijo. Oferecemos 5% do valor. Após esgrímicas negociações, compramos por 15%. Ao entregar a mercadoria, advertiu-nos: "Joguem fora a embalagem." Nela constava impresso: *Doação do Estado de São Paulo*. O produto, destinado aos presos, é comercializado pelos carcereiros dentro e fora do presídio.

No dia seguinte, outro carcereiro indagou: "Vocês puxam?" Intrigado, Ivo retrucou: "Puxam o quê?" O carcereiro deu as costas: "Esqueçam, já vi que não puxam."

Na noite seguinte, o chefe da carceragem trouxe-nos dois bilhetes de encorajamento, um de madre Maurina Borges da Silveira, e outro da atriz de teatro Heleny Guariba,[14] amiga do Betto. As presas políticas nos remeteram alimentos, assim como os companheiros do Pavilhão 1.

Somos seis frades: Ivo Lesbaupin, Roberto Romano, Tito de Alencar Lima, Pipo (Giorgio Callegari), Betto, eu, e mais os ex-frades João Caldas Valença e Nestor Mota. Com a chegada do Betto, às 11 da noite nos transferiram para a cela 7 do Pavilhão 1. Somos 32 presos políticos apertados em 160 metros quadrados, espaço outrora ocupado por uma lavanderia. Situada no andar superior do pavilhão, a cela possui duas esquinas de grades, o que a torna bem ventilada. Conta também com dois vasos sanitários, chuveiro, tanque de lavar roupa, pia de cozinha e um fogão instalado pelos companheiros. Na verdade, não chega a ser um fogão; são quatro bocas elétricas sem nenhuma pressa de aquecer a água do café ou do feijão.

Entre os companheiros de cela, há dois engenheiros-eletricistas, um engenheiro-químico e um torneiro-mecânico, o que nos permite um mínimo de conforto graças às criativas gambiarras. E como aqui nada se perde e tudo se transforma, de barbantes fazemos cabides de roupa, e de caixas de papelão, armários.

Da comida trazida diariamente da Penitenciária do Estado aproveitamos uma ou outra coisa, como verduras e legumes, relavados cuidadosamente. A única refeição digna deste substantivo é o almoço. O desjejum se restringe a leite, café e pão seco servidos pelo presídio, eventualmente acrescidos de margarina

---

[14] Heleny Ferreira Telles Guariba, libertada do Presídio Tiradentes em 1971, figura entre os "desaparecidos" pela ditadura. De acordo com depoimento de Inês Etienne Romeu, a repressão a assassinou, a golpes de facão, na "Casa da Morte", domicílio clandestino mantido pelos órgãos de segurança em Petrópolis (RJ) e no qual Inês esteve presa. Heleny tinha 30 anos.

e frutas remetidas por nossos familiares. O jantar consiste num lanche frugal. Estamos divididos em equipes de cozinha que se alternam a cada dia, encabeçadas por quem domina a arte culinária, como Pipo e Betto. Os demais cortam legumes e lavam verduras, panelas, pratos e talheres.

Para que o almoço fique pronto entre meio-dia e duas da tarde, a equipe de plantão inicia o trabalho na noite anterior. Cozinhar batatas, arroz e feijão para tantas bocas em apenas quatro chapas elétricas, exige passar a madrugada com um olho nas panelas e outro no baralho. Joga-se em roda dentro do mocó – o espaço criado na parte inferior da junção de dois beliches, fechado por "cortinas" de cobertores. A cama é a principal peça de nosso exíguo mobiliário. Nela dormimos, lemos, jogamos cartas, comemos e fazemos reuniões. O espaço em volta do colchão é milimetricamente aproveitado para guardar as poucas peças de roupa, além de livros, material de higiene e correspondência.

Passou-me pela cabeça comentar com Ivo, Betto e Tito essas minhas notas do que nos ocorre na prisão, mas desisti. Quanto menos gente souber, melhor. Segurança nunca é demais.

Decretada pela Justiça Militar a prisão preventiva do jornalista Carlos Guilherme de Mendonça Penafiel. Ana Vilma, sua mulher, acompanha-o ao cárcere e partilha com ele as dores da tortura.

Tipo esguio, a um observador desatento Penafiel passaria por bailarino. O corpo exala leveza juvenil, encoberto pela aparente timidez que o torna imbatível no quesito sucesso com as mulheres. Editor de arte da *Folha da Tarde*, transferiu-se do Rio para São Paulo pelas mãos de Jorge de Miranda Jordão, diretor daquele periódico que, graças à amizade com Betto, se tornou também militante da ALN. Penafiel e Betto se conheceram na redação. Pouco se viam; o frade-repórter trabalhava no período vespertino; já se encontrava recolhido ao silêncio dos claustros quando Penafiel chegava ao jornal para emoldurar as matérias numa límpida e ordenada diagramação.

Não sei precisar quem o aproximou da ALN. Com certeza não foi o Betto. Talvez o próprio diretor do jornal. Não importa. A presença do frade na redação equivalia à injeção que restaura o organismo indolente. A dose é pequena; a picada da agulha, insignificante, porém os efeitos são progressivamente benéficos. Protegido por sua discrição mineira, conseguiu que a vacina revolucionária se inoculasse em corações e mentes. À conquista do diretor do jornal somaram-se outras adesões, como a do casal Luís Roberto Clauset e Rose Nogueira – a redação os aproximou, o amor os casou, Betto os engajou. Havia ali outros jornalistas adeptos dos mesmos ideais por via de diferentes siglas revolucionárias, como Luiz Merlino.[15]

Penafiel, excelente fotógrafo, nada tem de perdulário com as palavras; seu mundo constitui-se de imagens. O olho aguçado atrás da câmera enquadra esteticamente objetos e pessoas. Acusam-no de ter fotografado Marighella em casa de Rose e Clauset, e manter contatos com Joaquim Câmara Ferreira, o Toledo, braço direito do comandante da ALN. Com frequência a Organização despachava militantes para o exterior. Uns deixavam o país por razões de segurança; "queimados" aos olhos da repressão, livravam-se do cerco ao darem as costas às nossas fronteiras. Outros tinham por missão fazer treinamento de guerrilha em Cuba. E havia os "pombos-correio", saíam e retornavam após cumprir tarefas específicas, como acertar um carregamento de armas e munição. Todos o faziam por vias legais, portando passaportes válidos. Daí a insistência de Marighella para que tirassem passaporte os militantes ainda ignorados pelos órgãos policiais. Entregue à Organização, o documento recebia uma nova foto e transformava-se num salvo-conduto para o portador. Penafiel fazia as fotos, Clauset as repassava a frei Ivo, e

---

[15] Luiz Eduardo da Rocha Merlino, jornalista, preso em julho de 1971, veio a falecer, aos 23 anos, no DOI-CODI de São Paulo, em consequência das torturas.

Ivo a Marighella. Um setor da ALN cuidava de modificar cada passaporte com habilidade pericial.

A carência de militantes frente à afluência de tarefas, quase todas urgentes, induzia a ALN a cometer, com frequência, um dos erros mais graves em matéria de segurança: desrespeitar a especificidade de um revolucionário. Quando se exige de um engenheiro que se improvise em distribuidor de panfletos ou de um jornalista – coletor de informações – empunhar armas, é sinal de que a Organização tornou-se vulnerável por ceder à improvisação. Nenhuma pessoa é multifuncional. A sabedoria de qualquer instituição consiste em valorizar os talentos inerentes a cada um de seus adeptos. Não se solicita de um músico que abandone a sua arte para transportar malas de dinheiro entre uma região e outra. Quando a urgência das tarefas supera o número de tarefeiros é sintoma de que a Organização está febril, comprometida pela exaustão.

Penafiel habitava a casa de número 2.098 da rua Iraí, no bairro paulistano de Moema. Ali bateu frei Ivo numa manhã primaveril. Acompanhava-o Júlio, levemente encurvado pelo peso da mala que trazia em mãos. Penafiel e sua mulher, Ana Vilma, se dispuseram a acolher o rapaz de barba e cabelos aloirados. Não se faziam perguntas. Sabiam tratar-se de um "procurado". Mesmo sem nada dizer, Júlio o comprovou ao tingir os pelos de preto. Dois dias depois, deixou o quarto onde dormia e comia, e avisou que daria uma saída.

A curiosidade é pecado mortal entre revolucionários. Sob tortura, a língua jamais delata o que ignora. Júlio poderia ter saído para uma volta pelo quarteirão, tomar um pouco de sol, livrar-se por uns instantes daquele confinamento. Ou ido cobrir um "ponto"[16] para receber ou transmitir instruções. Penafiel e Ana Vilma sabiam que economizar palavras é preservar vidas. A um hóspede trazido pela Organização se trata com atenção e silêncio. Em especial um hóspede que entra louro e sai moreno.

---

[16] Este termo designava o local de encontro entre militantes clandestinos.

Júlio não regressou naquele dia nem no seguinte. Sequer cumpriu uma das normas elementares: avisar quando estaria de volta. Se o fizesse, vencido o prazo, "em condições normais de temperatura e pressão" os hospedeiros deixariam imediatamente o local. O hóspede poderia ter caído num "ponto" e, torturado, entregue o esconderijo. Claro, há sempre a desculpa de que os donos da casa apenas atenderam prestimosamente o pedido de um padre amigo... Desculpa que a repressão, àquela altura, recebia como insulto; prendia os moradores e revirava o domicílio de alto a baixo, minuciosamente. Investigadores plantavam-se ali de campana, à espera de outros pássaros que viessem em busca de alpiste. E com frequência tornavam menos aborrecida a vigilância entretendo-se com prostitutas e furtando o que lhes interessava.

Inquieto com a falta de notícias, Penafiel decidiu abrir a pesada mala encostada a um canto do quarto de hóspedes. Seria o visitante raia miúda ou importante dirigente? Talvez encontrasse ali dentro algum indício que o tranquilizasse. Ao levantar a tampa, o que viu retesou-lhe ainda mais os nervos e ferveu-lhe o sangue: armas. Junto, o documento com a foto de Júlio identificava-o como médico. Chamava-se Boanerges de Souza Massa.[17]

---

[17] Em *Batismo de sangue* (Rocco, 2007) registro que, em 3 de novembro de 1969, retirei clandestinamente do país, via fronteira do Rio Grande do Sul com a Argentina, os militantes revolucionários "Piter" e "Carlos Alberto". Este último eu conhecia do movimento estudantil: era Franklin Martins, idealizador do sequestro, no Rio, do embaixador dos EUA no Brasil, Charles Elbrick, em setembro de 1969. Em 2007, tornou-se ministro da Comunicação Social do governo Lula.

"Piter" era Boanerges de Souza Massa. Durante anos, o seu destino ficaria envolto numa fumaça de controvérsias. Há quem afirme tê-lo visto, anos depois, numa cela isolada do quartel do 2º Batalhão da Polícia do Exército, em São Paulo, quando teria pedido aos outros presos que não revelassem que o haviam encontrado ali.

No domingo, 11/7/93, o *Jornal do Brasil* divulgou que, recentemente, havia sido descoberto, nos arquivos do DOPS do Rio, um documento (o relatório nº 674, de 1972) comprovando que o Centro de Informações do Exército dispunha de um espião entre os brasileiros do MOLIPO que fizeram treinamento de guerrilha em Cuba.

Quase todos os 28 militantes do MOLIPO treinados em Cuba foram assassinados pela repressão ao retornarem ao Brasil. Os indícios são de que, desde Havana, a polícia brasileira já conhecia a rota e a data de entrada no país de cada um deles. As suspeitas recaíam sobre

*

Em 17 de dezembro, autorizou-se, pela primeira vez, à maioria dos companheiros receber visitas. O presídio contaminou-se com um clima de distensão e alegria. Porém, não foi dada, a nós frades, a oportunidade de rever nossos confrades e familiares; ainda estamos incomunicáveis. Apenas frei Giorgio Callegari teve o direito de avistar-se, por quinze minutos, com o padre De Couesnongle.

No dia seguinte, o juiz auditor, Nelson Machado da Silva Guimarães, veio fiscalizar seu rebanho de prisioneiros; autorizou a entrada de nossas famílias no próximo sábado.

À noite, Jacques Breyton, dependurado em seu inseparável cachimbo, fez longa preleção sobre a luta da Resistência Francesa aos nazistas, na Segunda Guerra Mundial. Em situação de reclusão, deve haver algum mecanismo no cérebro pelo qual

---

Otávio Ângelo, ex-militante da ALN, cujo paradeiro foi ignorado ao longo de três décadas (reapareceu em Minas, em 2007, via deputado petista Durval Ângelo), e Boanerges de Souza Massa, que retornou ao Brasil em 1971, após treinamento de guerrilha em Cuba.

Em abril de 2007, o *Correio Braziliense* publicou uma série de reportagens, assinadas por Lucas Figueiredo, sobre o *Livro negro do terrorismo no Brasil*, obra inédita, produzida pelo Exército entre 1986 e 1988, com base em seus arquivos secretos. Segundo os militares, Boanerges foi preso em Pindorama (GO), a 21 de dezembro de 1971, onde o MOLIPO tentava implantar a guerrilha rural. Levado a interrogatório, desapareceu.

Em princípio, encaro com desconfiança e cautela a versão oriunda de nossas Forças Armadas.

Em 24 de setembro de 2007, em jantar na casa do médico Clemente Isnard Ribeiro de Almeida, em São Paulo, conheci o casal de médicos Heloisa e Eduardo Manzano que, formados na capital paulista, se instalaram em Porto Nacional (TO) desde 1968. Eduardo contou-me que havia sido colega de Boanerges na Faculdade de Medicina da USP. No início da década de 1970, quando estava ativa a guerrilha do Araguaia, do PCdoB, e o retrato de Boanerges figurava nos cartazes de "Terroristas Procurados", este apareceu em Porto Nacional: "À tarde, recebemos a visita do próprio Boanerges, vestido em trajes de guerrilheiro, com mochila nas costas, desafiando a sorte, pois seu retrato estava nos cartazes de 'procurados', que nesta época eram fixados em todos os lugares públicos. Acusou-nos de frouxos e que tínhamos aderido à ditadura, pois ele, sim, iria fazer a revolução brasileira, salvar o povo, e assim provar que nosso trabalho não servia para nada. Algum tempo depois, estávamos de férias em São Paulo, quando recebemos um telegrama, pedindo nosso retorno urgente para dar explicações ao SNI – Serviço Nacional de Informações, pois Boanerges havia sido preso e estivera em Porto, identificando os contactos que possuía na região. Esta foi a última informação que tivemos do colega." (Heloisa Lotufo Manzano e Eduardo Manzano, *Nas barrancas do Tocantins – memórias de um casal de médicos*, Goiânia, América, 2005, p. 121.)

compensa, pelo avivamento da memória, a falta de acesso a livros e documentos. Breyton falou como se tivesse à frente imagens vivas projetadas numa tela, cujos reflexos nos chegavam por suas palavras. Todas as prisões, com certeza, reproduzem a caverna de Platão.

Breyton ostentava a patente de capitão quando seu país se libertou do nazismo. Recebeu a Cruz de Guerra, a Medalha da Resistência e a Legião de Honra – tudo aos 23 anos. Veio para o Brasil em 1958; investiu no ramo de telecomunicações e eletricidade. O sucesso empresarial não lhe arrefeceu o entusiasmo revolucionário. Tornou-se um fenômeno anômalo – um capitalista anticapitalista. Foi preso por abrigar Marighella em sua casa. Quem desconfiaria de que uma bela mansão ajardinada da Vila Mariana, cuja piscina parece um lago, servia de esconderijo para o homem mais procurado do Brasil?

Agora nossa rotina é quebrada pelos dias de visitas. Desde cedo, o cuidado do asseio: banho, barba, roupa limpa... Só então trocamos pela calça a bermuda ou o calção. A ansiedade nos invade. Chegarão pais, mulheres, filhos? Trarão notícias boas ou ruins? Quem virá do convento? Trepados na grade, fixamos a ansiedade à fila diante do presídio. Os familiares chegam atulhados de sacolas, todas rigorosamente revistadas. Ainda assim, conseguem burlar a vigilância. A mãe do Luiz Raul Machado, vinda do Rio, ergue os braços para que as carcereiras apalpem-na e diz que os jornais que traz em mãos foram comprados na rodoviária. Em meio às páginas, cartas. O pai dos irmãos Carvalho trabalha numa enlatadora de óleo de cozinha; traz cachaça no recipiente industrialmente fechado. A família do Coqueiro aprendeu a esvaziar, com seringa e agulha, ovos de galinha, limpá-los e injetar cachaça nordestina. Thereza, irmã do Betto, costuma trazer bombons recheados de licor. O sabor desses produtos etílicos é gostosamente acentuado pelo que representa de vitória sobre os nossos carcereiros.

As páginas deste diário saem em papel de seda enrolado em meio à carga de caneta Bic, de modo que, se houver suspeita, ela escreve. E também em maços de cigarro abertos pelos fundos. Após colocar o canudinho de papel dentro do cigarro, cuido de tapar ambas as beiradas com fumo.

A criatividade do preso supera as suspeitas da vigilância. A mente se faz mais livre quando o corpo se encontra recluso. Miguel de Cervantes, Marquês de Sade e Jean Genet que o digam.

Dois feridos encontram-se aos nossos cuidados na cela: Carlos Lichtsztejn, atingido na perna por quatro tiros durante o cerco policial que resultou em sua prisão, e Antenor Meyer, que se jogou do quarto andar de um prédio ao tentar escapar da perseguição policial. São atendidos pelo doutor Antônio Carlos Madeira, preso na cela 4. Carlinhos improvisou uma mesa e, deitado, consegue ler e escrever.

Para evitar a ociosidade – mãe de todos os vícios, segundo os ingleses vitorianos – tratamos de nos ocupar com aulas de francês e yoga, ginástica e trabalhos manuais, e o estudo de teologia. Os livros são previamente censurados pela Justiça Militar, embora ela não saiba distinguir advento de catavento... Numa prisão política a vida se passa entre leituras e leis duras.

Atividades culturais e trabalhos manuais nos fortalecem o espírito e tornam o cárcere suportável. O maior peso da falta de liberdade é a ociosidade. Aqui o sonho se transforma em pesadelo crispado de medos e interrogações. O prisioneiro naufraga na própria imaginação – "a louca da casa", na expressão de santa Teresa de Ávila –, e desacelera o tempo. Se risca os dias do calendário, como nos *cartoons*, apenas prolonga sua agonia. O tempo passa mais rápido quanto menos estamos atentos a ele. Já o provou a teoria da relatividade. O velho Einstein exemplificava-a ao comparar cinco minutos ao lado da garota que se ama e cinco minutos sentado na chapa quente do fogão...

Esses companheiros que, trancados aqui, mantêm a cabeça lá fora, me fazem lembrar o exílio dos hebreus na Babilônia, a partir de 587 a.C. Habilidosos em suas táticas, os invasores, sem condições de deportar toda a população de Israel, tiveram o cuidado de aprisionar as lideranças. Entre as que ficaram para trás figurava o profeta Jeremias.

Os exilados não faziam outra coisa senão lamentar a terra perdida e chorar a saudade de Jerusalém. Vindos desta cidade, chegaram um dia à Babilônia dois emissários, Eleasa e Gamarias, de posse de uma carta de Jeremias, na qual o profeta recomendava: "Construam casas para vocês morarem, plantem pomares para comerem de suas frutas, casem-se, gerem filhos e filhas... Lutem pelo progresso da cidade para onde eu os exilei e rezem a Deus por ela."*(Jeremias 29, 1-7)*

O profeta alertava-os de que o exílio não era um acampamento provisório. Insistia para que os hebreus parassem de mentir para si, deixassem de dar ouvidos aos profetas da ilusão e enfrentassem a dura realidade.

Falta aqui um Jeremias capaz de desalienar esses companheiros que, de olhos abertos, sonham com a liberdade iminente. Aqui não há como trapacear. O jogo é limpo, vale a verdade de cada um. Aparências e ilusões perdem o sentido. Cada um é reduzido à sua condição mais humana e, portanto, significativa. Face a face, nos vemos sem rodeios ou fantasias.

A partir de certo momento – mais psicológico que temporal –, o prisioneiro passa a vislumbrar a saída, a hora da liberdade. Antevisão da ressurreição. A liberdade não consiste apenas na recuperação do movimento físico; consiste, sobretudo, em um novo modo de ver e viver, uma nova escala de valores, na superação de velhos hábitos. Na falta de luz, os olhos aprendem a enxergar no escuro, a vislumbrar o cerne da realidade, lá onde ela se define e exprime.

Doentes, damos valor à saúde; presos, conhecemos a dimensão da liberdade.

A Justiça Militar não nos autoriza celebrar missa. Seria reconhecer que não somos terroristas ateus, como insiste em nos caracterizar. Não dispomos de licença do bispo nem de paramentos e objetos litúrgicos. Resta-nos a liberdade do coração, e sobra-nos fé. Decidimos celebrar todas as noites entre nós, frades encarcerados; e uma vez por semana para toda a cela, a pedido do coletivo. No ritual improvisado utilizo, como espécies eucarísticas, pão e água. Se há Ki-suco, misturo-o à água; ao menos aparenta vinho. Serve-nos de cálice uma caneca de alumínio.

Jesus, com certeza, é mais tolerante que o Vaticano.

*

Doutor Olintho Denardi, diretor do presídio, se destaca por sua corpulência atlética; as mãos enormes, calosas, denunciam-lhe a origem rural, embora se esforce por disfarçá-la com seus ternos de vincos acentuados e a cabeleira farta, brilhante como um luzeiro, assentada à custa de fixador. Gosta tanto de dar brilho às extremidades do corpo que, ao chegar ao presídio, sua primeira providência é soltar o corró encarregado de engraxar-lhe os sapatos. Toma assento na cadeira disposta no pátio para a liturgia cotidiana e, sultão dos trópicos, estende ora um pé, ora outro, ao poleá que se agacha prestimoso, como quem esfrega a lâmpada de Aladim à espera do gênio propiciador de liberdade.

Enviei-lhe, em nome do coletivo, um requerimento em favor do direito ao banho de sol.

Mário Simas, nosso advogado, protestou junto ao STM contra a nossa incomunicabilidade. Simas tem um aspecto asseado, a fala mansa e contundente, o raciocínio ágil, gestos comedidos. Assumiu a nossa defesa como a causa de sua vida. No dia seguinte ao seu protesto, o DEOPS pediu à Justiça Militar a prisão preventiva de 17 pessoas envolvidas no processo dos dominicanos. À meia-noite do mesmo dia, o delegado Fábio Lessa, do DEOPS, compareceu ao presídio e nos convocou à carceragem para assinar o "ciente" de nossa prisão preventiva.

O cônsul da Itália veio em visita a frei Giorgio Callegari, seu compatriota. Alto, esguio, afável, parece ter sido feito numa forma de diplomatas. O sorriso engrandece-lhe a boca. Fez uso de todos os seus direitos: não lhe apalparam o corpo e lhe permitiram subir à cela. Entrou primaveril, como se Pipo fosse celebrar tão honrosa visita. Que nada! Pavio curto por natureza, malgrado o coração generoso, nosso confrade explodiu. As bochechas afogueadas pareciam saltar das faces. Os olhos redondos, arregalados, tinham uma luminosidade felina. Exigiu que o governo italiano o tire daqui imediatamente. E obrigou o cônsul a escutar um breve e furibundo comício sobre os deveres do Quirinal[18] para com seus concidadãos no exterior.

O juiz auditor, Nelson Machado da Silva Guimarães, veio de novo em inspeção. Rosto asseado e redondo, gestos contidos, seu aspecto clerical cheira a incenso. Não sabemos ainda se é um cínico que abdicou de todos os princípios do Direito para submeter-se ao caráter arbitrário do Tribunal Militar, ou um estranho no ninho, que nutre a veleidade de fazer justiça onde as razões de Estado prevalecem sobre os direitos humanos. Reivindicamos banho de sol, encontro íntimo dos casais presos, assistência religiosa. Anotou sem nada prometer. Talvez a decisão não dependa dele, e sim de um Conselho de Justiça Militar onde a toga é apenas um adereço vazio entre tantas fardas carregadas de insígnias.

Após 45 dias de prisão, pela primeira vez tivemos uma hora de banho de sol, suficiente apenas para desnudar-nos a palidez. Aliás, banho de nuvens, já que o céu se apresentava como na tela *As grandes banhistas*, de Paul Cézanne. O advogado Antônio Expedito Carvalho Perera, militante da VPR, que habita a cela 4 – conhecida como Cela dos Lordes, devido ao alto nível social de seus ocupantes – subiu à 7 de pijama de seda coberto pelo *robe de chambre*; no canto da boca, o cachimbo. Essa capacidade de imprimir pequenos requintes em situação tão adversa é uma forma de resistência. A prisão tende a nos uniformizar, massificar, desumanizar. Manter o asseio, perfumar-se, preparar um cardápio saboroso são maneiras de evitar que as grades nos enferrujem o coração e embotem os sentidos. Em certas noites, as portas das celas ficam abertas, generosidade dos carcereiros de plantão. Intensifica-se o trânsito entre uma cela e outra: bate-papo, acertos de depoimentos, jogos

---

[18] Palácio Quirinal - nome da sede do governo da Itália, em Roma.

de cartas, cafezinho etc. Aos domingos, entretanto, ficamos na tranca. Com menos carcereiros, há menos liberdade.

No sábado vieram nossos confrades e familiares carregados de consolos e quitandas, compaixão e quitutes. Cobrem-se de tristeza os presos que não recebem visitas, como Nestor Mota. A família mora em Goiás, e o medo retém quem mais próximo poderia visitá-lo. Finda a visita, nos recolhemos às celas num silêncio sofrido: companheiros angustiados com o sustento de suas famílias; maridos e mulheres separados por essas grossas muralhas e anos vindouros; filhos pequenos incapazes de entender por que os pais estão fora de casa; parentes inconformados, confusos, revoltados.

A lógica do absurdo fere fundo o sentimento.

Próximo ao Natal, vieram dom Lucas Moreira Neves e padre José Afonso de Moraes Bueno Passos. Frade dominicano, dom Lucas é bispo auxiliar de São Paulo. Mineiro sagaz, fica em cima do muro para ver melhor os dois lados. Nunca se sabe o que de fato pensa e de que lado está. Desprovido de opinião própria, talvez prefira, quase sempre, estar de acordo com quem lhe é superior. Nascido em São João del Rei, dá um boi para não entrar na briga e a boiada para continuar de fora. Ele e o juiz, conhecidos de longa data, parecem coincidir em pontos de vista, mormente quanto à conjuntura política do país, razão pela qual mereceu o privilégio de nos visitar quando lhe convier, sem necessidade de, a cada vez, requerer autorização na Auditoria Militar, como se exige de todos os interessados em vir ao nosso encontro.

Nenhum de nós sabe de que eras e horas procede o padre Passos. Diz ensinar arqueologia numa faculdade de Santos (SP). Gordo, bonachão, sorriso aberto e irônico, sua barriga esférica resvala para as coxas roliças. Cheira à TFP, tamanha a sua ortodoxia, tanto eclesiástica quanto cívico-militar.

O general-ditador Emilio Garrastazu Médici, presidente da República, manifestou à Justiça Militar a preocupação de que sejamos julgados o quanto antes, a fim de aplacar a repercussão internacional do caso dos "frades terroristas", que mereceu até editorial do *Le Monde*.

No dia de Natal, nem a chuva quebrou o clima de confraternização. Quase duas centenas de presos políticos atraíram cerca de mil visitantes. Nossas famílias se conheceram, os padres do convento trouxeram alimentos e cigarros. Tudo submetido à severa revista; os mantimentos foram maldosamente examinados: cortou-se o pão de forma, fatiado e embrulhado em papel celofane transparente, em sentido longitudinal, esfarelando-o. São as pequenas humilhações que se repetem quase todos os dias.

À noite, desembrulhamos na cela as iguarias – frango, peru, arroz de forno, bolos, passas, nozes, castanhas, uvas. Precedeu a ceia o ato litúrgico no qual alternamos cânticos e leituras bíblicas. Nosso coro ecoou pelo presídio, atraiu vozes de outras celas; a cantoria avolumou-se, a ala feminina aderiu; súbito, todos entoaram *Noite feliz*. Nos olhos dos carcereiros via-se como a nossa alegria causava perplexidade e repulsa.

Repelidos pela cidade, condenados ao estrume, estamos na manjedoura. Não há como nos roubarem o espírito de júbilo. Jamais daremos a eles o prazer de nos verem abatidos e tristes.

Faltou água, o calor sufoca, a cela transformou-se em sauna. Os carcereiros subiram com latões cheios de água barrenta e oleosa, talvez puxada do poço sanitário. Parecia não nos restar alternativa senão cozinhar com aquele líquido viscoso. De repente, o céu empreteceu, trovejou, raios refulgiram entre as nuvens, a tempestade desabou. Para colher água potável, atravessamos, por uma fresta da janela gradeada, um pequeno balde suspenso no cabo da vassoura. Não tardou e os carcereiros, apreensivos, vieram pedir que recolhêssemos a engenhoca antes que os guardas das muralhas apontassem os fuzis e transformassem o balde em coador...

Findo o almoço, policiais do DEOPS vieram buscar o companheiro Terada para novos interrogatórios. Não trouxeram autorização do juiz. Submetido a torturas, perguntaram-lhe pelo irmão, incluído na lista dos "subversivos" procurados. Detido há três meses, pode Terada ter ideia de onde se esconde o irmão, desaparecido de casa há uma semana? Ao regressar no fim da tarde, trazia os dedos roxos devido aos choques elétricos. Doutor Madeira cuidou de aliviar-lhe as dores. Exigimos a presença do diretor do presídio e fizemos o nosso protesto.

Sob a ditadura de Getúlio Vargas (1937-1945), o advogado Sobral Pinto invocou a Lei de Proteção aos Animais em defesa dos presos políticos. É hora de repetir o gesto.

CAPÍTULO III

Presídio Tiradentes

Janeiro de 1970

    Fomos todos transferidos do Pavilhão 1 para o 2, cujas instalações recordam a Casa dos Mortos de Dostoiévski. Motivo alegado: segurança. Prévio à mudança, queimei umas tantas folhas deste diário. Queimei-as com dor, raiva, num esforço supremo de desapego, consciente de que ali a história se fazia cinzas. Pensei em Walter Benjamin agarrado a seus escritos ao fugir da Gestapo e tentar atravessar os Pireneus. O que vale mais, o escrito ou o escritor?

    Em fila indiana, passamos pelo corredor polonês formado por soldados da PM. Intimidaram sem nos tocar: piadinhas, ironias, caras feias, gestos obscenos. Nenhum de nós reagiu às provocações. Se em Minas o preço da liberdade é a eterna vigilância, aqui o da dignidade é não dar importância.

    Na cela 19, somos oito a ocupar um espaço de 8 x 3,5m. Nela passamos os dias trancados. As goteiras da chuva peneiram o teto, a água mina pelas paredes úmidas. Sobre os beliches, alimentos se misturam a roupas e livros. A leitura é dificultada pela iluminação precária. Se quase não se pode respirar, quanto mais andar! Não há chuveiro. Banho, só ajoelhado ou agachado sob a única torneira acima da boca da fossa sanitária; todo cuidado é pouco para não afundar os pés naquele buraco negro. Dele, nos primeiros dias, emanava insuportável cheiro de merda, devido à falta de sifão na privada turca. De nosso protesto resultou a permissão de dormir sobre colchonetes espalhados no corredor.

Apenas as celas 14 e 16 dispõem de fogareiros. A elas remetemos os mantimentos para que sejam ali cozidos. Assim, evitamos ingerir o insalubre boião procedente da Penitenciária do Estado. Recebemos a visita adventícia do padre Passos. Mostrou-se indignado com o que viu – e cheirou – ao entrar na cela. Aspirou merda. Desceu em minha companhia para nos queixarmos ao diretor. Este prometeu mandar instalar um vaso sanitário na cela. Aproveitei o ensejo e solicitei permissão para celebrar missa no domingo. "Missa é reunião política", pontificou o delegado, que se gaba de frequentar o Cursilho de Cristandade. "A menos que o cardeal autorize por escrito", acrescentou.

Sem esperar pela permissão episcopal, desafiei a proibição e celebrei missa no corredor; adotei uma liturgia de exceção. Valeram-nos a ausência do diretor e a camaradagem do plantão da noite de domingo. De altar, um caixote bambo. Sobre ele, a Bíblia, um copo de água e o pão do cadeião no prato de plástico no qual tomamos as refeições. Rostos espremidos nas grades acompanharam atentos. Entoamos cânticos litúrgicos e populares. Após a leitura do Evangelho, fez uso da palavra quem quis: uns, comentários religiosos; outros, políticos. Para minha surpresa, Vicente Roig comungou. Admitiu que o clima litúrgico, de profundo espírito comunitário, deixou entre parênteses suas convicções materialistas. Seu coração espanhol falou mais alto que a razão.

A cantoria fez reverberar o pavilhão numa serenata de desafogo; o coro ritual elevou-se aos céus em sacrifício e louvor. Expiação de dores e angústias. Explosiva alegria ritmada por melodias populares. Do outro lado da parede ao fundo, vozes femininas ecoavam. Em certo momento, num sussurro cálido, homens e mulheres cantarolaram, à voz miúda, *Carinhoso*, de João de Barro e Pixinguinha: *Meu coração/não sei por que,/bate feliz...*

Noite de efusão coroada por um sono de criança amada.

Navegar é preciso... e imprevisível. O mar surpreende, a calmaria desfaz-se em ondas gigantes, as vagas quebram-se em estrondos vorazes. Na madrugada seguinte, outra equipe de plantão a se comprazer em irritar-nos. Porretes fizeram gemer as portas de ferro das celas. A batida, prenhe de agressividade, despertou-nos em sobressaltos, propagou-se em nossas cabeças, atemorizou espíritos. Aos gritos, ordens: "É proibido dormir de luz apagada", bradou o chefe do plantão. Nenhum regulamento o prescreve. Com certeza arquitetaram a balbúrdia na carceragem, entre goles de cachaça e tragos de maconha: "Vamos sacanear e despertar esses filhos da puta."

Proibiram o professor Guilherme Simões, nosso companheiro de cárcere, de nos atender no gabinete dentário. E o dentista contratado pelo Estado jamais apareceu...

Na terça, 20, dom Paulo Evaristo Arns obteve, enfim, permissão de nos visitar. Franciscano, o bispo auxiliar do cardeal Agnelo Rossi, arcebispo de São Paulo, trabalhou anos em favelas de Petrópolis (RJ). Sua fala ríspida, em frases cortantes, é amenizada pelo coração compassivo. Os olhos se dilatam à empolgação das ideias, o espírito de fortaleza emana de suas raízes germânicas. Na carceragem, o delegado Denardi ouviu, silente, historiarmos ao prelado nossas prisões, torturas, interrogatórios e ameaças recebidas.
  As orelhas do diretor são ouvidos da repressão.
  Às 3h da madrugada fomos despertados pelo berreiro dos corrós. À gritaria somava-se o ruído de latas e objetos metálicos batidos contra as grades de ferro. Um "cacique" de cela estuprava um menor. Este clamou por socorro, os guardas intervieram e espancaram todos, inclusive a vítima. De quem é a culpa? Do "cacique" que não fez voto de castidade e há meses não vê mulher ou dos carcereiros que enfiaram o menor numa cela de malandros escolados? Não duvido de que algum carcereiro tenha levado grana para pôr o menor ali dentro. Aqui é difícil distinguir o limite entre bandidos e representantes da lei.
  Na prisão, diante de tanta anormalidade, corremos o risco de ficar insensíveis, inumanos, seja pelo aburguesamento, seja pela

animalização. O primeiro risco é frequente entre presos políticos; o segundo, entre comuns.

Numa prisão os primeiros tempos equivalem aos primeiros dias de um ser humano. O bebê estranha a falta de proteção do útero, a luz excessiva, o movimento de pessoas, a amplidão do espaço, a sua segregação do corpo materno. Já o prisioneiro deve se adaptar à luz exígua, à variedade de insetos que com ele disputam espaço, ao controle diuturno dos carcereiros, à completa dependência externa, ao retorno a um útero biônico onde é tratado como um ser ao mesmo tempo perigoso e imaturo. Seus mínimos desejos dependem dos outros. Deve se submeter a rigorosas prescrições, restrições e proibições. Na pequena área que o abriga como um berço macabro, seu corpo é obrigado a disciplinar-se, privado de mobilidade e vontade. Daí a tendência de a imaginação alçar voos incontidos.

No entanto, ainda que aprisionados, carregamos no íntimo uma insaciável liberdade. Recria-se o mundo onde só restam escombros. No Gueto de Varsóvia, findos os bombardeios, uma sobrevivente recolocou em seu lugar um vaso de flores, como primeiro gesto de que a vida continua. A existência se tece em detalhes, como figuras de um bordado. Aqui, um simples pedaço de madeira serve de prateleira aos utensílios de cozinha; com jornais velhos forramos a cama para conter a umidade; um pedaço de plástico transforma-se na sacola aérea que, dependurada por um prego, guarda nossos livros. Talvez esse código mínimo explique por que não há, como se imagina, tanta tristeza entre encarcerados.

Do lado de fora, os signos nos chegam carregados de significações. Alguém envia meia dúzia de sapotis, a fruta que o Betto mais aprecia. Basta; dispensam-se palavras. Velhos, crianças, enfermos e prisioneiros sabem quão supérfluo é o vocabulário. Valem as atitudes.

Anima-nos a fé. Somos discípulos de um prisioneiro político – Jesus, preso, torturado e assassinado pelo Império Romano. Das celebrações extraímos coragem. O gesto litúrgico rompe fronteiras religiosas e filosóficas. No limite da vida, o ser humano acata o

Mistério sem interrogações, pleno de respeito para o silêncio que o encobre. Discussões religiosas são próprias de ambientes onde a razão se entrega ao luxo da ociosidade. Sob o império do risco, a vida, planta sequiosa, emerge em direção à luz.

O diretor cumpriu a promessa: instalaram em nossa cela vaso sanitário e corrente elétrica para fogão e chuveiro. Com pedaços de caixotes, construímos prateleiras, bancos e mesa.

À tarde, o carcereiro avisou que retornaremos ao Pavilhão 1. Posta a mesa, retiram-se os pratos dos comensais...

Apanhado de surpresa pela ordem de transferência, queimei páginas deste diário; fiz sumir as cinzas sob a descarga do vaso sanitário. É preferível perder muitas anotações a ver uma só em mãos dos carcereiros. Aqui a tensão é constante: a repressão procura saber em que nos ocupamos; nós damos a impressão de fazer uma coisa para de fato ocupar-nos com outra.

Fevereiro de 1970

De volta ao Pavilhão 1, somos 47 na cela 7. Mal podemos nos mover. Muitos dormem no chão. De dia, empilhados os colchonetes, dispomos de um mínimo de espaço entre as fileiras de beliches.

Três veteranos comunistas se destacam na cela: Diógenes de Arruda Câmara, dependurado em seu bigode stalinista; "tio" Celso Santos, com seu cuidado paternal para com todos nós; e Irineu Morais, o "Índio", camponês.

Dois inimigos isômeros nos ameaçam: a ociosidade e a imaginação. O primeiro imprime asas ao segundo. Numa prisão, não se ocupar é condenar-se a uma espécie mórbida de esquizofrenia – o corpo retido entre grades, a cabeça a divagar pelos abismos inconsúteis das ilusões perdidas. A ociosidade dá corda à imaginação – linha que, solta da manivela, deixa a pipa ao sabor de ventos fortuitos. É preciso evitar, a todo custo, essa indolência desesperada, manter os pés e a alma nesse chão frio, a cabeça bem ajustada no corpo confinado entre barras de ferro. Quando se entra aqui, o mais indicado é admitir que se ficará por muito tempo. Assim se organiza melhor a vida, os estudos, a rotina. Esperar a saída iminente é condenar-se a profundo desgaste.

Daniel José de Carvalho,[19] operário, militante da Ala Vermelha, é dos poucos a se deixar vencer por este tormento de querer apressar o ritmo do tempo. O único capaz de atenuar o sofrimento é esta ampulheta incessante que nos conduz, inelutavelmente, malgrado a espera infinda, à liberdade ou à morte – o tempo. Daniel passa o dia recolhido à cama, como se o sono lhe pudesse aplacar a angústia e abreviar os dias. Eis uma insana forma de resistência. Ou de entrega à obtusidade. Bem diz Mário Quintana, o tempo é a insônia da eternidade.

O coletivo mira dentro. Passageiros de um navio sem data marcada para aportar, desviamos os olhos do horizonte e da profundidade dessas águas turvas que nos ilham. Tratamos de nos ocupar: cuidados da cela, estudos, trabalhos manuais... Um mínimo de critérios a regular nossa convivência. Nisso a experiência conventual tem muito a contribuir. E também a dos velhos comunistas veteranos de cadeia.

Quase 50 homens confinados exige regras para que a exacerbação não predomine. Um pequeno grupo levanta mais cedo e, ao preparar o café da manhã, observa os movimentos cadenciados dos que se exercitam no yoga, orientados por Nestor Mota: Ivo e eu, Jacques Breyton e Jeová de Assis Gomes. Todas as noites Ivo pede que eu o desperte na manhã seguinte; quase sempre boceja

---

[19] Daniel José de Carvalho foi preso em 1969, em São Paulo, em companhia de seus irmãos Derly, Jairo e Joel. Libertado junto com Joel, em janeiro de 1971, em troca do embaixador da Suíça, exilaram-se no Chile. Após o golpe do general Pinochet, que derrubou o governo Salvador Allende, refugiaram-se na Argentina. Vítimas da Operação Condor – ação conjunta das Forças Armadas do Cone Sul –, Daniel e Joel desapareceram em 1974, provavelmente assassinados ao retornarem ao Brasil no mesmo ano. O irmão Devanir José de Carvalho, líder do MRT, foi assassinado pela repressão em 1971, em São Paulo. Derly e Jairo sobreviveram.

e vira-se de lado. Ergue-se mais tarde para ministrar aulas de francês, enquanto Luís Antônio Maciel se incumbe dos alunos de inglês. Estabelecemos horários de silêncio absoluto, de 1h até 9h, e das 14h – findo o almoço – às 17h. Assim, repousa tranquilo quem prefere entregar-se à sesta.

Aturdido pelos ruídos, sinto necessidade de recolher-me para rezar. Nos horários de silêncio, rendo-me à oração, reúno os cacos de uma subjetividade abalada pelo furor policial, procuro defendê-la do jogo repressivo que almeja arruiná-la.

Agora reencontro Deus, não nas alturas, mas no aprofundamento do *eu*. Tentaram destruir-me, dilacerar-me a personalidade, mas esta resistiu como se fosse elástica, e voltou a se integrar, engrandecida. Uma imagem recorrente me atormentava: uma espada tentava perfurar meu coração para cortá-lo em pedaços; como se fosse de borracha impenetrável, ele expulsava a lâmina com a mesma força.

Uma personalidade só é destruída na loucura. Nessas condições se pode chegar perto. Devagar, supero o que eu era para, na mesma linha vetorial, ultrapassar-me no que sou: um homem em movimento.

Na celebração de domingo, participaram da missa cerca de 20 companheiros; a maioria se confessa desprovida de fé, devido sobretudo à concepção de marxismo abraçada. Sente-se, porém, reconfortada pela liturgia. Jacques Breyton admitiu que algo o faz recordar Jerusalém, que visitou há anos.

Por que um ato litúrgico torna-se importante para tantos ateus e agnósticos? A maioria dos companheiros não demonstra nenhuma motivação religiosa, é indiferente à Igreja, bastante crítica quando se refere à cumplicidade do Vaticano com ditaduras, como a de Franco na Espanha e a de Salazar em Portugal. No entanto, interessa-se em participar da missa. Teria ela sentido para quem não a encara pela ótica da fé? É possível apreendê-la como atualização do sacrifício de Jesus, transubstanciação do pão e do vinho em corpo e sangue do Cristo, sinergia do Corpo Místico, sem aderir ao conteúdo do Credo?

Diante do que se vive aqui, a resposta é surpreendentemente positiva. Talvez esses companheiros se sintam atraídos pela magia do rito e o mistério do mito. Somos seres culturais, rito e mito incrustam-se nas raízes de nosso inconsciente. Ainda que desprovidos de fé religiosa, ansiamos por apalpar o transcendente... A vida não se esgota nos frágeis limites da razão. Extrapola o conceito, e também o pequeno espaço alcançado por nossas vistas. Para esses companheiros, a missa é marco de congraçamento, obelisco a furar o teto e espetar os céus neste cárcere todo fechado. Abrem-se, no clima litúrgico, as portas do coração: a evocação dos companheiros mortos, a reafirmação da esperança, o dessedentar de nossas subjetividades ressequidas pelo sofrimento e pela ausência dos entes queridos. A missa nos transporta às inefáveis e consoladoras regiões do que há de melhor na condição humana; sacraliza e sacramenta o valor de nosso empenho na conquista de uma sociedade mais justa.

Todos que chegam do DEOPS esbanjam elogios ao padre José Eduardo Augusti, da diocese de Lins (SP), preso em novembro de 1969, acusado de favorecer a realização de congresso clandestino da UBES. Embora encoraje os companheiros presos, continua a roubar descaradamente no buraco... Bom samaritano, prefere permanecer no DEOPS para dar apoio aos que, ali, são submetidos às torturas.

Por razões de segurança, restringiram-nos o banho de sol. Já não podemos andar no pátio. Cercou-se um pedaço dele com um gradeado; dentro da imensa gaiola, uma centena de prisioneiros se aperta como pode – é o nosso chiqueirinho.

Os companheiros da Ala Vermelha foram depor na Auditoria Militar: os irmãos Carvalho (Derly, Daniel, Joel e Jairo), Aderval Alves Coqueiro, Buda (José Anselmo da Silva), e os jornalistas Luís Antônio Maciel e Wilson Palhares. Denunciaram torturas e torturadores. Aceita pela Justiça Militar, a denúncia, oficializada, registra e documenta esse período aviltante da história do Brasil.[20]

Gravadores à mão, seis repórteres do *Jornal do Brasil* compareceram à Auditoria. São colegas de Wilson Palhares e Luís Antônio Maciel, que trabalhavam naquele periódico. Os dois continuam a receber salário integral e, na prisão, um exemplar diário do jornal. Quem dera todos os empregadores agissem assim com vítimas da ditadura inscritas no quadro de seus funcionários!

O juiz decidiu libertar os dois jornalistas.

Temos novos carcereiros. Os antigos, acostumados à corrupção desenfreada, pediram transferência para a Penitenciária do Estado, onde faturam mais com os presos comuns, sobretudo via tráfico de drogas e favorecimento de encontros entre adeptos do homossexualismo.

Revista na cela. Sem aviso prévio, os carcereiros entraram, reuniram todos os prisioneiros num canto e, afoitos, reviraram beliches, sacolas, bolsas; examinaram livros, tubos de pasta de dente e creme de barbear, panelas e pacotes de alimentos; apalparam colchões, cobertores e travesseiros. Apreenderam pouca coisa: uma lâmina afiada, própria para cortar couro; um pequeno vidro de álcool; minha tesoura e as *boules quies*, ceras para tapar os ouvidos.

Somos, agora, 50 na cela. Em todo o Pavilhão 1, 115. No 2, mais ou menos o mesmo número de prisioneiros políticos. Na ala feminina, cerca de 25 companheiras.

Observo os companheiros à volta de minha cama. Roberto Romano conversa com Ivo, Betto com Clauset, Carlos Eduardo Fleury com Daniel de Carvalho. Recolhido em seu colchão, Carlos Alberto Lobão lê. Nestor pratica yoga; Chiquinho (Francisco Gomes da Silva) dorme na cama de Jeová, enquanto este espalha

---

[20] Em base às denúncias oficiais, acolhidas pela Justiça Militar durante o período da ditadura, o cardeal-arcebispo de São Paulo, dom Paulo Evaristo Arns, e o reverendo Jaime Wright, da Igreja Presbiteriana Unida, publicaram um dos mais importantes documentos sobre os anos de chumbo, o livro *Brasil, nunca mais* (Vozes, 1985).

os jornais na cama do Roberto Pereira e se debruça em leitura. Ao meu lado, Souza, nascido em Goa, devora as páginas de um romance. Na parte de cima do meu beliche, Buda ronca. No beliche ao lado, Sinval ocupa-se com uma revista e Joel de Carvalho dorme na cama de cima. Issami caminha silenciosamente pela cela.

Takao Amano, jovem nissei, lembra um monge budista. Sempre de bom humor, vive encerrado em silêncio profundo, como se lhe bastassem, para se comunicar, o sorriso e o brilho dos olhos. Seus gestos são delicados, solidários, cheios de atenção para com os companheiros. Integrava o GTA da ALN; prenderam-no em setembro de 1969, na alameda Campinas, em São Paulo, em companhia de Carlos Lichtsztejn.

A cama de Takao é a mais alta da cela, junto à grade frontal. Dali se enxerga a avenida Tiradentes e o Batalhão Tobias de Aguiar, da PM, que aquartela a Tropa de Choque. Aboletei-me ali, de olhos espalhados na liberdade. Ao meu lado, Sinval também observava o movimento da rua em dia de muito sol. Ficamos os dois a desafoguear espírito e mente, trepados naquela vigia de um barco que não se move no espaço, e sim no tempo, imperceptivelmente, sobretudo para quem ainda não recebeu sentença e ignora quantos anos ficará recluso.

A Justiça Militar, arvorada em Tribunal Eclesiástico, proibiu a renovação dos votos religiosos de Tito, Ivo e Roberto. Teme que se interprete como afronta ao governo. Eis a tentativa de nos deslegitimar como cristãos quem nos considera hereges, assim como procura desmerecer nossa opção revolucionária acusando-nos de "terroristas". Quem pratica o terror é o regime militar ao invadir residências, prender indiscriminadamente, torturar, assassinar, desaparecer com os restos mortais das vítimas, censurar a imprensa e instituir a aberração jurídica dos "decretos secretos".

Toda ditadura é, em si, um abuso, ora pavoroso, ora ridículo.

Nem por isso nossos confrades deixarão de renovar seus votos de pobreza, castidade e obediência.

*

À noite, antes de dormir, pratico yoga, o que me induz ao relaxamento, à autoanálise, à oração. Nunca rezei com tanta profundidade. É uma unidade que reza: corpo e espírito. O corpo reza e absorve a oração espontânea do Espírito.

Transferiram para Brasília Jeová de Assis Gomes, estudante de física da USP e militante da ALN. Torturado no DEOPS com choques de 220 volts, recebeu pancadas que lhe quebraram uma das pernas e luxaram seus braços. Ficou um mês engessado.

Doutor Antônio Carlos Madeira veio à cela preparar uma bacalhoada. Se o cozinheiro mereceu aplausos, nossas precárias condições fizeram o prato se atrasar, agravando-nos o apetite. Negociamos um pouco mais de batatas com as celas vizinhas, obtivemos tomates frescos, procuramos, como agulha no palheiro, uma ou duas xícaras de azeite extravirgem. Tínhamos alho e cebola, e alguém desenterrou, sabe-se lá de que mocó, um pequeno vidro de azeitonas pretas. Para espantar a fome enquanto aguardávamos ansiosos o acepipe, improvisou-se um coral integrado por Roberto Romano, Carlos Alberto Lobão, Ivo Lesbaupin, Sinval de Itacarambi Leão e Celso Antunes Horta. Jantamos, ou melhor, ceamos às onze da noite. Como observou Tito, ninguém, irritado com a demora, se retirou em busca de um restaurante de cozinha mais ágil...

Os dois Antônio – Ribeiro Pena e Perera[21] –, subiram da Cela dos Lordes atraídos pelo perfume da bacalhoada. A pequena porção oferecida a cada um comprovou que, no socialismo, dividir o prato aplaca o apetite, não a fome. Razão e estômago nem sempre se entendem...

---

[21] Antônio Expedito Carvalho Perera, libertado em 1970 em troca do embaixador alemão sequestrado, se teria vinculado, no exílio, ao terrorista venezuelano Carlos, o Chacal. Mais tarde, sob nome falso, instalou-se na Itália. Sobre o destino dele após deixar a prisão, cf. Fernando Molica , *O homem que morreu três vezes - uma reportagem sobre o "Chacal brasileiro"*. Rio de Janeiro: Record, 2003.

*

Sexta-feira, 13, dia de azar. Dito e feito. Chegamos a descer ao pátio para o banho de sol. A chuva nos obrigou a retornar. Decidimos redigir um protesto a são Pedro...
    Genésio Rabote chegou hoje do DEOPS. O apelido, Rabote, significa, em russo, "operário". Militante do PCB, anos atrás o partido o enviou a Moscou para um curso de política. Era a "joia da coroa" da delegação, o único trabalhador braçal num grupo de pequenos-burgueses. Semialfabetizado, mal aprendeu russo e teve dificuldades para apreender os marmóreos conceitos do materialismo histórico e dialético. Ao retornar, já não se sentia nem operário, nem pequeno-burguês. Em crise de identidade, empregou-se como porteiro de prédio.
    Como nasceu com os dedos da mão esquerda colados, na tortura ameaçaram separá-los a navalha... Ocupa agora uma cela do Pavilhão 2. E sorri por todos os dentes. Aprendeu com Apolônio de Carvalho a extrair alegria dos reveses da vida.
    Promovemos homenagem a frei Giorgio Callegari por seu – suposto e sonhado – breve retorno à Europa. Porém, ameaçamos deixá-lo sem jantar, já que, na Itália, comerá todas as suculentas massas de seus apetitosos sonhos. Glutão como é, ficou possesso, impedido de se servir. Quando todos já tinham jantado, oferecemos a ele dois frangos e uma jarra de suco. Devorou-os qual Obelix saboreando javalis...

Na tarde de sábado vieram à nossa cela o juiz Nelson Machado da Silva Guimarães, padre Passos e os carcereiros Maria Helena e Zezinho. É a primeira inspeção do juiz desde o Natal. Cursilhista, Maria Helena é considerada, pelas companheiras da Torre, execrável carcereira. Fingida, promete o bem e comete o mal. Seu sorriso satânico exala enxofre. Zezinho, secretário do diretor, é o mais corrupto de todos os funcionários. Basta estender-lhe a mão, ainda que vazia, para que assuma postura subserviente.

O rosto é marcado pelo sorriso aquiescente dessa hedionda laia de corruptos, puxa-sacos e papagaios de pirata.

Entre as reivindicações apresentadas ao juiz, pedimos transferir a visita familiar – atualmente às quartas-feiras – para o fim de semana, a fim de não prejudicar os familiares que trabalham. Solicitamos também mais banho de sol; estamos brancos como giz.

Passados quase três meses de nossa prisão, até hoje o DEOPS não concluiu o nosso inquérito. A Justiça Militar exigiu que os depoimentos lhe sejam entregues até o dia 20. Caso contrário, alguns prisioneiros considerados "frios" serão soltos. Não figuro entre eles. E acredito que nem Betto, Ivo e Tito. A imprensa controlada pela ditadura inclui-nos entre os "quentes".

Permanece a proibição de celebrarmos missa.

Na terça, 17, o capitão Maurício Lopes Lima, do DOI-CODI,[22] veio buscar frei Tito. Localizado na rua Tutóia, no bairro do Ibirapuera – vizinho ao quartel-general do 2º Exército, em prédio onde funcionava a 36ª DP –, o DOI-CODI é um centro de torturas fundado, ano passado, pelo general Canavarro Pereira e o governador Abreu Sodré. É mantido por contribuições financeiras e materiais (veículos, sistema de radiofonia etc.) de empresários e banqueiros de São Paulo.

Resistimos, protestamos, exigimos explicações. Em vão. Frente à nossa insistência em não permitir a retirada do Tito, o capitão exibiu, para nosso espanto, a autorização do juiz. Cantamos, em latim, a *Salve-Rainha*. Por que agora, mais de três meses após a prisão de nosso confrade? Por que o Tito?

Corre a notícia de que caiu o dono do sítio de Ibiúna que abrigou o fracassado congresso da UNE, em 1968, no qual foram presos mais de 700 líderes estudantis. Trata-se de um ex-militar, amigo do general Euryale Zerbini. Irmão do famoso cardiologista, o general se opôs ao golpe de 1964. Sua mulher, Terezinha Zer-

---

[22] Em janeiro de 1970, a OBAN passou a ser designada pela sigla DOI-CODI.

bini, também teria sido presa. Foi por meio deste casal, vizinho e amigo dos dominicanos, que Tito chegou ao dono do sítio e dele obteve a cessão para o congresso.

Há quem afirme que a prisão do ex-militar é apenas pretexto para levar todos os frades encarcerados ao DOI-CODI. Incomodado com a repercussão de nosso caso na opinião pública internacional, especialmente na europeia, o governo Médici teria autorizado "incrementar" o nosso inquérito. Como justificar tamanho alarde se jamais pegamos em armas? Os militares do DOI-CODI estariam incumbidos de nos fazer confessar participação em ações armadas e expropriações bancárias. A queda do dono do sítio serve de pretexto para Tito ser o primeiro frade a ser levado à "sucursal do inferno", como os próprios torturadores designam aquele local.

Otávio Ângelo, operário e armeiro da ALN – capaz de transformar um pedaço de cano de ferro em fuzil de pequeno alcance – veio do DEOPS direto para o Pavilhão 2.

Fizemos minucioso relato de torturas e sobre a situação dos presos políticos a dom Umberto Mozzoni, núncio apostólico, representante diplomático do papa no Brasil, que nos visitou sábado, 21, acompanhado pelo padre Passos. Confirmou-nos que Paulo VI está a par de nosso caso; a Comissão Pontifícia de Justiça e Paz, do Vaticano, acompanha a situação do Brasil. Trouxe-nos chocolates e cigarros. Pedimos avistar-se com os demais companheiros; a Igreja deve se interessar pela sorte de todos, não somente por alguns religiosos encarcerados. O diretor autorizou a descida do coletivo ao pátio. Diante do delegado Denardi e de carcereiros, os companheiros descreveram as sevícias sofridas e as péssimas condições do presídio. O núncio dirigiu palavras de alento "aos que sofrem física e psicologicamente". Com carregado sotaque italiano, terminou escusando-se não poder falar mais por causa do idioma "e porque vocês são todos inteligentes"... Por fim, deu-nos a bênção papal: "A Santa Sé sabe de tudo que ocorre aqui. Sei que muitos de vocês não são cristãos, mas darei a bênção papal a todos que sofrem por lutar por justiça. Não se preocupem, a bênção papal não faz mal a ninguém, ao contrário." Em seguida, distribuiu medalhinhas com a efígie de Paulo VI. Para nossa surpresa, foram disputadas a tapas, todos interessados em presentear seus familiares. Pedimos à Igreja interceder pelas famílias dos prisioneiros mais pobres; prometeu solicitar ajuda à Cáritas Internacional.

Notícias do Tito: estaria sendo muito torturado no DOI--CODI, informou alguém transferido de lá para o DEOPS. Teria "tentado suicídio" por não suportar mais o massacre. Infelizmente o núncio saiu pouco antes de nos chegar a informação.

Transferidos para a nossa cela Otávio Ângelo e Genésio Homem de Oliveira, o Rabote.

Pouco após a despedida do núncio, visitou-nos o cardeal Vicente Scherer, de Porto Alegre. Percorreu as celas, viu marcas de torturas, ouviu relatos, soube de nossa aflição em relação ao Tito, perturbou-se ao ver Carlos Lichtsztejn imobilizado havia cinco meses, engessado, sem poder mudar de posição devido aos tiros recebidos no ato de prisão. Na Torre, esteve com Hilda, viúva de Virgílio Gomes da Silva, morto sob torturas. Ela foi presa em companhia de seus filhos Vladimir, de dez anos; Virgilinho, de nove; Gregório, de dois; e Isabel, de quatro meses, que levou choques elétricos diante da mãe.

O arcebispo gaúcho permaneceu entre nós das cinco da tarde às oito da noite. Prometeu que a Igreja Católica reagirá contra as torturas e as nossas condições carcerárias. Acrescentou que a Igreja pedirá anistia para quem não participou de ações armadas. Protestamos. Isso possibilitaria ao governo estabelecer uma repulsiva discriminação entre presos políticos que não pegaram em armas e os demais, os "bandidos"...

Padre Augusti, transferido do DEOPS para o Tiradentes, veio para a nossa cela.

Dia chuvoso e triste. A prisão é a plataforma de uma estação ferroviária sem trens e trilhos. Na cela 7, se apertam como podem

50 prisioneiros. Como não há mais espaço para beliches, muitos dormem sobre colchonetes estendidos no chão. O silêncio reflete o clima úmido desse dia cinza. Não é um silêncio de paz interior. É quase uma sufocação. Tantos juntos e poucos falam. Tenho a impressão de que alguns gostariam de gritar bem alto e, no entanto, engolem o impulso e aguardam. O quê? Ninguém sabe. É o silêncio de alguém que, sentindo-se provocado, resiste, acumula forças para uma investida posterior. Agora somos impotentes. Nada a fazer, ninguém a nos socorrer. Não nos abate o desânimo, nem há ódio e desespero. Talvez raiva, uma raiva muda, paciente, de quem trafega às escuras no labirinto do absurdo.

As palavras já não são suficientes; como o pavio separado da bomba, por mais que o queimemos, impossível fazê-la explodir. Malgrado nosso esforço, as raras palavras nos traem. No teatro elas ressoam bem, mas não atingem o alvo. Fica sempre algo a ser dito, justamente aquilo que o teatro é, por si, incapaz de dizer. Betto sentiu isso ao montar *O rei da vela* no Teatro Oficina. Ali se deu um grito, um grito perturbador, mas insuficiente. O grito se perdeu sem eco no barulho exterior. Talvez a distância entre nossa indignação e a impotência dos gestos seja a principal causa da ruptura interior que sentimos. Aceitamos o jogo dos verbos e damos lances de acordo com o adversário. Falamos o que ele quer ouvir, e não o que gostaríamos de dizer e precisa ser dito. Aceitamos a mentira como etiqueta de convivência e conivência. Nesse jogo, os únicos derrotados somos nós mesmos. Aos poucos, nos perdemos no labirinto que armamos com a melhor das intenções. Não, nenhuma paz se constrói apenas com palavras. E a fé que tem por raiz o sentimento é tão volúvel como a planta mergulhada na água. De fato, a única maneira de caminhar mil milhas é dar o primeiro passo. A palavra verdadeira e consequente tem a ação como matéria-prima. É quando o verbo se faz carne. A fé só é real se traduzida em obras. Estas falam por si, dispensam palavras.

Em que pensavam os judeus trancados em campos de concentração, cientes de que a qualquer momento seriam asfixiados na câmara de gás? Talvez em nada, como muitos aqui agora. Quem sabe permaneciam calados e surdos, à espera, não da morte ou do milagre de escapar, só à espera, incapazes de raciocinar sobre o irracional ou sentir medo perante o inevitável. Medo se sente quando se imagina o evitável. Quando se sabe que nada mais depende de nós, o medo já não significa resistência ou fuga; restam o silêncio e essa tenebrosa espera.

Ele demonstrava alegria e parecia tranquilo, recuperado do que sofrera no DEOPS, ao ser preso em novembro de 1969. Livre da fase dos interrogatórios, sentia imenso alívio. Mas veio a equipe do DOI-CODI e o levou. Isso há pouco mais de uma semana. Por quê? Ninguém responde. Esperávamos que retornasse no dia seguinte. Não voltou.

Hoje se confirmou a notícia de que frei Tito de Alencar Lima "tentou suicídio". Permanece incomunicável. Não se consegue saber exatamente o que lhe ocorreu. O núncio apostólico, dom Umberto Mozzoni, tentou vê-lo e recebeu como resposta a porta na cara.

Na manhã de domingo, 22, padre Passos trouxe a notícia. A fim de livrar-se das torturas e não assinar confissões falsas, Tito cortou uma artéria do braço esquerdo. Foi socorrido por quatro médicos no Hospital Militar do Cambuci, onde recebeu transfusão de sangue. Já retornou ao DOI-CODI. Comportou-se muito bem; seu gesto teve por objetivo salvar a nós, dominicanos presos, pois todos deveríamos passar também pelo rolo compressor do DOI-CODI. A repercussão de sua morte nos livraria do mesmo calvário.

Dom Lucas Moreira Neves, acompanhado do juiz e de frei Domingos Maia Leite, viu no Hospital Militar as marcas de tortura no corpo do Tito.[23]

---

[23] Por ocasião do julgamento dos dominicanos, em setembro de 1971, pediu-se a dom Lucas Moreira Neves, que também era dominicano, um depoimento ou documento em que relatasse o que viu ao visitar Tito no Hospital Militar. O bispo recusou-se, alegando não querer prejudicar seu trabalho pastoral e sua amizade com o juiz auditor.

Eis a razão do nosso silêncio. Amanhã o mesmo pode acontecer a qualquer um de nós. Como judeus e comunistas condenados pelo nazismo, estamos à mercê de nossos algozes. Os tempos mudam, a crueldade perdura; a opressão recebe novos nomes e formas. Nosso silêncio é o da *Pietá*, de Maria diante do Filho. Um silêncio de desalento sustentado por um tênue fio de esperança.

A prisão é degradante e, como instituição, abominável. Porém, nos conduz ao mundo interior. Daqui enxerga-se a raiz da vida e pode-se avaliar em que medida é ou não consistente.

O dia mais calmo é o domingo. Não há visitas de advogados nem entra nada de fora. Nunca deixamos a cela neste dia. Na terça e na sexta temos direito a banho de temperatura, durante duas horas e meia. A quarta é o nosso domingo. Passamos a manhã preparando-nos para as visitas, fazemos a barba, vestimos a melhor roupa. É dia de grande movimentação interna: companheiros lustram os sapatos (só usados nesse dia), trocam lençóis, arrumam a roupa suja que as famílias levam para lavar. Muitos lavam aqui mesmo. À tarde, o pátio parece ocupado pela reunião de uma grande família. Todos se conhecem. É quando recebemos notícias, revistas e jornais, doces e salgados. Após a visita, nos damos ao luxo de um lanche extra, reforçado e sortido. Falamos de nossas famílias e das novidades. Uns se mostram alegres, outros tristes, esses por ficarem cientes de problemas familiares que não podem, de modo algum, ser solucionados por quem está preso. Abate o prisioneiro a impotência diante do mundo exterior. Aqui a semana não vai de domingo a domingo, mas de quarta a quarta.

Na visita do dia 25, tivemos notícias do Tito. No hospital, sofreu tortura psicológica para atenuar a repercussão do fato: "Além de guerrilheiro, você agora é suicida. A Igreja não vai mais te aceitar", disseram os militares que lhe davam guarda.

Impossível prever as consequências de torturas físicas e psicológicas na vida de uma pessoa. Isso foi estudado pelo psiquiatra Franz Fanon; na guerra da Argélia, ele tratou tanto de torturados quanto de torturadores. Seu livro *Os condenados da terra* ocupa o topo da lista de *best sellers* do presídio, lugar disputado com *O incêndio do Reichstag*, de Georgi Dimitrov, depoimento político do suposto autor do incêndio do parlamento alemão, em 1933, crime perpetrado pelos próprios nazistas e atribuído aos comunistas para favorecer a ascensão de Hitler.

Na sexta, 27, havia muito ruído na cela. Refugiei-me na cela 4 para rezar e ler. De repente, um grito: "Tito chegou!" Mancava, trazia a barba crescida, o corpo marcado de torturas; contudo, o moral altíssimo. Foi aplaudido ao passar diante das celas. Todos o abraçaram. Padre Augusti reuniu o coletivo da cela 7, leu trechos do profeta Ezequiel, elogiou-lhe o heroísmo. Ao pronunciar-se, Tito citou Cristo e Marighella como exemplos. Cantamos a *Suíte dos pescadores*, de Dorival Caymmi: *Minha jangada vai sair pro mar,/ vou trabalhar, meu bem querer./Se Deus quiser quando eu voltar do mar/ um peixe bom eu vou trazer./Meus companheiros também vão voltar/e a Deus do céu vamos agradecer./Adeus, adeus, pescador não se esqueça de mim/vou rezar pra ter bom tempo, meu bem/pra não ter tempo ruim./Vou fazer sua caminha macia/perfumada com alecrim.*

Tito narrou o que sofreu. O coletivo pediu-lhe escrever o que relatou; todos faremos cópias para divulgar como pudermos. Betto ficou de tomar-lhe o depoimento.

Carlos Eduardo Pires Fleury e o médico Davi Unovich sugerem aos frades serem mais ativos em desmascarar a farsa de nossa prisão. Não temos outro recurso senão cartas e, do lado de fora, circulares mimeografadas.

Proibidas visitas ao Tito. Nenhum laudo médico foi feito sobre seu estado de saúde. Pedimos aos médicos presos que o façam.

Remetemos aos bispos cópias desta carta enviada ao bispo de Goiás (GO):

Presídio Tiradentes, cela 7, São Paulo, 28 de fevereiro de 1970

Caro Dom Tomás Balduíno,

Agradecemos a visita que nos fez e gostaríamos de vê-la repetida sempre que possível.

Quando de sua visita, o senhor teve a oportunidade de constatar pessoalmente as condições em que vivem os presos políticos, as vicissitudes por que passaram, a insegurança em que ainda se encontram. Todos, quase sem exceção, foram torturados, seja no DEOPS, seja no DOI-CODI. A prova mais contundente é o caso de frei Tito, preso há quatro meses e, agora, sob jurisdição da Justiça Militar. Semana passada foi levado para o DOI-CODI com autorização do juiz auditor, que lhe deu garantias de integridade física. Estava muito bem, tanto física quanto psiquicamente. Cinco dias depois, soubemos que "tentara suicidar-se". É inútil dizer que sofreu as mais atrozes torturas durante três dias. O juiz auditor, juntamente com dom Lucas Moreira Neves, bispo auxiliar de São Paulo, foi visitá-lo no Hospital Militar. Constataram pessoalmente as marcas de tortura deixadas por todo o corpo do Tito. Até agora, porém, nenhum laudo médico foi feito. Estão proibidas as visitas a ele. Todos os que fomos torturados sabemos o estado de desespero total a que somos levados, tanto que já houve vários casos de tentativas de suicídio. Desde que o presidente da República e o ministro da Justiça se referiram ao problema das torturas, inquérito nenhum foi realizado – as sevícias continuam da mesma maneira.

Até quando perpetrarão essas injustiças e arbitrariedades? Até quando essas ofensas à pessoa humana?

Estamos, no Presídio Tiradentes, cinco frades dominicanos, dois padres seculares, um estudante jesuíta, um ex-beneditino e dois ex-dominicanos. Irmã Maurina Borges da Silveira está presa em Tremembé. Padre Rubens Chasseriaux, do ABC, detido no DEOPS. Dom Waldyr Calheiros e mais 14 padres da diocese de Volta Redonda (RJ) indiciados na Lei de Segurança Nacional. Há 16 padres de Ribeirão Preto também indiciados e mais dez de São Paulo. Frei Tranquilo está preso no Rio Grande do Sul. Dom Agnelo Rossi tem sido constantemente vítima de ataques na imprensa; dom Hélder Câmara também. Já em 1968 acusaram dom

Antônio Fragoso, bispo de Crateús (CE), de ligações com o grupo Marighella, mas não conseguiram provar. Dom Davi Picão, bispo de Santos (SP), ficou dias em prisão domiciliar após o Ato Institucional nº 5. Já em fins de 1968 houve o caso dos padres franceses em Belo Horizonte. Vários padres estrangeiros foram expulsos do país: o padre Vauthier é um exemplo. Quando fomos "interrogados" no DEOPS, nossos interrogadores não se limitaram a questões políticas: houve verdadeiros inquéritos sobre questões religiosas. Perguntaram-nos a função e a atividade de cada bispo do Brasil, detendo-se especialmente sobre alguns, quem é quem, quem manda realmente, quem tem mais influência na Igreja Católica no Brasil, de onde vem o dinheiro da CNBB e da CRB etc.

Desde que fomos presos, há quatro meses, estamos proibidos, pelas autoridades militares, de celebrar missa, apesar de permissão explícita do cardeal Agnelo Rossi; três frades foram impedidos, pelas autoridades militares, de renovarem seus votos religiosos dia 10 de fevereiro, apesar do pedido feito pelo superior da Ordem, frei Domingos Maia Leite; os livros de teologia enviados aos religiosos são previamente censurados pela Justiça Militar; frei Gorgulho está proibido de vir dar aulas de teologia aos religiosos presos, apesar da licença que lhe tinha sido concedida pelo juiz auditor.

Perguntamos: não estará evidenciada uma perseguição religiosa? Ou celebrar a missa é ato "subversivo"? Qual o próximo padre ou bispo a ser vítima dessa perseguição? Não nos parece que sejam casos isolados. Dom Paulo Rolim Loureiro está indiciado na Lei de Segurança Nacional unicamente porque, em 1968, defendeu os padres franceses presos.

Há muitos presos sem culpa formada; os prazos de incomunicabilidade e prisão preventiva são sempre ultrapassados; a desumanidade das torturas – tudo isso nos parece muito grave, particularmente porque não é apenas um ato isolado da polícia, mas se dá com o consentimento e a aprovação do governo. Este, além de não ter aberto inquérito algum, afirmou, por intermédio do presidente da República, "o imperativo de aprimorar a prática dos princípios democráticos consagrados na Constituição brasileira, sobretudo os referentes à dignidade da pessoa humana, no bom sentido do humano – aos direitos, deveres e liberdade do homem brasileiro – mas não do pseudobrasileiro, isto é, daquele que está a serviço de outra pátria." (O Estado de S. Paulo, domingo, 22/2/1970). Isso nos parece uma clara *justificativa das torturas. Basta classificar uma pessoa de "pseudobrasileira" para permitir sobre ela qualquer arbitrariedade. E quem fará a classificação? Mesmo que fosse aceitável o conceito de "pseudobrasileiro", desde quando a dignidade da pessoa humana pertence a algumas pessoas e não a todas?*

Não nos parece que a tortura seja uma arbitrariedade isolada no regime militar. Não há liberdade de imprensa; o povo brasileiro recebe informações truncadas; até a nota da Comissão Central da CNBB sobre a situação política do Brasil depois do AI-5 teve dificuldade de ser publicada; pronunciamentos do papa foram proibidos de divulgação, conforme atesta a Rádio Vaticano; o jornal O Estado de S. Paulo *não pôde publicar uma denúncia de torturas de 97 presos políticos, sob pena de medidas restritivas.*

Não há liberdade de manifestação do pensamento. O clima de terror criado pelas forças da repressão faz com que nenhuma pessoa, hoje, tenha coragem de expressar livremente suas ideias, com receio de ser presa. Também não se permite mais nenhuma manifestação pública, fora as realizadas pelo governo. Estudantes e operários, que em regimes democráticos se reúnem livremente, não são mais vistos.

Não há liberdade cultural. Os melhores de nossos professores universitários foram cassados. Inúmeros intelectuais, se não estão presos, foram obrigados a deixar o país, e hoje são aplaudidos no exterior. Livros de autores renomados são proibidos. Estudantes universitários e secundaristas são sumariamente expulsos de suas escolas, bastando para isso acusá-los de "subversivos". Até compositores de música popular tiveram de ir para o estrangeiro.

Não há liberdade política: o Congresso Nacional foi arbitrariamente fechado e reaberto. Todos os deputados e senadores que ousaram alguma vez criticar algo do atual regime, mesmo pertencendo ao partido do governo, foram cassados. Não há mais oposição, a não ser simbólica. Há vários anos o povo não elege mais seu presidente e seus representantes. Além do mais, institucionalizou-se o dedurismo: hoje é estimulado como valor o pai acusar o filho ou o filho acusar o pai à polícia.

Não há liberdade jurídica: a Constituição já foi mudada e remendada sem a mínima consulta ao povo. Os Atos Institucionais e Complementares são inumeráveis e passam por cima da própria Constituição. As próprias leis do governo não são seguidas: basta ver as condições em que vivem os presos políticos para constatar isso. E mais: até o promotor de Justiça Militar no Rio foi preso; o próprio juiz auditor da 2ª Auditoria de Guerra em São Paulo já foi ameaçado de vir a depor se não seguir mais à risca as exigências das autoridades.

Temos ouvido constantemente promessas de volta ao regime democrático. O presidente Médici reafirmou isto quando subiu ao poder. Porém, o que vemos é piorar cada vez mais o regime de opressão em que vivemos – o que tem todas as características de um regime totalitário, como o afirmou a própria nota da Comissão Central da CNBB. E receamos que as condições se tornem ainda mais duras. Há dois anos não torturavam padres; agora, até freiras são seviciadas. Amanhã talvez bispos venham a ser encarcerados e torturados. Que garantias têm os direitos da pessoa humana?

A Igreja sempre foi defensora dos direitos humanos. Onde estes são vilipendiados, ela deve fazer ouvir a sua voz. Os últimos documentos do magistério eclesiástico deixaram muito clara esta preocupação com os mais fracos: a Igreja sempre se colocou ao lado dos oprimidos e dos que sofrem, contra qualquer forma de opressão e servidão humanas. Hoje, no Brasil, a Igreja é a única instituição sobre a qual o governo não tem controle. Hoje ela tem força; amanhã, talvez, já tenha sido tragada por essa vaga. Se a Igreja não falar agora, se continuar tomando atitudes tímidas, não há dúvida de que, dentro em breve, estaremos todos cerceados. É impressionante sentir como todos os que estão presos conosco, cristãos e não cristãos, esperam ansiosamente uma atitude da Igreja, que consideram a última defesa possível.

Nós somos cristãos. Por isto estamos presos: levantamos nossa voz pela justiça e liberdade, conforme exige nossa consciência cristã. Estamos dispostos a ir até onde for necessário para dar testemunho da verdade. Não nos importam as consequências. Acreditamos na Igreja, e é por isso que estamos aqui. Esperamos em vós.

Fielmente, dos cristãos no cárcere,

> *Frei Fernando de Brito, frei Yves do Amaral Lesbaupin, frei Giorgio Callegari, frei Roberto Romano, frei Betto, João Antônio Caldas Valença, padre Manoel V. Valiente, padre José Eduardo Augusti.*

*

A tortura no regime militar brasileiro é sistêmica; suas diretrizes foram definidas pelo Conselho de Segurança Nacional. Portanto, não deriva de abusos. Os agentes do DOI-CODI usam codinomes, trajes civis e são impedidos de corte militar dos cabelos. Atuam em grupos de três a cinco, e seus endereços são preservados. As atitudes de todos os investigados constam de uma ficha sintética de múltipla escolha que lhes define o perfil ideológico: simpatizante, esquerdista, comunista etc. Na ficha há avaliação de caráter, capacidade profissional e inteligência. Prática de homossexualismo é considerada "desvio sexual" e forte indício de ser comunista...

Março de 1970

Se remeterem nosso inquérito policial à Justiça Militar no próximo dia 10, seremos formalmente denunciados. Cessada a fase do processo, sentenças emitidas, talvez possamos planejar melhor a vida no cárcere. Estamos psicologicamente preparados; nosso caso parece irrisório quando se convive ao lado de companheiros que, provavelmente, receberão penas superiores a 20 anos.

Tito, acamado, recupera-se das torturas. Como todos que resistiram, seu moral permanece alto.

Insistimos com a Igreja Católica para emitir nota de protesto. A maioria dos bispos, contudo, acostuma-se à posição defensiva. Prefere a omissão ao risco. Não se pode compreender, à luz do Evangelho, como é possível suportar calado declarações como a que o governo militar acaba de fazer: que no Brasil nunca houve democracia!...

Tito contou que obrigaram recrutas a participar de sua tortura. Jovens imberbes, convocados ao serviço militar por completarem 18 anos, alheios a toda essa conjuntura, levados à sala de sevícias e forçados a presenciar e rodar a manivela de choques... Traziam o rosto crispado, tremiam frente ao horror, acatavam as ordens como autômatos programados pelo Exército a reconhecer no suposto inimigo a dessemelhança.

*

Na cela 7, o que é de um é de todos. Ocupamos o dia em conversar, ouvir rádio, ler, estudar, jogar *bridge*, *king* e *crapeau*. Assim, desembaralhamo-nos de preocupações e ansiedades. Aos poucos, o excepcional adquire contornos de normalidade. O organismo se adapta; ocorrem mudanças curiosas. Após certo tempo de encarceramento, não há nada de novo para ver ou tocar. Aguça-se, pois, a audição. Qualquer ruído exterior é captado, a ponto de identificarmos, pelo som do motor, a marca do carro que trafega em frente ao presídio. Sabemos quando chega o caminhão com os latões de comida, pressentimos o movimento dos carcereiros em direção às celas, ouvimos os passos dos guardas na muralha. Embotados alguns sentidos, outros se aprimoram. Aprendemos a manejar a colher tão bem como se usássemos garfo e faca. O mesmo prato serve para a comida de sal e a sobremesa. Lê-se deitado sem sonolência, acostuma-se a dormir de luz acesa, a estudar no meio da azáfama.

Para desprender energia, aos domingos improvisamos um jogo de futebol: arredados os beliches, armadas duas traves, disputamos uma bola de meia. Cada time conta com três jogadores: um no gol, outro na defesa, o terceiro no ataque. Como são muitos times, cada partida dura dez minutos. Com uma bola tão pequena entre tantas pernas, há um festival de caneladas. É a válvula de escape dessa concentração de 50 jovens num espaço exíguo. E serve para abrir o apetite.

Soubemos que o papa Paulo VI recebeu, comovido, a carta que lhe enviamos.

Rezamos os salmos diariamente. Participam de nossas orações alguns companheiros leigos, como o indiano Souza, à espera de o Ministério da Justiça emitir-lhe ordem de extradição. Dócil e silente como Gandhi, nunca soubemos por que a Polícia Federal o mantém encarcerado. Bonhöeffer, pastor e teólogo protestante alemão – morto em campo de concentração em 1944 – também encontrou nos salmos alento à vida de oração.

Na prisão, vê-se a vida como o negativo de uma foto; não a revelação em cores sob o jogo de luz que muitas vezes cria falsa imagem do real, mas o que é diretamente captado do real e nele é plenamente visível. Rasgam-se as fantasias quando a tortura nos faz pressentir a morte. Descobre-se o homem interior em toda a sua plenitude, enquanto o homem exterior permanece confinado a um pequeno espaço. Então se compreende que a vida se tece de poucas necessidades e alguns valores essenciais.

A prisão ensina a diferença entre urgência e importância, essencial e fundamental, bens finitos e infinitos.

Escutamos, céticos, a notícia do sequestro do cônsul japonês em São Paulo, dia 11. O fusca conduzido pelos sequestradores interceptou o carro de Nobuo Okuchi, um Oldsmobile, na rua Alagoas, na altura da praça Buenos Aires. Nenhuma notificação deixada no veículo. No sequestro do embaixador dos EUA, em setembro de 1969, as exigências ficaram na limusine. Diplomatas japoneses levantam a hipótese de ter sido obra de marginais em busca de resgate. Contudo, a tensão se apossa de nós. Se for ato político, quem será libertado?

Passadas 24 horas, o silêncio dos sequestradores aguça-nos o nervosismo. Cigarros são consumidos um seguido ao outro. Não se pensa ou se fala em outra coisa.

À tarde, as emissoras de rádio confirmaram tratar-se de sequestro político. Uma delas o atribui à VPR, que exigiria a libertação de cinco presos. Decepção. Ainda assim, alguns companheiros, ameaçados por 20 ou 30 anos de prisão, foram tomados por uma euforia singular; trazem o semblante transfigurado frente à imediata possibilidade de se verem livres e seguros fora do país. A liberdade atrai irresistivelmente.

Resta confirmar qual grupo político promoveu o sequestro, quem e quantos entrarão na lista dos prisioneiros a serem trocados pelo diplomata. Mediante a sigla de esquerda que assinar a ação revolucionária, podemos prever os escolhidos. Fica a dúvida se, desta vez, a lista será mesmo de apenas cinco nomes ou superior aos 15 pedidos em troca do embaixador americano.

À noite, anunciou-se que os comunicados trazem a assinatura do *Comando Lucena, VPR*, e confirmou-se: exigem a libertação de cinco presos. Muitos companheiros estão frustrados. Prevemos que, entre os cinco, estará Damaris, a mulher de Lucena, assassinado em fevereiro deste ano em tiroteio com a polícia.[24]

Na tarde de sexta, 13, divulgou-se a lista de nomes a serem trocados pelo cônsul japonês. Em nossa cela, Otavio Ângelo, da ALN, emocionou-se ao saber-se incluído, após dois meses de prisão. Ensaiamos um carnaval inaugurado solenemente com *A Internacional* e, em seguida, músicas de Caymmi e sambas. Após a explosão de júbilo, Otávio Ângelo arrumou seus poucos pertences na expectativa de virem buscá-lo a qualquer momento. Enquanto esperamos, toda a cela, uníssona, canta-lhe a liberdade, como se às vésperas da anistia geral.[25]

Surpreendeu-nos a inclusão do nome de madre Maurina Borges da Silveira. Talvez com o objetivo de destacar a cruel impiedade da ditadura brasileira, que não respeita nem freiras.

Há um nome, Toledo, divulgado às 23h, que ninguém logra identificar. Não nos consta que o atual comandante da ALN, Joaquim Câmara Ferreira, conhecido pelo nome de guerra de Toledo, tenha sido preso.

Só o cansaço, provocado pela expectativa tensa desses dias, nos permite dormir umas poucas horas. Os rádios permanecem ligados, pois as autoridades não encontram o preso conhecido por Toledo.

---

[24] Antônio Raymundo de Lucena, operário, foi assassinado, em fevereiro de 1970, quando a repressão invadiu o seu sítio, em Atibaia (SP). Tinha 48 anos.
[25] Otávio Ângelo, após ser libertado em troca do cônsul japonês, foi banido para o México e, de lá, rumou para Cuba. Retornou clandestinamente ao Brasil, em 1971, e assumiu a identidade de Antônio Luiz Carneiro da Rocha, com a qual viveu, no interior de Minas, até 2007, quando revelou sua dupla identidade ao deputado estadual Durval Ângelo (PT-MG).

Pela manhã, o nome do companheiro não identificado foi substituído, pelos sequestradores, por Diógenes de Oliveira, da VPR, que se encontra na cela 5. O DEOPS veio buscar Otávio Ângelo e ele às 14h. Deixaram o presídio sob vivas e aplausos. Emocionados, esforçavam-se por manter a calma e a altivez.

A lista é pequena, apenas cinco nomes: Chizuo Osawa, mais conhecido por Mário Japa, responsável pelo setor rural da VPR, que se encontrava no DEOPS; Otávio Ângelo; Diógenes de Oliveira; madre Maurina Borges da Silveira; e Damaris Lucena, viúva de Antônio Lucena. E tanta gente ameaçada de ficar aqui dezenas de anos!... Os sequestradores deixaram o governo comandar as gestões.

Madre Maurina resistiu, não queria ir para o México, cujo governo aceitou receber os libertados. Sua superiora, no entanto, exigiu que fosse.

Redobrada a vigilância do presídio. Os advogados são obrigados a deixar pastas e dinheiro na portaria; e os companheiros revistados antes e depois de falarem com seus defensores. A repressão desconfia de que um ou mais advogados servem de pombos-correios entre nós e os que combatem lá fora.

Dom Lucas Moreira Neves e padre Renzo Rossi vieram nos visitar, dia 12. Havíamos redigido um documento, a ser divulgado, em protesto à decisão de dom Agnelo Rossi de celebrar a Páscoa dos militares. Pedimos a dom Lucas levá-lo para fora. O bispo auxiliar recusou, e passou adiante a batata quente, pediu que padre Renzo o fizesse. Este reagiu: "Se o senhor, que tem tanta autoridade, não quer levar, quem sou eu para fazê-lo?" Afinal, o sacerdote italiano aceitou o risco e, tenso, deixou o presídio sem ser revistado. O documento chegou ao destinatário.[26]

Na missa dominical, celebrada às 22h, quase toda a cela comungou sem que ofertássemos as espécies eucarísticas. Sobre a

---

[26] Sobre a importante ação solidária de padre Renzo Rossi aos presos políticos brasileiros cf. Emiliano José, *As asas invisíveis do padre Renzo*, São Paulo, Casa Amarela, 2002.

mesa utilizada como altar, deixamos pão e vinho para que cada um se aproximasse. O vinho entrou contrabandeado em vidro de remédio.

Como texto bíblico, leu-se e comentou-se a saga de Judite, descrita no livro de mesmo nome. Uma cidade israelita é sitiada pelas tropas de Holofernes, comandante do exército assírio. Judite, viúva bela e sábia, decide utilizar seu poder de sedução para salvar os israelitas e logra encantar o general de Nabucodonosor. Convidada a um banquete na tenda de Holofernes, finge ceder a seus galanteios; no momento de se recolherem ao leito, aproveita a embriaguez do oficial e, tomando-lhe a arma, corta-lhe a cabeça.

A sedução, como a religião, serve para oprimir ou libertar.

Ao comentar a leitura bíblica, Mané Cyrillo frisou: "Um revolucionário só morre quando perde a moral."

Os companheiros libertados em troca do cônsul japonês chegaram sãos e salvos ao México.

Cada companheiro recorta dos jornais notícias que se referem a um determinado país da América Latina. Assim, há um especializado em Cuba, outro a par das notícias sobre a Argentina etc. Quanto ao Brasil, dividimos por setores: um fica com a Economia, outro com Transportes etc. Nós, frades, somos encarregados da Igreja nos diversos países do Continente. No domingo à noite, apresentamos ao coletivo a síntese dos acontecimentos da semana. É o nosso noticiário oral.

Em outros momentos, nos ocupamos em debater acertos e erros de nossa resistência à ditadura militar. Mais erros que acertos, do contrário não estaríamos aqui. E paira certa tensão entre os que propõem fazermos autocrítica, a maioria, e aqueles que insistem em que a luta revolucionária se encontra em ascensão, há acumulação de forças, o capitalismo demonstra sinais evidentes de debilidade etc. Estes últimos se parecem aos videntes especializados em ler bola de cristal, só eles enxergam o que os demais não veem...

*

Em documento distribuído à imprensa, os bispos do Centro-Oeste manifestaram-se sobre a prisão dos dominicanos, dos presos políticos em geral e das torturas. O único regional da CNBB a fazê-lo até hoje.

No sábado de Aleluia, em nota oficial, o governo respondeu aos prelados. Afirmou não existirem no Brasil presos políticos, "só bandidos". Somos bandidos para o Estado e religiosos para a Igreja Católica. Jesus não foi crucificado entre dois ladrões? De modo que, para nós, a piada de mau gosto não é nova.

No Tiradentes, já somos quase 300 presos políticos, entre os quais os intelectuais marxistas Caio Prado Jr. e Jacob Gorender.

Na reunião de quarta, o coletivo decidiu celebrar a Semana Santa. Os que têm fé ficaram de preparar o domingo de Páscoa; aos companheiros ateus coube a sexta-feira da Paixão.

Na sexta, 27, numa grande roda, lemos o relato da Paixão segundo Lucas. Cada um recebeu um pequeno papel com traços biográficos de um companheiro ou companheira assassinado pela repressão. A leitura sucessiva desse martirológio foi entremeada de momentos de silêncio e cânticos brotados da voz telúrica de Chiquinho, ao som do violão de Coqueiro. A última "ficha" foi lida pelo Tito: a do companheiro Jesus de Nazaré, assassinado na Palestina do século I por dois poderes políticos.

Após a celebração, Diógenes de Arruda Câmara se aproximou dos frades e admitiu: "Eu não creio, mas agora creio que vocês creem."

Às primeiras horas da manhã do domingo de Páscoa, cantamos em gregoriano e meditamos trechos de cartas que o apóstolo Paulo escreveu na prisão: *"Em tudo somos oprimidos, mas não sucumbimos. Vivemos em completa penúria, mas não desesperamos. Somos perseguidos, mas não ficamos desamparados. Somos abatidos, mas não destruídos. Trazemos sempre em nosso corpo os traços da morte de Jesus, para que também a vida de Jesus se manifeste em nosso corpo."* (*2ª Carta aos Coríntios* 4, 8-11.)

Dividimos um ovo de Páscoa do tamanho de uma bola de futebol, recheado de bombons. Coqueiro dedilhou o violão, enquanto o coro improvisado cantava sambas ritmados pelo batuque de colheres, frigideiras e panelas. A única nota triste é a ausência do Genésio Rabote, levado para o DEOPS na quarta. Ainda é sexta-feira da Paixão para ele...

Abril de 1970

Até hoje o nosso inquérito não foi entregue à Justiça Militar, afligindo os que esperavam sair logo – arrastam-se pelos dias de prisão, vivem ciclos de depressão, dormem mais do que os outros, fazem do sono o entorpecente que os livra da realidade. A inadaptação à cadeia é pior que estar preso.

Vive mais tranquilo quem assume ter de ficar aqui uma longa temporada. Faz seu horário, seu programa de estudos e, dentro desses limites, toca a vida segundo o possível e não o desejável. Não se detém em recordar o passado ou sonhar com a quimera de uma liberdade próxima.

A ala térrea do Pavilhão 2 é ocupada pelos correcionais, presos comuns em fase de inquérito policial. Encerrados os interrogatórios, quase sempre sob torturas, são enviados à Casa de Detenção, mais conhecida por Carandiru, onde aguardam julgamento. Se condenados, seguem para a Penitenciária do Estado.

No atual sistema penitenciário, a ociosidade, a mais perigosa tentação do prisioneiro, é inevitável para o preso comum, cujas celas se transformam em escolas de perversidade. Sem instrução, incapaz de dedicar-se à leitura, ele passa o dia entre dormir e relembrar o passado. E aprende com os companheiros novas modalidades de crimes.

Quase o dia todo, os corrós berram de uma cela a outra; falam sempre em gíria e, para evitar delações, nunca se tratam pelo nome, apenas pelo apelido. Muitos preferem ser chamados pelo local de origem: "Taubaté", "Gaúcho", "Baiano"... Em geral, dormem de dia e, à noite, cantam e batucam. Não vivem sem a "teresa", a corda que serve para passar objetos de uma cela a outra. Na ponta, amarra-se uma lata vazia ou um saco plástico. Joga-se a outra ponta na direção do gradil da cela vizinha. Coloca-se na lata ou no saco o objeto a ser repassado: um pacote de açúcar, uma caixa de fósforos, uma revista. O preso que segura a ponta da corda puxa-a até ter o recipiente em mãos e, assim, apanhar o objeto. O manejo da "teresa" permite incríveis habilidades. Um preso atira um cigarro no corredor, de modo que ele role e pare exatamente à porta da cela visada. Outro preso atira a "teresa" com uma fita adesiva na ponta e capta o cigarro.

Aprendemos com os corrós a falar com as mãos, como os mudos. À noite, quando se quer comunicar com outra cela, esse recurso evita incomodar o sono dos companheiros. E escapa ao controle dos carcereiros. O abecedário é fácil, difícil é mecanizar o gesto correspondente a cada letra.

Faz frio. Acordamos por volta das 6h e dedicamos uma hora ao yoga. Às 17h, ginástica coletiva. Vive-se aqui como num submarino... sem data marcada para retornar à tona.

Aberto o horário de visitas, o carcereiro subiu com a ficha do Betto. Quando sobe com a ficha de alguém, é sinal de chamá-lo a interrogatório. Convocou-o a retornar ao DEOPS. Após meses de prisão, não é normal passar por novos interrogatórios. Ele supôs que fosse algo relacionado às prisões ocorridas no Rio Grande do Sul este mês. O secretário de Segurança Pública daquele estado declarou, há dias, que "tudo começou com Frei Betto".

Nosso confrade levou consigo uma muda de roupa e material de higiene, na eventualidade de ter que viajar. Todos o fitaram quando, algemado e escoltado, atravessou o pátio cheio de visitas. Nunca se sabe o que sucederá a um preso retirado daqui. Rose Nogueira, que já esteve presa e agora visita seu companheiro, Luis Roberto Clauset, aproximou-se e deu um beijo no Betto. Os policiais o puxaram e o conduziram à viatura estacionada à porta do presídio. Foi a primeira vez que saiu à rua desde que entrou aqui, há quatro meses.

No DEOPS, Betto foi interrogado sobre duas pessoas, uma do Sul, outra de São Paulo, cujas atividades ignora completamente.

Nosso universo agora é outro. Cinco meses de prisão e a perspectiva de ficar anos nos distanciam do mundo das horas marcadas, dos afazeres obrigatórios, dos dias úteis e feriados, do ruído das ruas e das mudanças de clima. Nosso mundo agora se faz de grades, algemas, muralhas guardadas por fuzis e metralhadoras, celas clareadas por luz elétrica, entrevistas com advogados. Mundo que realça a criatividade da imaginação e no qual sentimos a vibração viva e subterrânea dessa história cindida entre carrascos e vítimas.

Um preso se acostuma à prisão? Não, ninguém se acostuma à privação da liberdade. Esta é sempre mais forte que a nossa abnegação. Um preso se adapta, sim, à vida carcerária, nada desprovida de ritmo e interesses. Pois a inadaptação é o pior tormento, abre a porta ao desespero, ao enfraquecimento, à debilidade moral. No cárcere o importante é não se deixar dominar por ele.

Aqui o organismo ajeita-se de tal modo às novas circunstâncias, que um companheiro libertado, ao jantar num restaurante, não conseguiu suportar "o barulho". De fato, nos acostumamos a um silêncio tão profundo, quebrado sempre pelos mesmos ruídos, que nos olvidamos do burburinho exterior. Os sentidos se adaptam, alguns ficam mais aguçados, outros menos. A audição é o mais alerta. A visão sofre com a falta da luz do sol, pois lemos à luz elétrica, mesmo de dia.

A prisão é como uma sala de espera: você fica ali ao lado de pessoas desconhecidas, esperando a sua vez. Isso dura uma, duas, cinco horas. Você já leu todas as revistas, repassou todas as lembranças e, de repente, dá-se conta de que a espera é infinda. E é impossível abandonar a sala. O jeito é entabular conversa com as outras pessoas. Nesse ínterim, cada detalhe da sala ganha, aos poucos, importância a seus olhos. Ao cabo de alguns dias, você sabe a cor e a marca das mesas e cadeiras, é capaz de descrever de olhos fechados cada peça ali contida. Para tornar a espera menos atroz, você cria um jogo – troca de lugar com os outros, modifica a disposição dos móveis, solta a imaginação, inventa diversões, elabora hipóteses e teorias, lê, escreve... Mas o fato é que você permanece na mesma sala, com as mesmas pessoas, sem possibilidade de qualquer iniciativa que modifique esse estado de coisas. Além de a fechadura ficar do lado de fora da porta, ninguém na sala tem a chave capaz de abri-la. Lembra o filme de Buñuel, *O anjo exterminador*.

A prisão humaniza ou brutaliza uma pessoa. Ensina-a a amar, a partilhar o pouco que tem, a suportar o sofrimento, a vencer momentos de depressão, a nutrir pacientemente a força de sua vontade e de seus ideais. Por outro lado, pode levá-la à loucura, aniquilar-lhe a moral, torná-la um pote de ódio e impulsos destrutivos.

Viver aqui em comunidade torna as coisas mais fáceis. O fardo é menos pesado para todos. Há momentos de euforia em que esquecemos estar presos; e momentos de tensão, quando cada rosto espelha apreensiva expectativa.

Após mais de cinco meses de cárcere, dia 15 nosso inquérito policial chegou à Justiça Militar. Resta-nos aguardar a denúncia do promotor; ele indicará os artigos da Lei de Segurança Nacional nos quais deveremos ser enquadrados.

Em suas frequentes visitas, Mário Simas, nosso advogado, traz poucas novidades; os processos padecem de extrema morosidade. Sua presença funciona como visita de médico ao paciente crônico: imprime mais apoio moral que soluções. Estas, aliás, por força da legislação ditatorial, escapam-lhe inteiramente. Ele se empenha em orientar-nos dentro dos mecanismos jurídico-penais e aliviar o nosso pessimismo. Mesmo sem poder interferir no andamento do processo, o simples fato de vir aqui já nos serve de bálsamo.

No dia de visitas, a mãe de nosso companheiro Manoel Cyrillo de Oliveira Neto explicou por que reage tranquila à ameaça de o filho, atuante no sequestro do embaixador dos EUA, em setembro de 1969, ser condenado à pena de morte ou à prisão perpétua: "É como se ele estivesse com câncer. Apesar de todos os esforços, não é possível encontrar a cura agora. Mas quem sabe não virá logo?"

Encarregado do IPM destinado a apurar atividades consideradas subversivas de 34 religiosos, cujo processo se encontra na 1ª Auditoria da Marinha, no Rio, o coronel Euclides de Oliveira Figueiredo Filho[27] declarou: "É difícil para nós, leigos, definir se os pronunciamentos constantes dos autos são resultados do Concílio Ecumênico Vaticano II e da Conferência de Medellín. Se são causas ou consequências dessa situação."

Entre os indiciados estão os frades dominicanos José Renato da Silva, Martinho Penido Burnier, Rosário Joffily, Eliseu Lopes e André Rezende. E mais o padre Arnaldo Ribeiro, e os frades carmelitas Carlos Mesters e Cláudio van Balen.

Como exemplos de elementos perigosos com "grande capacidade de atuação, sendo que alguns constituem peças importantes nas atividades subversivas", destacam-se dom João Rezende Costa, arcebispo de Belo Horizonte; dom Serafim Fernandes de Araújo, bispo auxiliar da mesma arquidiocese; o ex-dominicano frei Chico (Francisco de Araújo); e o padre José Comblin.

No IPM foram interrogados 52 padres e 79 leigos; feitas 25 buscas e apreensões; efetuadas dez prisões – cinco padres e cinco leigos.

*

---

[27] O coronel era irmão do general João Baptista de Oliveira Figueiredo, o último a governar o Brasil (1979-1985) na ditadura militar. Foi quem se viu obrigado, pela conjuntura, a comandar a transição para o regime democrático.

Segundo o *Estadão*, em palestra na Universidade de Montana, nos EUA, o senador Edward Kennedy pediu à OEA condenar a opressão política no Brasil: "É responsabilidade das nações do hemisfério esclarecer a opinião mundial sobre os ultrajes cometidos no Brasil. A OEA deverá pedir ao Brasil que cesse essa política, uma afronta à conduta do mundo civilizado. Ficamos calados quando se torturam presos políticos no Brasil, quando se aplicam castigos cruéis e brutais em estudantes, sacerdotes e freiras, cujo único crime é conhecer alguém que se tornou suspeito. Em alguns casos, seu crime foi apenas o de pretender reformas. (...) Cito o Brasil, não porque seu governo seja o único que pratica uma repressão desse tipo, mas sim porque o Brasil tem um governo que goza de nosso pleno apoio, que se traduz em armas, dinheiro, assistência técnica e o conforto de estreitas relações diplomáticas."

Kennedy admitiu que "fomos nós os que ajudamos a Junta (Militar) a tomar o poder. A Junta derrubou um governo constituído no momento em que a inflação afetava a economia do país e os observadores temiam uma crescente influência comunista. Fomos nós que, trinta dias antes do golpe, dizíamos que os EUA não se oporiam automaticamente ao golpe militar. Em poucas horas, havíamos concedido cinquenta milhões de dólares de crédito." E concluiu: "No ano passado (1969), não obstante as contínuas informações de terror e opressão, demos 19 milhões em assistência militar ao regime dos generais brasileiros."

No domingo, após a pelada, saboreamos uma *neofeijoada*, a que se faz com o que se tem e não com o que se quer.

Maio de 1970

A pintora e dentista Marlene de Souza Soccas está em mãos do DOI-CODI. Uma companheira trouxe de lá a denúncia escrita por ela: "Despida brutalmente pelos policiais, fui sentada na cadeira do dragão sobre uma placa metálica, pés e mãos amarrados, fios elétricos ligados ao corpo e tocando língua, ouvidos, olhos, pulsos, seios e órgãos genitais. Em seguida, fui dependurada no pau de arara, uma barra de ferro atravessada entre dois cavaletes que passa sob os joelhos, amarrados os pulsos e tornozelos, ficando todo o corpo pendendo para baixo, completamente indefeso aos golpes. Recebi novos choques elétricos, queimaduras com pontas de cigarro, pancada nos rins e na coluna vertebral."

Dia 11, Caio Prado Jr. veio à cela se despedir. Obteve transferência para um quartel. Condenado a um ano por ter escrito um artigo que desagradou ao regime militar, ele sempre enfrentou problemas de convivência na Cela dos Lordes. Considera que se imprimiu ali um ambiente pouco carcerário... Há até banheira; dizem que incluída quando Jânio Quadros, governador, quis prender Ademar de Barros, ex-governador, acusado de corrupção. As refeições vêm todas de restaurantes da cidade, custeadas pelas famílias dos presos que a habitam. Caio Prado Jr. teria azedado a sofisticação da cela. Velho cadeeiro e vegetariano, passou a lavar suas cuecas e dependurá-las para secarem na grade da porta, dificultando a entrada do sol; e cozinhava suas verduras na única boca de gás reservada ao preparo do café. Houve protestos dos companheiros e a convivência tornou-se insuportável para o autor de *A revolução brasileira*.

Na outra ponta da escala social, o Tiradentes abriga, no momento, cerca de 500 corrós.

Na madrugada fria de sábado, 16, gritos lancinantes quebraram o silêncio impregnado de nostalgias deixadas pelas visitas. Sobressaltados, nos colamos todos nas grades: no pátio, carcereiros e soldados torturavam meia dúzia de corrós. A tampa de madeira do poço sanitário havia sido retirada, e um por um era ali mergulhado à força. Enquanto se afogava em merda e mijo, debatendo-se como lagarta chamuscada pelo fogo, os demais se dobravam ao espancamento com porretes e cassetetes. Iniciamos a gritaria de protesto: "Assassinos! Assassinos!" Nossa reação produziu efeito, ao menos para demoverem a cena macabra do alcance de nossos olhos.

O que leva o ser humano a barbarizar o semelhante? Não é o ódio a causa primeira. Ódio é um sentimento que se sustenta no fio afetivo que liga duas pessoas. O torturador tem, por sua vítima, a mesma postura que nutre por um inseto. A raiz, acredito, reside na convicção de que, comparado ao torturado, ele é um ser superior. É livre e o outro, prisioneiro; age em nome da lei, e o outro é desprovido de direitos; é a mão de ferro do Estado, e o outro, um esbulho que não merece ser considerado humano; é o poder, e o outro, um verme. Essa convicção justifica a indiferença de quem ergue o pé e esmaga uma barata, como bem descreve Kafka em *A metamorfose*.

Substituímos o jantar pelo lanche. Nesse confinamento rareiam as oportunidades de desprender energia. E cozinhar para 50 em apenas quatro bocas de um fogareiro elétrico é um admirável exercício de paciência... Prisioneiros têm voracidade canina; se servir pedra ensopada, não fica sobra. A boa alimentação é, para nós, fator psicológico importante, compensa as renúncias impostas pelas circunstâncias. Comer razoavelmente bem é, com certeza, dos raros prazeres possíveis aqui, ao menos enquanto nos for permitido cozinhar mantimentos trazidos por nossas famílias.

No banho de sol, notícias do Vale da Ribeira (SP): guerrilheiros, comandados pelo ex-capitão do Exército, Carlos Lamarca, dirigente da VPR, ocuparam uma cidade do Paraná e fizeram comício. Três oficiais da PM teriam sido mortos no DOI-CODI, acusados de cumplicidade com a guerrilha de Lamarca.

Há 80 presos no DEOPS. Ali, dia 9, mataram, sob torturas (queimaduras, choques elétricos, pau de arara, afogamentos etc.), o operário Olavo Hansen. Ao celebrar em sua memória, lemos textos do padre-guerrilheiro Camilo Torres.[28]

---

[28] Olavo Hansen foi preso, com mais 17 pessoas, numa manifestação sindical, pacífica, pelo dia 1º de maio, em 1970, em São Paulo. Torturado no DOI-CODI e no DEOPS, faleceu nove dias depois, no Hospital Militar. Tinha 30 anos.

O governo anuncia que um jovem preso político virá a público desmentir as torturas.

De fato, um grupo de presos da cela 3 – Gilson Teodoro de Oliveira, Osmar Rodelo Santos Filho, Marcos Alberto Martini, Marcos (Marquito) Vinicius Fernandes dos Santos e Rômulo Augusto Romero Fontes – liderado pelos dois últimos, há tempos se isolou do coletivo do Tiradentes. Com frequência descia para receber "advogados", na verdade agentes da repressão com os quais se entretinha. Um membro do grupo dialogou, em Brasília, com assessores da Presidência da República.

Há dias, Rômulo e Marquito obtiveram permissão de visitar todas as celas e expor sua atual visão da conjuntura política. Para nossa perplexidade e indignação, defenderam o governo Médici, considerado por eles nacionalista e antiimperialista; exaltaram a construção da rodovia Transamazônica; falaram em "Brasil grande"; garantiram que a ditadura tende a uma abertura democrática e se mostra disposta a soltar prisioneiros políticos sem implicações em ações armadas etc.

Debatemos nas celas que atitude tomar diante desses "nacionalistas", de fato, traidores que cavam a própria liberdade. Um deles, condenado a 22 anos, deve ter entrado em desespero e, assim, tornou-se mercenário. Na visita, as mães de Gilson e Marquito discordaram dos filhos e saíram chorando, sem convencê-los a não se prestarem a papel tão repulsivo.

Dia 20, os cinco deixaram o presídio. Teriam ido para o DEOPS. Na noite do dia seguinte, apareceram em cadeia nacional de TV: negaram as torturas, mostraram-se arrependidos, exaltaram o governo.

Era 1h30 da madrugada de sábado, 23, quando retornaram ao Tiradentes. Foram recebidos aos gritos de "traidores". Ao entrar na cela 3, os demais saíram e foram acolhidos em outras celas. Cantamos *A Internacional* e *O Senhor me chamou a trabalhar*.

*

Em Paris, dom Hélder Câmara denunciou, na TV, torturas no Brasil: "É preciso falar e falarei. Não sou um ingênuo. Sei das consequências. Sei que se diz que é um crime contra a pátria falar fora do país acerca de torturas. Crime contra a pátria seria se eu tentasse me calar neste momento."

Em Orléans, afirmou que "o governo militar do Brasil habitualmente permite a tortura de presos políticos". A uma pergunta do auditório, retrucou: "Sim, há torturas no Brasil. E não são casos isolados." Acrescentou que "na luta contra a injustiça eu respeito a violência armada, mas não acho que ela seja uma solução". Indagado o que espera, disse: "Sonho com uma socialização sem ditaduras de partidos ou governos; um socialismo que respeite os direitos dos indivíduos."

Sua palestra na capital francesa teve de ser transferida da sala da *Mutualité* (dois mil lugares) para o Palácio dos Esportes (12 mil lugares). Os ingressos, vendidos a 5 francos, se esgotaram em poucos minutos. "O governo brasileiro – declarou o arcebispo – proclama que não existem presos políticos no Brasil. Se é verdade o que diz, não existe razão para que não abra as portas das prisões brasileiras a uma comissão de inspeção da Cruz Vermelha Internacional. Até o governo grego concordou com uma investigação da Cruz Vermelha, e não viu nisso vergonha alguma para a Grécia."

Indagado por que denuncia no exterior as torturas no Brasil, reagiu: "No Brasil, não existe nem imprensa, nem rádio, nem televisão livres. A tortura é um crime que deve ser abolido. Os culpados de traição ao povo brasileiro não são os que falam, mas sim os que persistem no emprego da tortura. Estou aqui para pedir-lhes que digam ao mundo todo que, no Brasil, se tortura. Amo profundamente a minha pátria; a tortura a desonra."

A atitude profética de dom Hélder engrandece a fé cristã.

O general Médici – provavelmente pressionado pelas declarações de dom Hélder – disse a dom Eugenio Sales, arcebispo do Rio, que dará mais atenção "ao caso dos padres" e convidou um grupo de cardeais para almoço em Brasília.

A Conferência Católica dos EUA denunciou "campanha de terror no Brasil contra os adversários políticos do governo e a Igreja Católica." Pede à ONU e à OEA que investiguem a acusação de "torturas sistemáticas no Brasil". E acrescenta que, se comprovadas, os EUA devem suspender toda ajuda ao nosso país.

Alfredo Buzaid, ministro da Justiça, compareceu, dia 19, à assembleia-geral da CNBB, em Brasília. Ao declarar que "nada autoriza a afirmação da existência de tortura no país", foi contestado por dom José Pedro Costa, da Comissão de Justiça e Paz, que garantiu ter sido informado sobre 98 casos de torturas apenas no Rio de Janeiro, 30 dos quais comprovados.

A temperatura subiu quando se abordou o caso dos dominicanos. Buzaid mostrou-se muito impressionado com as ligações entre os frades e Marighella, "cujo livro (o *Manual do guerrilheiro urbano*) poderia ser considerado uma obra comum entre eles". Apoiado por dom Candido Padin, bispo de Bauru (SP), frei Romeu Dale, dominicano e subsecretário da Comissão de Opinião Pública da CNBB, interveio em nossa defesa. O debate acalorou-se; frei Romeu primeiramente disse que seus irmãos haviam sido torturados. Depois argumentou que outrora "falava-se, também, em semelhante penetração do fascismo e do nazismo na Igreja."

Preso no Rio Apolônio de Carvalho, do PCBR. Comunista, participou no Brasil, em 1935, da chamada "intentona comunista" e, na Europa, durante a Segunda Guerra Mundial, das resistências espanhola e francesa. Preso pela Gestapo, manteve-se calado. É herói de três nações. Recebeu a Legião de Honra da França. Agora, ao ser levado à sala de torturas, advertiu: "Vão perder tempo torturando-me, porque não conseguirão fazer nada melhor que a Gestapo." Nada mais disse.

O oficial que comandava a tortura cumprimentou-o.

Preso também Mário Alves, outro dirigente do PCBR.

Ao retornarem de uma semana na PE do Rio, Paulo de Tarso Venceslau e Mané Cyrillo contaram que Apolônio de Carvalho foi barbaramente torturado por ser ex-militar. Mário Alves morreu com a pele arrancada por cassetetes revestidos de arame farpado.

Souberam ainda que caíram em mãos da polícia as gravações feitas com o embaixador americano sequestrado, Charles Elbrick – nas quais ele critica o governo brasileiro. Elbrick permanece nos EUA para evitar ser intimado como testemunha de defesa de seus sequestradores. Os governos do Brasil e dos EUA irritaram-se com suas declarações exaltando a cordialidade com que foi tratado no cativeiro.

À tarde, a cela se transforma numa oficina de artesanato. Com seus dedos curtos e ágeis, Buda comanda o fabrico de sacolas de fios de plástico, em cores vistosas, engenhosamente trançados. Ivo ornamenta o couro das bolsas com impressões do pirógrafo, enquanto outros cortam a matéria-prima e prendem ilhoses. Mané Cyrillo faz desenhos em papel, e Fernando Sales e Luiz Roberto Clauset volteiam as longas e finas agulhas pela tela estendida, assentando a lã de acordo com o projeto de sugestivos tapetes. Terada, Takao e Nestor Mota coordenam a produção de colares e gargantilhas em miçangas miúdas e multicores, estampadas por figuras que lembram arte asteca.

A venda de nosso artesanato ajuda as famílias que enfrentam privações devido à prisão de seus chefes. Temos a vantagem de não ter horário fixo, o que nos permite trabalhar também de madrugada.

Entregues às visitas, os produtos são vendidos sem dificuldade, às vezes por valor superior ao cobrado; o comprador, ao saber tratar-se de obra de presos políticos, faz da aquisição uma maneira de demonstrar-nos solidariedade. Assim, asseguramos o aluguel de algumas famílias.

A polícia já conhece a nova fisionomia de Lamarca. Descobriu seu cirurgião plástico.

*

Dia 20, veio nos fazer companhia na cela Laércio Barros dos Santos, ex-seminarista. O caso dele é kafkiano: desde março de 1969 dava aulas de religião no colégio claretiano de Guarulhos (SP). Meses depois, o diretor da escola o demitiu e não escondeu o motivo: pressão da Base Aérea de Cumbica. No dia seguinte, Laércio foi preso, e sua casa, toda revirada. Ficou 12 dias incomunicável na solitária de um quartel. Como nada sabia de movimentos de esquerda, perguntaram-lhe sobre as "atividades subversivas" da Igreja Católica.

Solto, voltou à sua rotina de vida, empenhado na busca de emprego. No final de abril, recebeu comunicado para comparecer, a 19 de maio, à 1ª Auditoria Militar. Ali foi ouvido e, perplexo, recebeu ordem de prisão. Agora integra o nosso coletivo.

O *Estadão* estampa hoje, 28, foto de Médici, em Brasília, cercado por uma centena de sorridentes bispos. Não compareceram os poucos que dão ouvidos às dores e aos clamores do povo.

O general-ditador recebeu, em almoço, no Palácio da Alvorada, os cardeais Eugenio Sales, Jaime Câmara, Vicente Scherer e Agnelo Rossi. No cardápio, surubim com molho de camarão, peru à Califórnia, papo de anjo e baba de moça. Dom Carlos Carmelo Mota, arcebispo emérito de São Paulo, conhecido por suas ideias progressistas, não compareceu. Mineiramente alegou motivo de saúde...

A XI Assembleia-Geral da CNBB aprovou documento no qual condena cabalmente a tortura. Contudo, afirmam os bispos: "Estamos certos de que, se comprovados tais fatos, dificilmente poderiam corresponder a uma orientação oficial do governo, que reputamos forte para reprimi-los e puni-los com decisão, em nome da Consciência Nacional." E mais adiante: "Não podemos admitir as lamentáveis manifestações de violência, traduzidas na forma de assaltos, sequestros, mortes ou quaisquer outras modalidades de terror. Elas também são uma forma de torturar o povo."

Uma no cravo, outra na ferradura...

Junho de 1970

A ditadura não respeita nem as próprias leis. O artigo 20 do Código de Processo Penal Militar estabelece que o inquérito deve se encerrar no prazo de 20 dias, prorrogáveis por mais 20. O nosso só chegou à Justiça Militar dia 8 deste mês, cinco meses após nossa prisão. Segundo o artigo 79, cabe à promotoria oferecer denúncia, se o acusado estiver preso, no prazo de cinco dias. A denúncia só veio à luz dia 1º deste mês!

O futebol é inerente à nossa identidade nacional. Brasileiro nasce com bola nos pés, coração num time, camisa de torcedor no corpo. Somos uma nação de muitas glórias e esparsas memórias, já que condenada ao olvido pelas elites empenhadas em camuflar a nossa história.

Nossa autoestima não é das melhores. Somos vacinados contra a xenofobia, nutrimos a tendência de nos espelhar no estrangeiro mais desenvolvido, veneramos suditamente a quem nos remete à eterna condição de colonizados.

Não ostentamos, no panteão nacional, nenhum santo, nenhum Prêmio Nobel, embora sejamos uma nação tão populosa, virtuosa e talentosa. Nosso orgulho tece-se de 11 jogadores – a Seleção Brasileira que, agora, disputa o título de tricampeã do mundo.

E nós – presos políticos da ditadura que se arvora em patrona da Seleção –, devemos ou não torcer pelo Brasil? Atroz dúvida hamletiana! Como distinguir, de dentro do cárcere, a linha divisória entre o esporte e a política? O que fazer se, aos nossos olhos, os dois se confundem, reforçam o arbítrio, encobrem, sob a vibração da torcida exaltada, os gritos de dor das vítimas dos centros de tortura? Ou será que nos cabe ser mais dialéticos, cartesianamente dialéticos, e sem sofismar admitir que o brilho da Seleção na Copa do Mundo não projeta, necessariamente, reflexos nos generais que nos governam?

Esse povo que tanto trabalha, sofre, vive sob censura e arrocho salarial, e ignora a face monstruosa do Leviatã, não tem direito à gratuidade da maratona desportiva, à catarse olímpica, à alegria de uma vitória conquistada, em nome da multidão, por 11 jogadores?

Intenso é o debate, nas celas, se devemos ou não torcer pela Seleção. Alguns torcem é o nariz, outros comemoram antecipadamente o tricampeonato. Marco Antônio Moro, advogado, militante da ALN, sugere que "é bom a gente torcer contra, porque se ganhar haverá uma baita festa e vamos estar fora dela". Mas ficamos todos indignados quando Médici sugeriu a João Saldanha, técnico da Seleção, convocar Dario, o Dadá Maravilha. Comunista, Saldanha respondeu não pretender governar o país e, portanto, esperava que o presidente não escalasse a Seleção... Os cartolas da CBF, sempre envergados frente ao poder, substituíram Saldanha por Zagallo, que acatou a sugestão presidencial.

Com o tempero ufanista dos hinos patrióticos de Dom e Ravel, o espetáculo está montado. E a nossa dúvida persiste.

Soubemos que, a 21 de abril, a guerrilha da VPR no Vale da Ribeira (SP) foi cercada pelas Forças Armadas, equipadas com helicópteros, aviões-caça, patrulhas fluviais, tropas de artilharia e infantaria. Ao todo, cerca de 20 mil homens. Ao iniciar o deslocamento de fuga, a coluna guerrilheira, comandada por Lamarca, perdeu dois companheiros que ocupavam um posto avançado de observação, José Lavecchia e Darcy Rodrigues. Presos, levados para Registro e, em seguida, São Paulo, foram submetidos a brutais torturas.

A coluna logrou escapar do cerco e, a 8 de maio, chegou a Barra do Areado (SP). Escondidos os equipamentos, os combatentes, vestidos com roupas comuns, alugaram um caminhão para alcançar Eldorado Paulista. Na entrada do município, depararam-se com uma barreira da PM, atacaram-na, mataram seis soldados, enquanto os demais se apressavam em fugir. Amordaçada, a imprensa não publicou nenhuma linha a respeito.

Os guerrilheiros tomaram o rumo de Sete Barras e, à noite do mesmo dia, se defrontaram com um pelotão da PM composto por um tenente, dois sargentos, dois cabos e 12 soldados. Cercados sob intenso tiroteio, em poucos minutos os policiais militares se renderam. O sargento Lino morreu atingido por três tiros. Um soldado logrou furar o cerco e fugir. Os sete guerrilheiros cuidaram dos feridos, fizeram uma preleção revolucionária e se apoderaram de três metralhadoras, um fuzil e munição. Em seguida, conduziram o sargento Alberto Mendes e os feridos até a tropa que bloqueava a estrada para Sete Barras. Ali, o oficial deu ordens para a suspensão do bloqueio. À exceção do sargento, os demais foram liberados pela guerrilha. Próximo à cidade, a coluna quase caiu numa emboscada. Enfiou-se num matagal, enquanto os militares quebravam a escuridão com os faróis de suas viaturas e atiravam a esmo. Confundida com guerrilheiros, uma tropa que avançava pela mesma estrada caiu na emboscada.

Na fuga mato adentro, ao conduzir em plena escuridão o sargento preso, a coluna perdeu dois combatentes, José Nóbrega e Edmauro Guerra, presos dois dias depois. Os outros cinco, mais o oficial da PM, marcharam dois dias e duas noites sem dormir. Ao parar para descansar, interrogaram o sargento, que atribuiu sua derrota aos soldados desprovidos de amor à farda... Indaga-do por que admitira torturas aos corrós do Presídio Tiradentes, quando ali servia, respondeu que aqueles presos não são gente... Quanto ao fato de a PM ter espancado operários na greve de Osasco, alegou que grevistas e desempregados são vagabundos. E calou-se quando indagado sobre a miséria que reina na zona rural e no Nordeste.

Improvisou-se ali um tribunal revolucionário que o julgou e condenou "por ser um repressor consciente, que odiava a classe operária; por ter conduzido à luta seus subordinados que não tinham consciência do que faziam, iludidos em seus idealismos de jovens, utilizados como instrumento de opressão contra o seu próprio povo, iludindo os jovens (sic), ensinando-os a amar a farda, quando deveriam amar o povo; por ter rompido com a palavra empenhada em presença de seus subordinados; por ter tentado denunciar a nossa posição."

A sentença de morte deveria ser cumprida por fuzilamento. Como se encontravam próximos a estradas vigiadas, decidiram "justiçar" o sargento Mendes a coronhadas de fuzil. Ali mesmo o enterraram.

A coluna observou os deslocamentos das tropas que vasculhavam a região de Areado, próxima a Sete Barras. Os militares aterrorizavam a população local e se apropriavam de suas colheitas. O Exército prendeu dois camponeses que faziam compras para os guerrilheiros, torturou-os e assassinou-os. Na tentativa de descaracterizar o crime, passou uma viatura sobre os cadáveres mutilados, para justificar o atropelamento...

Com receio de que a população apoiasse os guerrilheiros, a repressão lançou napalm na região. Voos rasantes sobre pobres casebres e o matraquear constante de metralhadoras disseminaram o pânico. Aterrorizados, os moradores deixaram suas casas e propriedades.

Para evitar represálias àquela gente, a coluna se afastou, rompendo diversos cercos. A 31 de maio, armou a emboscada que aprisionou a viatura do Exército que conduzia um sargento e quatro soldados. Vestidos com os uniformes militares, os guerrilheiros rumaram para São Miguel Arcanjo, onde ultrapassaram um bloqueio de estrada. Ao entrar à noite em São Paulo, abandonaram o veículo. Dentro, os militares amarrados.

Preso pouco depois em São Paulo, um dos guerrilheiros, Ariston Lucena – filho de Antônio Raimundo de Lucena, morto pela repressão em janeiro –, identificou o local em que se enterrou o corpo do sargento Alberto Mendes, promovido a tenente *post-mortem*.

*

Em entrevista no *Estadão* de domingo, 7, dom Agnelo Rossi afirma que no Brasil não existe tortura como "procedimento sistemático." Indagado sobre os dominicanos, respondeu: "Não foram detidos porque estivessem rezando missa, dando comunhão ou confessando. Por isso, o caso deles foge ao nosso campo específico de ação."

Encontra-se na ala feminina – entre 44 presas políticas – a Tia (Tercina Dias de Oliveira), de 65 anos, costureira dos guerrilheiros do Vale da Ribeira. Torturada no DOI-CODI, replicava: "Podem me bater, o Carlinhos (Carlos Lamarca) vai me soltar e, depois, vamos acertar contas com vocês." Foi presa em Peruíbe (SP), junto com quatro netos, todos menores de idade, que ela cria.

Desde cedo, nos preparamos para a visita de "repórteres". Todos policiais. Vieram fotografar as celas para divulgar nossas "boas" condições carcerárias. Sinal de que nossas denúncias repercu-tem fora. Bagunçamos tudo, até a Cela dos Lordes. Montamos um pau de arara e descrevemos as torturas. Mostraram-se insensíveis...

Às 10 da noite de quinta, 11, soubemos que, às 20h, sequestraram, no Rio, o embaixador alemão Ehrenfried von Holleben, no bairro de Santa Teresa. Mataram o agente da Polícia Federal Irlando Souza Régis, de 53 anos, que o escoltava. E feriram o agente José Banha e o motorista Luiz Antônio Sampaio.

À 1h da madrugada saiu o primeiro comunicado dos sequestradores, deixado na igreja Santa Mônica, no Leblon. Ainda não se divulgou o conteúdo.

O presídio está isolado e, dentro, aumenta a tensão. Da muralha, os soldados nos intimidam com suas armas.

No sábado, 13, publicou-se o manifesto dos sequestradores. O governo cedeu a todas as exigências. Entre os suspeitos de efetuarem o sequestro figuram Lamarca, Joaquim Câmara Ferreira e Franklin Martins, cujas fotos os jornais estampam. Os dois últimos saíram do Brasil, em fins de 1969, pelo esquema de fronteira articulado pelo Betto no Rio Grande do Sul.

O manifesto dos guerrilheiros, assinado pelo "Comando Juarez Guimarães de Brito", junto com a VPR e a ALN, refere-se às operações de abril e maio no Vale da Ribeira: "Menos de 20 guerrilheiros, chefiados pelo comandante Carlos Lamarca, romperam o cerco em que se empenharam cerca de 20 mil homens, aviões e helicópteros, com bombas de alto poder explosivo e napalm. Nas ações em que se empenharam, os revolucionários fizeram 18 prisioneiros e causaram cerca de 10 baixas às tropas regulares."

No domingo, 14, saiu a lista dos presos a serem libertados em troca do embaixador. De nossa cela constam os nomes de Aderval Alves Coqueiro, Jeová Assis Gomes e Carlos Eduardo Pires Fleury. O delegado Pudim, do DEOPS, veio buscá-los pouco antes do almoço. Irritado com o clima de euforia no presídio, Pudim ameaçou-os de morte. Pura bazófia. A ditadura está refém do governo alemão. Jacob Gorender comemora a inclusão do nome de Apolônio de Carvalho. Fernando Gabeira também entrou na lista.

Da Torre saem Dulce Maia e a Tia. Do alto de seus 65 anos, a Tia deixou o presídio cantarolando e bailando, como a desfilar em pleno carnaval. Com ela seguem para o exílio seus netos Ernesto, de dois anos; Zuleide, quatro; Luís Carlos, sete; e Samuel, nove.

Atiramos flores a elas. Com a cara espremida nas grades, entoamos, entre vivas a Marighella e Lamarca, *A Internacional* e o *Hino da Independência – ou ficar a pátria livre ou morrer pelo Brasil*.

*

Ao comparecer à Auditoria Militar, por implicação no processo da UNE, Tito soube que todos os dominicanos presos foram denunciados nos artigos 22, 23 e 25 da Lei de Segurança Nacional. Parece que o artigo 25 prevê pena mínima de cinco anos e máxima de 15.

Frei Estevão Cardoso de Avelar nomeado bispo de Marabá (PA).

De Brasília, os bispos nos remeteram carta de solidariedade pelos sofrimentos suportados.

Julho de 1970

Marlene de Souza Soccas – levada de volta ao DOI-CODI para ser acareada com Marcos Arruda, geólogo, amigo do Betto, preso há um mês –, ouviu do torturador: "Prepare-se para ver o Frankstein." Eis a descrição que nos enviou: "Vi-o entrar na sala com o passo lento e incerto, apoiando-se numa bengala. Tinha uma das pálpebras caídas, a boca contorcida, os músculos do abdômen tremendo constantemente, incapaz de articular duas palavras."

Marcos Arruda esteve hospitalizado, entre a vida e a morte, após o violento traumatismo sofrido nas torturas. Graças à mobilização de seus familiares nos EUA, escapou de ser assassinado.

Dom Hélder Câmara, em entrevista à revista francesa *L'Express*, reconheceu o mérito dos "jovens que se esforçam por obter a libertação do nosso povo. Eu os amo e persigo o mesmo objetivo. Eles são admiráveis esses guerrilheiros urbanos".

Em entrevista à imprensa, em Roma, dia 13, dom Geraldo de Proença Sigaud, arcebispo de Diamantina (MG) e mentor da organização ultramontana TFP, disse que a tortura não faz parte do sistema do Brasil: "Se foram cometidas violências, isso ocorreu durante o período do inquérito, mas os condenados não foram maltratados. Todos os que se encontram presos foram processados por delitos comuns, como o terrorismo." E finalizou: "Não creio que em outros países se obtenham confissões de terroristas com caramelos."

Mais um que passou para a repressão: Massafumi Yoshinaga, que atuou na VPR. Dia 2, a Secretaria de Segurança o apresentou à imprensa. Admitiu ter conhecido Lamarca e declarou que "a finalidade dos subversivos é roubar bancos e matar, tudo não passando de banditismo organizado". [29]

Publicada na imprensa, dia 7, a denúncia contra os dominicanos. Estamos incursos nas sanções dos artigos 14, 23 e 25 do Decreto-Lei 898 de 29 de setembro de 1969, c.c. artigo 53 do Código Penal Militar, artigo 154 da Constituição (suspensão dos direitos políticos por dez anos).

A denúncia inicia-se com uma apresentação sumária de ensinamentos pontifícios, todos escolhidos fora de contexto para provar o quanto agimos como hereges... Somos mais culpados de heresia que de subversão. O promotor expõe a finalidade originária da Ordem de São Domingos (o combate aos albigenses) e enfatiza como nos afastamos desse serviço puramente religioso. Esquece de dizer, ou talvez nem saiba, que os albigenses negavam a natureza humana de Cristo, e os dominicanos ensinam o quanto Jesus, Deus entre nós, foi humano e histórico – o que invalida um cristianismo desencarnado, alheio aos problemas da sociedade.

O texto da denúncia observa ainda que os frades residiam "num apartamento localizado no *bas-fond* de São Paulo", sem contudo lembrar que vizinho à igreja da Consolação e à Justiça do Trabalho. Lamenta que não tenhamos convertido as "ovelhas

---

[29] Seis anos depois, Massafumi Yoshinaga pôs fim à vida, enforcando-se.

desgarradas" que pululam naquela área... Essa reclamação não deveria ter sido dirigida a nós, e sim ao vigário daquela paróquia, responsável pelas almas de corpos desnudos e pintados que, à noite, ali se oferecem no mercado do sexo.
A publicação da denúncia sinaliza que, em breve, seremos interrogados pela Justiça Militar. Não significa que seremos julgados em seguida. Companheiros denunciados há mais de um ano aguardam, aqui, o veredicto da Justiça.

Oito corrós foram retirados do presídio pelo Esquadrão da Morte e assassinados na periferia da Grande São Paulo. Denunciamos como responsável o doutor Olintho Denardi, diretor do Tiradentes.

Agosto de 1970

No sábado, 10, recebemos a visita do núncio apostólico, dom Umberto Mozzoni. Trouxe-nos cigarros, medalhinhas com a efígie do papa Paulo VI, estampas de Nossa Senhora do Perpétuo Socorro. Distribuímos tudo aos companheiros. Disse ter solicitado ao ministro da Justiça apressar o nosso processo. Propôs ficarmos em prisão domiciliar, o que não foi aceito pelo governo – nem seria por nós, para não transformar o convento em cárcere da ditadura.

Do alto do beliche, vejo o soldado dormitando na guarita. Abraça-se ao fuzil como criança ao urso de pelúcia. É um cochilo apreensivo, sem dúvida, como convém a uma sentinela que finge calma para afugentar os temores que o serviço lhe impõe. Mais adiante, é rua, pedaço de liberdade por onde trafegam faróis noturnos. Aqui o silêncio é quebrado apenas por um fio de música que brota do rádio do Ivo, que lê *Quem é este homem?*, de frei

Mateus Rocha (Duas Cidades), obra magnífica sobre Jesus. Ao longe, latidos de cães.

Foi condenado a um ano e dois meses de reclusão padre Hélio Soares do Amaral, sacramentino da diocese de Ribeirão Preto (SP).
    Está foragido.

CAPÍTULO IV

Quartéis

Setembro de 1970

Laércio Barros dos Santos, professor de religião, condenado, dia 2, a um ano de reclusão.

O ministro Buzaid, convidado pela Sociedade Teuto-Brasileira a proferir palestra, dia 2, na Alemanha, foi impedido graças a uma manifestação pública contra a ditadura no Brasil, da qual participaram frades dominicanos daquele país.

Os pavilhões do presídio estão repletos; raramente alguém é posto em liberdade. Quase todo dia, companheiros são levados para o DEOPS ou DOI-CODI e, lá, submetidos a torturas.

Nas celas, organizamos os coletivos e elegemos os nossos representantes, através dos quais tomamos posições comuns: denúncia da precária situação carcerária; morte de companheiros em mãos da repressão, como Eduardo Leite, dirigente da ALN conhecido pela alcunha de Bacuri.[30]

---

[30] Soubemos no Tiradentes que Bacuri havia sido morto em agosto de 1970, próximo a São Sebastião (SP), em tiroteio com a equipe do delegado Fleury. O que de fato ocorreu só nos chegou tempos depois: ele foi preso a 21 de agosto, no Rio, pelo chefe do Esquadrão da Morte. Levado à tortura num centro clandestino, foi posteriormente transferido para o CENIMAR. Ali foi visto, quase sem poder se locomover, pela companheira Cecília Coimbra.

Frei Giorgio Callegari decidiu, sem consulta a ninguém, fazer greve de fome para denunciar nossa situação carcerária.

Enquanto Pipo iniciava seu protesto, dia 13, discutíamos os desdobramentos, como a possibilidade de, dias depois, os demais frades aderirem. E em seguida, todos os presos políticos.

Dom Paulo Evaristo Arns, bispo auxiliar de São Paulo, veio ao presídio e, em companhia de militares, subiu à cela para avistar-se com Pipo. Entregou-lhe pedido do cardeal Rossi para cessar a

---

Dali veio para o 41º Distrito Policial, de São Paulo, cujo delegado titular era o próprio Fleury. Levado de volta ao CENIMAR, permaneceu sob torturas até meados de setembro, quando voltou novamente para São Paulo, direto para o DOI-CODI. Em outubro, removido para o DEOPS, ficou encarcerado na cela 4 do fundão.

No dia 25 de outubro os jornais divulgaram nota oficial do DEOPS relatando a morte de Joaquim Câmara Ferreira, o Toledo, ocorrida dois dias antes. Na nota inseriu-se a informação de que Eduardo Leite, que supostamente levara a polícia ao cerco ao comandante da ALN, conseguira fugir, sendo ignorado seu destino.

Finda a ditadura, encontrou-se nos arquivos da repressão a transcrição de uma mensagem enviada ao DEOPS, assinada pelo coronel Erar de Campos Vasconcelos, chefe da 2ª Seção do II Exército, constando que "foi dado a conhecer a repórteres da imprensa falada e escrita o seguinte roteiro para ser explorado dentro do esquema montado". O tal roteiro refere-se à morte súbita de Câmara Ferreira, após ferir a dentadas e pontapés vários investigadores. E mais adiante diz "Eduardo Leite, o 'Bacuri', cuja prisão vinha sendo mantida em sigilo pelas autoridades, havia sido levado ao local para apontar Joaquim Câmara Ferreira (...). Aproveitando-se da confusão, Bacuri, (...) logrou fugir (...)". Comprova-se, assim, o plano para assassinar Bacuri.

O testemunho de cerca de 50 presos políticos recolhidos às celas do DEOPS naquele período prova que Eduardo Leite jamais saíra de sua cela naqueles dias, a não ser quando carregado para as sessões diárias de tortura, pois não tinha mais condições de manter-se em pé, muito menos de caminhar ou fugir, após dois meses de sevícias diárias.

O comandante da Tropa de Choque do DEOPS, tenente Chiari, da PM, mostrou a Bacuri, no dia 25, os jornais que noticiavam sua fuga.

Para facilitar a sua retirada da cela sem que os demais prisioneiros do DEOPS percebessem, o delegado Luiz Gonzaga dos Santos Barbosa, responsável pela carceragem do DEOPS àquela época, exigiu o remanejamento total dos presos e a remoção de Bacuri para a cela nº 1, que ficava defronte à carceragem e longe da observação dos demais presos. Seu nome foi suprimido da relação de presos, e as dobradiças e fechaduras de sua cela oleadas de forma a evitar ruídos que chamassem a atenção. Os prisioneiros, na tentativa de salvar a vida de seu companheiro, montaram um sistema de vigília permanente.

Aos 50 minutos de 27 de outubro de 1970, Bacuri foi retirado de sua cela, arrastado pelos braços, devido à falta de condições de pôr-se em pé, sob os protestos desesperados de seus companheiros. Tinha o corpo repleto de hematomas, cortes e queimaduras. Testemunharam o seu sequestro vários presos políticos, entre os quais Vinicius Caldeira Brant e Carlos Roberto Pittoli. Depois, não foi mais visto.

greve. Hábil, dom Paulo demonstrou não estar de acordo com a solicitação do arcebispo ao dizer a Giorgio: "A sua consciência é que deve decidir."

Capturado, padre Hélio Soares do Amaral chegou, dia 18, para cumprir condenação. Sentenciaram-no a 14 meses de prisão por ter proferido, a 7 de setembro de 1969, em Altinópolis (SP), sermão considerado "insultuoso ao Brasil"; leia-se: aos militares. Pregou que "o Brasil nunca foi independente" e que o Grito do Ipiranga "foi uma farsa". Acrescentou que "saímos do domínio português e entramos no domínio americano".

No mesmo dia, os frades foram chamados para uma visita. Ao chegar à carceragem, sem direito de retornar à cela nem poder se comunicar com alguém, cada um de nós foi levado à força para a solitária de um quartel da PM: eu, Batalhão de Guardas; Betto, Regimento de Cavalaria; Ivo permaneceu no Tiradentes; Tito, quartel do Barro Branco; Giorgio para a ala de loucos do Hospital Militar, uma cela acolchoada e sem nenhum móvel. Ele ainda prosseguiu por alguns dias a greve de fome, mas parou ao se dar conta de que não teria repercussão.

Os carcereiros do DEOPS, frequentemente questionados sobre o destino de Bacuri, só respondiam que havia sido levado para interrogatórios em um andar superior. Os policiais da equipe do delegado Fleury respondiam que não sabiam. Porém, o policial conhecido pelo nome de Carlinhos Metralha afirmou que Bacuri fora levado para o sítio particular do delegado Fleury. Tal sítio era usado pelo delegado e sua equipe para torturar presos considerados especiais ou os que seriam certamente assassinados e, por isso, deveriam permanecer escondidos.

A 8 de dezembro de 1970, 109 dias após sua prisão, e 42 dias após seu sequestro do DEOPS, os jornais publicaram nota oficial informando a morte de Eduardo Leite, aos 25 anos, em tiroteio nas imediações de São Sebastião, no litoral paulista. A notícia oficial de sua morte tinha um objetivo claro: evitar a inclusão de seu nome na lista das pessoas a serem trocadas pelo embaixador suíço, sequestrado na véspera. Seria impossível soltar o preso Eduardo Leite que, oficialmente, estava foragido e, além do mais, completamente desfigurado e mutilado pela tortura. A única alternativa para o delegado Fleury foi criar mais uma "morte em tiroteio".

Seu corpo, entregue à família, apresentava, além de hematomas, escoriações, cortes profundos e queimaduras, também os dentes arrancados, as orelhas decepadas e os olhos vazados, segundo o testemunho de Denise Crispim, mulher de Eduardo, desmascarando por completo a farsa montada pelo delegado Fleury e sua equipe.

Ao deixar o Tiradentes, os policiais militares disseram que o Batalhão de Guardas, onde eu ficaria, era o melhor quartel da PM. De fato, numa cela espaçosa havia cama e banheiro. Só não me foi possível dormir pela manhã, pois ainda de madrugada ressoava ali dentro o toque estridente da corneta e gritos de militares ditando ordens.

No segundo dia, chamei o tenente responsável pela minha guarda e disse: "Sou preso político, tenho direito a banho de sol, livros etc." Duas horas depois, retornou com o semblante carregado e comunicou: "Vocês, terroristas, acabam de matar um dos nossos no Vale da Ribeira. Decidimos ser muito rigorosos com vocês. Não terão nenhuma regalia."

À noite, eu escutava muitos ruídos diferentes. A insônia resistia às minhas tentativas de dormir. A imaginação desdobrava-se em cenários alucinantes. Ouvia gritos e via cenas de torturas. Uma manhã alguém falou do outro lado da janela: "Frei Giorgio diz que está tudo bem. E manda você me dar um maço de cigarros." Ainda hoje não sei se foi realidade ou fantasia. Na falta de apetite, o cigarro era o meu alimento. Acendia um no outro, tragava com força, apoiava-me no pequeno cilindro de papel branco recheado de fumo.

Pela manhã, uma fresta de luz no alto da cela deixava passar uma réstia de sol. Com os olhos pregados naquela lâmina iluminada, eu ouvia coisas, como que hipnotizado: máquinas superpotentes avançavam sobre mim e extraíam tudo o que eu sabia a respeito dos movimentos de esquerda e não dissera sob torturas. Em estado de apoplexia, eu falava sem parar, a fim de evitar que as máquinas me triturassem... Isso durava até a minha mente aterrissar de novo naquela cela. Então eu andava de um lado ao outro, cantava, fazia ginástica, recobrava minha lucidez. Só lograva dormir sob profunda exaustão.

Dia seguinte, as alucinações voltavam. Vi trazerem frei Tito para a minha cela. Diziam que ele não estava bem. Ficamos ali conversando até alta madrugada sobre nossas vidas, os medos e as alegrias. Mostrei-lhe uma gilete que havia encontrado debaixo da cama e deixara lá para qualquer eventualidade... Ele pegou a gilete, quebrou-a e jogou-a fora. Mais tarde, a imagem do Tito desapareceu. Foi a primeira noite que consegui dormir melhor.

Constatei, no dia seguinte, que haviam, de fato, trazido frei Tito para a minha cela.

Dias depois, trouxeram Roberto Romano; diziam também que sofria muito... Certa madrugada, apareceram dom Paulo Evaristo Arns e frei Gilberto Gorgulho. Depois de conversarmos, Tito pediu ao arcebispo para se confessar. Escutei Tito insistindo para que dom Paulo me tirasse dali, pois eu não estava nada bem...

Certo dia, recebi a visita do doutor Mário Simas. O tenente não nos deixou a sós. O advogado veio avisar-me que, no dia seguinte, Giorgio Callegari e eu prestaríamos depoimentos na Auditoria Militar.

Pouco depois, retornaram-me ao Tiradentes.

Betto passou vinte dias como eremita involuntário em cela solitária. No cômodo de 3 x 1m cabia apenas uma cama. Não havia água nem sanitário; era-lhe permitido ir ao banheiro apenas uma vez ao dia, às 8h. Para controlar os intestinos, amassava a comida até virar papa. Nos primeiros dias, urinava num canto da cela. Depois, graças à embalagem de plástico da firma que fornece laranjas à PM, sobremesa de todos os dias, passou a colecionar saquinhos que, cheios de urina, retornavam vazios de sua única ida ao sanitário.

Entregou-se afoitamente à oração, mesmo porque não havia outra coisa a fazer. Os dias alongavam-se como horas de espera do imprevisível. Acordava ao som estridente do toque de alvorada, caminhava a curtos passos pelo pequeno espaço da cela, tomava um gole de café preto com pão, voltava a caminhar, sentava na cama. Para não deixar a cabeça solta, dava aulas em voz alta sobre todos os temas que domina, a fim de concentrar a atenção, evitar os terrores da imaginação, manter o raciocínio alerta. Como distração, cantarolava ou deixava a memória resgatar fatos que afloravam com nitidez fotográfica.

O almoço era servido em prato de alumínio. Ele comia com uma colher de pau que os soldados usam para fazer café de coador. Arroz, feijão, peixe frito, umas folhas de salada e macarrão de vez em quando. O suficiente, já que ficou inapetente, devido à falta de atividades.

Dias depois, recebeu seu exemplar do Novo Testamento. Entregou-se avidamente à leitura, tratou de decorar trechos, leu os quatro evangelhos, seguiu o roteiro das viagens de Paulo, impressionou-se com o realismo e a atualidade do *Apocalipse*.

Betto havia insistido, por bilhete remetido ao comando do quartel, desejar a visita do capelão militar. Talvez o sacerdote fosse uma pessoa benévola, capaz de restabelecer-lhe o contato com o mundo exterior. Fazia-se urgente avisar ao convento e ao advogado onde se encontrava e em que condições. Mas como, se todas as vias de acesso ao mundo exterior haviam sido abortadas? A ideia veio-lhe à cabeça como uma bênção dos céus: o capelão! Essa figura canônica, execrada por todos nós da Igreja progressista, de repente aparecia como a tábua que, ao ondular das águas do oceano, se aproxima ao acaso do náufrago extenuado.

Num domingo, a sentinela abriu a grade de ferro e, em seguida, a porta de madeira. Um militar de rosto afável, branco como gesso, insígnias de capitão no uniforme impecável, trazia em mãos uma pasta preta. Apresentou-se: "Sou o padre Luiz Marques, capelão da Polícia Militar." Perguntou se Betto pedira a comunhão, o que o prisioneiro confirmou. O sacerdote se ajoelhou junto à extremidade da cama, sob o olhar atento da sentinela empunhando o fuzil. Betto repetiu-lhe o gesto. Rezaram juntos a *Salve-Rainha*, o *Pai-Nosso*, a *Ave-Maria*, o *Credo*.

Padre Marques tirou da pasta uma teca dourada e, ao abri-la, deixou à mostra a pequena hóstia redonda. Deu a comunhão ao prisioneiro e, em seguida, o abençoou. Antes de se erguer, virou rapidamente a cabeça para o lado, o suficiente para ter certeza de que a sentinela não lhe prestava atenção; colocou a pasta entre seu corpo e a cama, retirou de dentro um embrulho e enfiou-o sob o colchão.

Tão logo o capelão se retirou, Betto abriu o embrulho: um pedaço de bolo, uma fatia muito especial, adoçada de solidariedade e afeto. Degustou-a sem desperdiçar o menor farelo.

No vigésimo dia, foi transferido para o Quartel-General da Polícia Militar, onde ocupou uma ampla cela com banheiro privativo e teve direito a jornal e banho de sol diários. Ali ficou mais dez dias.

Antes de completar um mês de reclusão, chamado à Auditoria Militar, denunciei nosso isolamento. Agora, em fim de setembro, retornamos ao Tiradentes para ocupar a cela 17 do Pavilhão 2. Padre Eduardo Augusti veio nos fazer companhia. Estamos isolados dos demais presos, inclusive com visitas em dias diferentes.

Monsenhor Expedito confidenciou a Roberto Romano que o cardeal Rossi, avisado de que seríamos isolados em quartéis, manifestou à repressão seu acordo.

CAPÍTULO V
Retorno ao Presídio Tiradentes

Outubro de 1970

Em homenagem ao Che, assassinado nas selvas da Bolívia em 1967, dia 8 todo o presídio entoou *A Internacional*.

Estamos em oito na cela 17 do Pavilhão 2, apelidada de "Vaticano": Ivo, Giorgio, Hélio, Augusti, Betto, Tito, Roberto e eu.

Após muitos protestos, a administração instalou em nossa cela mesa e prateleiras. Falta mandar o eletricista melhorar a luz; de tão fraca, somos impedidos de ler à noite. Ivo, com a sua habilidade técnica, criou um complexo sistema de balde, fios e roldanas, graças ao qual nos banhamos sobre a privada turca sem ter que, a cada momento, largar o sabonete para derramar água no corpo. Basta pisar um pedal de madeira e fazer tombar o balde encostado à mureta do sanitário. Com o pé se controlam o ângulo de queda da água e o recuo do balde.

A greve de fome do Pipo repercutiu no exterior. Na Alemanha, Delfim Netto viu-se obrigado a cancelar palestra sobre o "milagre" econômico brasileiro. O ministro havia ido a Hamburgo para inaugurar uma agência do Banco do Brasil. Encontrou a rua ocupada por uma manifestação de denúncia da ditadura, na qual se destacavam os hábitos brancos dos frades dominicanos. Uma coroa de luto foi remetida à agência em homenagem às vítimas do regime militar brasileiro.

O deputado Caruso da Rocha (MDB-RS) sugeriu à Câmara convocar o ministro Buzaid para prestar esclarecimentos sobre a detenção, por oito horas, no Rio, de dom Aloísio Lorscheider, secretário-geral da CNBB.[31]

Na Cidade do México, Francisco Manuel do Nascimento Brito, diretor do *Jornal do Brasil*, declarou que "no Brasil não se torturam presos". Acrescentou que, no país, há cerca de 500 prisioneiros que não podem ser classificados como "políticos", e sim terroristas e subversivos enquadrados por atividades contra a segurança nacional. "Toda vez que o governo brasileiro constatou o emprego de violência física, no passado, sempre castigou seus autores", afirmou o novo presidente da Associação Interamericana de Imprensa.

O governador Abreu Sodré enviou carta (com 55 anexos, em geral recortes de publicações saídas de arquivos da repressão) ao cardeal Rossi, reafirmando o caráter subversivo das pregações de dom Hélder no exterior. Rossi havia pedido a ele provas de que "dom Hélder Câmara pertence à máquina de propaganda do Partido Comunista, recebendo, viajando e sendo subvencionado para isso", conforme declarações do governador de São Paulo.

Dia 7, dom Aloísio Lorscheider foi detido na sede do IBRADES, no Rio. Ficou em mãos dos agentes do DOI-CODI, que investiga o instituto, das 13h às 17h30. Cinco cardeais enviaram um protesto formal ao ministro Buzaid.

Em entrevista à revista *Veja*, dom Geraldo Proença Sigaud, bispo de Diamantina, apontou Betto como "ex-comunista convertido". O pai do nosso confrade escreveu-lhe, pediu provas do passado comunista do filho.

---

[31] Dom Aloísio Lorscheider destacou-se, ao lado de seu primo dom Ivo Lorscheiter, também bispo, por sua resistência ao regime militar e o empenho por uma Igreja Católica renovada. Nomeado cardeal, foi presidente do CELAM e da CNBB, arcebispo de Fortaleza e de Aparecida. Faleceu em dezembro de 2007.

*

Somos atualmente 134 presos políticos distribuídos em 20 celas de variados tamanhos. Celas para dois comportam oito; para quatro, de oito a dez. A solução encontrada pela direção é o uso de beliches e, espalhados pelo chão, colchões de capim.

Todo o Pavilhão 2 dispõe de uma única porta, situada exatamente na parte do prédio construída em madeira. Em caso de incêndio, a tragédia é inevitável, não há saídas de emergência, extintores ou qualquer material preventivo.

As celas carecem de ventilação. A laje sem telhado, coberta de piche, vira sauna nos dias de calor. No inverno, a umidade nas paredes esverdeadas pelo lodo facilita a epidemia de gripe. Nos dias de chuva, escorre água pelas rachaduras das paredes e do teto. É grande a proliferação de insetos e ratos. Difícil lavar a cela, não há ralos, exceto no corredor. Da única torneira nos servimos para beber água, lavar pratos e alimentos, dar descarga sobre a privada turca. Embora o almoxarifado do presídio receba detergentes, inseticidas e outros materiais de limpeza, como vassouras e rodos, nunca nada nos foi repassado. O lixo dorme na cela e é retirado pela manhã, infestando ainda mais o ambiente.

Nesse exíguo espaço, passamos o dia praticamente retidos na cama; não é possível todos se movimentarem ao mesmo tempo.

Impossível encarar sem repugnância a comida preparada na Penitenciária do Estado. Solicitamos à direção alimento *in natura*, como é fornecido aos funcionários. Foi-nos negado, o que nos obriga a onerar ainda mais nossas famílias. Alimentos de alto valor nutritivo, como carnes e verduras, são raros, não há como conservá-los. O leite é distribuído dia sim dia não, na cota de um copo para cada preso. Doces, queijos, bananas e laranjas chegam no caminhão que traz os latões de comida, porém nunca nos são entregues...

Livros só entram após passarem pelo controle da Justiça Militar. O diretor censura revistas e cartas, às vezes riscadas, cortadas ou apreendidas.

No andar térreo do Pavilhão 2 amontoam-se duas centenas de homens, todos presos comuns; à noite, espalham suas dores ao som do batuque de latas e caixotes. Cantam o próprio desespero, gritam sua impotência diante do mundo e da vida, sofrem no silêncio de suas vidas anônimas. São explosões de corações amargurados. Há noites em que o silêncio é rompido por berros terríveis. O prisioneiro grita, xinga, chora como um bebê. Perguntamos ao carcereiro o que ocorre e a resposta é sempre a mesma: "O cara é louco" ou "Estão brigando na cela". A hipótese mais provável é que um preso esteja sendo estuprado por companheiros. Os casos de enlouquecimento são frequentes. Mês passado houve mais um suicídio. O preso amarrou a perna da calça na grade, enrolou em volta do pescoço, puxou o corpo para baixo e asfixiou-se. E, como sempre, tudo permanece envolto em mistério. Ninguém viu nada, ninguém diz nada.

O que a sociedade expele vem para cá. A prisão é como esgoto por onde passam os detritos até serem triturados ou lançados no oceano da liberdade. Ou na vala comum da morte. Aqui se misturam bons e maus detritos, e cada cela é um pequeno reservatório dessa grande represa de dejetos. Trazemos no corpo o odor quase insuportável da falta de liberdade. Enquanto aqui convivemos com ratos e baratas, lá fora a cidade consome, mastiga, tritura, digere e expele o que é jogado nesses lúgubres encanamentos de cimento e ferro, onde correm sonhos, ideais, esperanças.

No segundo andar do Pavilhão 2, ficam os presos enquadrados na Lei de Segurança Nacional. Em algumas celas, presos políticos; em outras, comuns, assaltantes de bancos também julgados pela Justiça Militar. Todos enfiados em celas que mais parecem compartimentos de um grande frigorífico. Sabemos o quanto o desespero espreita essas paredes. Lágrimas secas corroem corações ainda jovens. A interrogação, a suprema interrogação do valor da vida humana. Nem todos logram enxergar dentro das trevas. Para quem prende, é um a mais; para quem é preso, toda uma existência. Aqui é preciso resistir ao ódio. Amar com todas as forças para evitar ser engolido por esses tétricos corredores, não deixar que o ruído de portas e chaves nos ensurdeçam, impedir que as grades penetrem como lanças em nossa humanidade. Aqui não há prazos nem certezas. Suspensa no ar, apenas a fatalidade como presente.

A vida nos subterrâneos da história nos ensina a ver por outra ótica. Torna-nos ariscos como as baratas e temíveis como os ratos que portam a peste. Volatiliza antigos valores e nos faz acostumar às trevas. Essas encobrem algo que precisa ser descoberto. Aprendemos a tatear, a diferençar os cheiros, a ver sem enxergar. Sabemos caminhar entre poças e buracos, enfrentamos a escuridão apenas com a luz do espírito. Ouvimos vozes sem saber de onde vêm e para onde vão, mas elas não ecoam sem nexo. Alguém fala: "É por aqui!"; outro grita: "Não, é por lá!" E todos, colados uns aos outros, de mãos dadas, procuram a saída do subterrâneo. De vez em quando, tropeçamos ou somos jogados contra a muralha, perdendo momentaneamente o contato. Explodem risadas sarcásticas e brotam choros convulsos nos corações mais frágeis. Após algum tempo, nos familiarizamos com os mistérios do subterrâneo. Perdemos o medo, a necessidade de segurança e conforto, o apego às aparências, as certezas absolutas, as verdades dogmáticas, o interesse pelas apologias da perfeição, da ordem e da pureza. Acreditamos no pecado, na angústia, na deficiência, na incerteza, no risco. Já não somos os santos, os pacíficos, os mansos, os resignados, os bons. Somos os párias, os banidos, os expelidos, os discriminados, os marginais, os discordantes, os condenados da Terra. Trazemos no corpo e na alma os estigmas da dor e do sofrimento. O coração, contudo, bate, faz circular o sangue, jorra vida. Apesar de maltrapilhos e maltratados, ouvimos a voz de quem nos convida ao banquete,[32] onde o cálice de sangue sacia a nossa sede.

Somos agora oito na cela 17: Ivo, Tito, Giorgio, Betto, Valença, Romano, Nestor e eu. A cela tem 6 x 3m, privada turca guarnecida por uma cortina de plástico, uma única torneira, um

---

[32] Cf. *Marcos* 14, 12-14.

fogão elétrico de duas bocas, e grades duplas de ferro cobertas por um alambrado, por onde calor e frio penetram sem cerimônia. A privada turca é um buraco no chão, separada dos beliches por uma mureta que não alcança 1m de altura. Quando se caga, o fedor impregna todo o recinto. Misturam-se cheiros de merda e comida.

Estamos separados dos demais presos políticos, inclusive quanto aos horários de visitas (agora permitidas apenas quinzenalmente) e banho de sol. É o prosseguimento da punição que nos levou aos quartéis. Conseguimos que a administração do presídio instalasse em nossa cela prateleiras e duas mesas; agora falta reforçar a luz para que possamos ler e estudar também à noite. Cada dia um de nós cuida de toda a alimentação e limpeza da cela. Pipo e Betto, cozinheiros do grupo, já treinaram os demais. Faço qualquer trabalho, exceto cozinhar, que não aprendo nunca.

Todas as manhãs o lixo é recolhido em latões que, arrastados pelos corredores, fazem muito ruído e nos acordam. Em seguida, vem o pão num grande cesto de vime. São servidos dois por cabeça, e uns cinco ou seis a mais. Depois, os latões de leite. Todo o serviço é feito pelos corrós. Muitos estão aqui por não terem como pagar aos policiais por sua liberdade.

Em Londres, Alfredo Buzaid declarou que as denúncias de tortura no Brasil "são muito vagas e em extremo parciais. No Brasil ninguém é preso por suas convicções políticas ou por oposição ao governo". Quanto aos detidos, "foram presos por atividades terroristas, e não por seus pontos de vista políticos. Foram submetidos aos processos judiciais normais e nenhum deles foi torturado". (*O Estado de S. Paulo* 3/10/1970).

Em Roma, dia 7, frei Domingos Maia Leite, superior dos dominicanos do Brasil, manifestou vontade de encontrar o papa, sem muita esperança. No dia seguinte, comunicaram-lhe que seria recebido em audiência dentro de 24 horas. Quando entrou, Paulo VI fez menção de levantar-se e abraçá-lo, mas o protocolo não permitiu. O papa declarou que "toda a família dominicana no

Brasil nos é muito cara. Estamos solidários com todos e a todos enviamos nossa bênção apostólica, especialmente aos que sofrem nas prisões". Acrescentou que acompanha de perto o nosso processo e recomendou à nunciatura dar-nos toda assistência. Frei Domingos descreveu-lhe em detalhes nossa situação e ganhou de presente de Paulo VI um Cristo crucificado, esculpido em madeira do Jardim das Oliveiras, de Jerusalém, com um cartão manuscrito: "Como testemunho de afeição, Paulo VI". E o papa recebeu o presente que lhe remetemos: pequena cruz em couro, feita por nós, com os nossos nomes gravados.

Aqui, tivemos a visita de dom Pedro Paulo Koop, bispo de Lins (SP), acompanhado de seu "secretário": o cardeal Bernard Alfrink, da Holanda (a Auditoria Militar agora proíbe visitas de prelados estrangeiros). Descrevemos as torturas, a temporada nos quartéis, as condições de prisão, a lentidão dos processos, o caráter da ditadura.

Na mesma noite, o cardeal embarcou de volta a seu país. Ao chegar a Amsterdã, dia 18, concedeu uma coletiva de imprensa na qual reproduziu nossas denúncias. Declarou ter tido "desagradável impressão" ao ver diversos religiosos encarcerados numa prisão paulista: "Eles estavam recolhidos a uma antiga prisão de escravos, sem higiene." Assegurou ser verdade "que padres são torturados nas prisões".

L'Osservatore Romano, órgão oficial do Vaticano, em editorial intitulado "Firme advertência", afirmou que, no Brasil, há "abusos de poder" e o governo interfere arbitrariamente nos assuntos da Igreja; acrescentou que o papa segue os acontecimentos relativos à Igreja no país "com preocupação e ansiedade". Citou os bispos brasileiros que, em documento, "afirmaram que restrições da liberdade humana e da liberdade da Igreja não podem ser admitidas, nem se pode admitir que se impeça a ação da Igreja, que sua imagem seja desfigurada, suas doutrinas humilhadas e seus pastores difamados e perseguidos". Dizia ainda que o Estado "não pode pensar em consolidar a sua situação mediante a aplicação de métodos coercitivos e arbitrários".

O papa Paulo VI, na audiência geral concedida dia 21, declarou – em alocução traduzida para inglês, francês, português, espanhol e alemão –, que o método de torturas se espalha pelo mundo como uma epidemia, sem referência direta ao Brasil. Citou, porém, "um grande país" no qual se aplicam "torturas, isto é, os meios policiais cruéis e desumanos para extorquir confissões dos prisioneiros". Acrescentou que esses meios "devem ser condenados abertamente" e não são admissíveis nem mesmo com o fim de praticar a justiça e defender a ordem pública. Afirmou ainda que as torturas devem ser abolidas, pois ofendem a dignidade humana.

Ao desembarcar em São Paulo na manhã do dia 22, dom Agnelo Rossi, presidente da CNBB, declarou que "no Brasil não existe perseguição religiosa, e sim uma campanha de difamação dirigida do exterior contra o governo brasileiro". Interpelado quanto às declarações papais da véspera, o arcebispo de São Paulo garantiu que Paulo VI "mantém confiança inabalável nos destinos do Brasil", sabe apreciar "os esforços ingentes, sinceros e cristãos do digno presidente da República e de outros homens do governo no sentido de desenvolvimento da nação, mas também para vencer a subversão e a campanha intensa e internacional que denigre (sic) injustamente o Brasil no exterior". Em suma, segundo o cardeal, ao condenar a tortura o papa não se referiu ao Brasil.

À tarde do mesmo dia, reviravolta na Igreja. Dom Agnelo Rossi foi destituído pelo Vaticano do arcebispado de São Paulo e nomeado prefeito da Congregação de Evangelização dos Povos, em Roma. No mesmo ato, o papa nomeou dom Paulo Evaristo Arns, vigário episcopal da Região Norte da capital, para sucedê-lo à frente da arquidiocese paulistana. Isso tem dedo do núncio, dom Umberto Mozzoni, que se encontra oficialmente de férias na Itália. Dom Scherer assume a presidência da CNBB.

Dia 23 recebemos a visita de dom Paulo Evaristo Arns, desde a véspera novo arcebispo de São Paulo. Concedeu-nos a honra de sua primeira visita pastoral. Daqui partiu para o retiro que antecede a sua posse, a 1º de novembro.

A imprensa italiana levanta a questão: por que o papa tirou Rossi de São Paulo? A maioria crê que se aplicou o princípio "promover para remover" (*promoveatur ut amoveatur*, diziam os latinos). Após o documento da assembleia da CNBB, ficou insustentável a posição do grupo minoritário de bispos que nega torturas e perseguições.

O fato é que o cardeal Rossi, ao retornar de Roma, contradisse o papa. Em Roma, o cardeal Jean Villot, secretário de Estado do Vaticano, chamou a atenção de Rossi para a excessiva prudência do mais recente documento da CNBB no que concerne ao caráter arbitrário do governo brasileiro. Acrescentou que, se os bispos alemães no tempo de Hitler tivessem sido menos prudentes, talvez inúmeras tragédias pudessem ter sido evitadas.

Ao desembarcar no Rio, procedente da Alemanha, dom Hélder não quis polemizar com o governador Abreu Sodré, que o chamou de "Fidel Castro de batina" e o acusou de ser subvencionado por organizações comunistas. Disse apenas: "O tempo, melhor do que ninguém, vai falar por mim e dizer quem tem razão."

Aos 57 anos, Joaquim Câmara Ferreira, o Toledo, foi dado como morto, dia 24. Teria sido cercado num "ponto" no bairro de Indianápolis, em São Paulo. Ele comandou o sequestro do embaixador americano, Charles Elbrick, ano passado. Agora, tentava unificar a ALN e a VPR. Soubemos que, ao reagir à prisão, morreu de infarto ao ser levado ao DEOPS por Fleury.[33]

Padre Augusti terminou de cumprir a pena de um ano a que foi condenado. Promovemos sua despedida com roda de samba

---

[33] Joaquim Câmara Ferreira, o Toledo, que sucedeu Marighella no comando da ALN, foi preso em São Paulo a 23 de outubro de 1970. Levado pelo delegado Fleury para um sítio que servia de centro clandestino de tortura, faleceu no mesmo dia, assassinado pela ação policial.

e recordação de fatos que marcaram sua presença entre nós. Fernando Casadei lembrou que ele nunca deixou de roubar no baralho e, no entanto, ninguém foi capaz de descobrir seus truques ou provar sua desonestidade baralhal. Junto com Daniel de Carvalho, acordava invariavelmente à hora do almoço. Nos serviços, enganou a todos, nem aprendeu a cozinhar nem a lavar pratos. Fora do jogo de baralho, passava horas escrevinhando num grosso caderno que, furtado, fez com que Augusti ouvisse companheiros declamarem seus melhores versos. Ressaltamos seu companheirismo e espírito evangélico. Como presente, leva peças de nosso artesanato. Antenor Meyer disse-lhe que será muito bem-vindo se quiser voltar...

Após depor na Justiça Militar, Roberto Romano foi solto dia 28. Agora, na cela 17, somos cinco dominicanos – Ivo, Tito, Giorgio, Betto e eu –, mais João Caldas Valença e o padre Hélio Soares do Amaral.

Novembro de 1970

No primeiro dia do mês, acompanhamos pelo rádio a posse de dom Paulo Evaristo Arns como novo arcebispo de São Paulo. "Venho do passado – disse ele –, de longa convivência com o cristianismo nascente, com homens e mulheres fracos que enfrentavam perseguições do maior e mais organizado gigante da história, o Império Romano."

Na quinta, padre Luiz Marques, capelão da Polícia Militar, celebrou em nossa cela; deixou-nos hóstias consagradas e, de contrabando, uma garrafa de vinho destinado às nossas liturgias. Temos agora um sacrário clandestino. Toda noite, após o jogo de cartas, rezamos os salmos e comungamos. Também escondido na cela há um rádio de sete faixas, guardado no fundo falso do armário improvisado com caixotes empilhados. De madrugada, ao cessar o movimento nas galerias do pavilhão, ouvimos a BBC, a Rádio Havana Cuba e a Rádio Pequim, e transmitimos aos companheiros as notícias mais importantes. Muito do que acontece no Brasil somos informados por emissoras estrangeiras.

Hoje, 4 de novembro de 1970, um ano do assassinato de Marighella, fui convocado a depor na Auditoria Militar sobre a implantação da luta armada no Pará, onde participei, em julho de 1968, do levantamento de áreas propícias à guerrilha rural. "As acusações contra mim e meus companheiros são fruto de campanha contra a Igreja no Brasil, que procura se distanciar do capitalismo", afirmei.

Dia 21, fomos despertados às seis da manhã pela visita de dom Paulo Evaristo Arns. Veio celebrar conosco. Cantamos a missa. O altar, um caixote vazio de maçãs; o cálice, um copo americano; o templo, uma cela apertada; os fiéis, prisioneiros em sua maioria. O café foi reforçado pelo pão de ló trazido pelo padre Luiz Marques. Padre Hélio e eu concelebramos.
João Caldas Valença libertado dia 23.

Dezembro de 1970

Sequestrado no Rio, dia 7, o embaixador da Suíça, Giovanni Enrico Bucher. Interceptaram o carro pouco antes das 9h da manhã de segunda. A operação teve a assinatura da VPR.
Ao avistar aproximar-se da rua Conde de Baependi o Buick azul em que se encontrava o diplomata, o guerrilheiro urbano Adair Gonçalves Reis fez sinal para Gerson Theodoro de Oliveira. Este alertou, por mímica, Alex Polari de Alverga, que estacionara seu Aero-Willys na calçada perpendicular à rua. Logo, avançou na contramão e cortou pela frente a passagem do veículo diplomático. Ao volante de outro carro, Inês Etienne Romeu deu marcha à ré, encurralando o Buick. Na esquina da rua Senador Correia, Maurício Guilherme da Silveira forjou o enguiço de seu carro e, assim, vetou o acesso de outros veículos à Conde de Baependi.

De cavanhaque, terno e gravata, Lamarca aproximou-se acompanhado por Gerson Theodoro de Oliveira, que portava uma metralhadora. O ex-capitão do Exército abriu a porta do carona e, com seu Smith & Wesson, calibre 38, desfechou dois tiros contra o agente de segurança Hélio Carvalho de Araújo. O primeiro alojou-se no teto do Buick e, o segundo, estraçalhou a medula do policial, que veio a falecer três dias depois.

Alex puxou o motorista Hercílio Geraldo e o obrigou a deitar-se de bruços na calçada. Graças a um cochilo dos sequestradores, ele escapou ao correr em direção a um prédio em construção. O embaixador foi levado no carro de Inês Etienne Romeu, dirigido por José Roberto Gonçalves de Rezende.

Para liberar o embaixador, os sequestradores exigem a divulgação de um manifesto; passagens gratuitas para a população, durante dois dias, nos trens suburbanos do Rio; e asilo político para 70 presos políticos, no México, no Chile ou na Argélia.

Curiosa a nossa reação a mais um sequestro. O preso, mesmo convicto de que seu nome não será incluído na lista dos que deverão ser soltos, dificilmente consegue se abstrair da possibilidade de uma liberdade inesperada. Participa da expectativa coletiva, que envolve a todos. Cada notícia, cada comunicado dos sequestradores, cada nova negociação, é como se a vida de cada um de nós estivesse sendo decidida num jogo de dados.

Nada exerce maior poder de atração sobre os seres vivos que a liberdade. Inclusive animais e plantas, que crescem em direção à luz. Se se trata de um condenado, cuja liberdade está condicionada pela sentença a cumprir, ele conta cada dia como um a menos na cadeia, mais próximo da saída. Se condenado a prazo indeterminado, como é o nosso caso, o sofrimento é menor, sempre resta a esperança de ficar menos tempo.

Estar livre, locomover-se à vontade, ficar a sós (o que é impossível num presídio coletivo), fazer planos para o futuro... são por enquanto quimeras. Nem sabemos quando será o depois, o futuro. Resta esperar e assumir essa condição como "normal".

Criar aqui um ritmo de vida, de aprimoramento pessoal, malgrado as limitações. Não se entregar à ociosidade, à depressão, à imaginação. Como aqui a imaginação pesa! Às vezes ouvimos um companheiro, desses fadados a permanecer preso longos anos, afirmar que deverá sair no fim do mês ou do ano... A imaginação cega-o frente à realidade. O sujeito passa a fazer acrobacias mentais, convence-se de que suas ilações são mais verídicas que a situação jurídica na qual se encontra enredado. De uma notícia de jornal faz um cipoal de ilusões, extrai conclusões, acredita que tudo converge para libertá-lo. De vez em quando, cai em si, admite que a sua imaginação ultrapassou o limite do razoável e, então, é o caos. Apodera-se dele a sensação de derrota e, em consequência, a revolta. É uma espécie de loucura cíclica. Logo volta a se agarrar à imaginação, e isso funciona como um sedativo que, temporariamente, aplaca a dor mas não cicatriza a ferida. Quando se abre com um de nós, inútil querer mostrar-lhe o engano. O jeito é escutá-lo, fingir concordar com a sua lógica absurda, participar de sua euforia inócua. Contestá-lo é chutar o castelo de areia construído por uma criança.

Essas saídas "psicológicas" podem nutrir esperanças, porém as grades continuam tão impassíveis como antes. E nós dentro delas. Melhor não alimentar ilusões; nada pior do que um prisioneiro impaciente para se ver livre. A reação não é a mesma provocada pelo otimismo do médico diante de seu paciente. Neste caso, o otimismo contamina o enfermo e ajuda na recuperação. Aqui é diferente. Constatamos isso no caso do Pipo. Durante os últimos seis meses, toda semana aparece alguém para dizer que ele sairá "nos próximos dias". Ele não consegue mais se concentrar, cresce sua irritação por permanecer preso. É melhor aguardar que a liberdade venha a nós, "ao nosso reino", que desejar alcançá-la daqui de dentro.

Chove torrencialmente, a água entra pelo teto e pelas paredes rachadas, e refresca a cela abafada pelo calor. Até os guardas indagam como suportamos essa sauna permanente. Não é bem suportar, é não ter alternativa... Nessa fornalha não há circulação de ar. O suor escorre em bicas pelo corpo.

Veio examinar-me, a pedido dos dominicanos, o psiquiatra Odilon de Mello Franco Filho. Contei-lhe de minha insônia permanente, da tensão emocional, das alucinações auditivas que me fazem escutar meu nome chamado continuamente por vozes diferentes. Se consigo adormecer por força da exaustão, sou acometido de pesadelos, como que submetido a novos interrogatórios. Tenho às vezes a sensação de que meus pensamentos são captados e gravados a distância. Descolo-me lentamente da realidade e retraio-me no contato com os companheiros. Refugio-me no cigarro, meu bastão e cajado, e já me surpreendi acalentando a ideia de que talvez a morte seja o meu alvará definitivo de liberdade, capaz de fazer cessar todo esse sofrimento.

Frei Tito, incluído na lista dos sequestradores; já assinou o termo de banido do Brasil.

Após três meses conosco, padre Hélio Soares do Amaral foi solto dia 18. Graças ao advogado Marcelo Cerqueira, o STM anulou o julgamento que o condenara a 14 meses de prisão. Ao deixar o presídio, disse ao diretor: "Sou homem e vou calar, mas se eu falasse muita gente iria para a cadeia, em primeiro lugar o senhor. O senhor confia em alcaguetes. São eles que vão derrubar o senhor."

Às vésperas do Natal, a Justiça Militar indeferiu o pedido de prisão domiciliar apresentado por nosso advogado, Mário Simas. Mas Giorgio Callegari foi libertado dia 23. O promotor argumentou que "o recente e monstruoso" incêndio ocorrido na Volkswagen, em São Bernardo do Campo (SP) – que resultou na morte de 30 pessoas e em ferimentos graves em tantas outras –, foi obra de terroristas. Qual a relação entre o nosso caso e o incêndio da Volks é coisa que não está ao meu alcance esclarecer. É tarefa para astrólogos, pois deve haver alguma influência planetária em tudo isso...

A missão da Igreja é gerar liberdade e em nada colaborar para suprimi-la. Por isso recebemos com alívio a decisão de nossos carcereiros de não nos conceder prisão domiciliar.

É noite de Natal. Voltamos à infância, aos presentes de criança, à missa do galo, à comilança na ceia. Há um clima contagiante de alegria no presídio. Trazemos, sim, uma saudade imensa de tudo e de todos que nos são queridos. Aqui somos uma só família de prisioneiros.

Os carcereiros vieram trocar cumprimentos. Pouco antes de meia-noite, celebramos a liturgia. Cantamos o *Glória* e o *Magnificat*, meditamos no nascimento de Jesus descrito por Lucas, recitamos os salmos. De ceia, sanduíche de bife, ovo e tomate. De sobremesa, a caixa de bombons recheados de licor que entrou de contrabando.

Agora todos os prisioneiros cantam, como se apenas o nosso canto alegre e livre devesse ecoar pelo mundo. Do pavilhão feminino as companheiras cantam; do lado de cá, aplaudimos. Daqui nós cantamos; elas aplaudem. Grades e paredes do cárcere não conseguem reter-nos a voz. Esta brota do coração pleno de amizade e carinho que nos une. Embaixo, os presos comuns também cantam. Revivem a batucada do morro em latas e caixotes. Todos sabem que é Natal. Alguém renasce. Pelos cânticos testemunhamos que também renascemos para reivindicar um mundo sem lágrimas, ódio ou opressão.

É uma cena maravilhosa ver esses rostos jovens pregados à grade, cantando o amor. Eis um espetáculo proibido aos nossos juízes, promotores e policiais. Não suportariam a beleza dessa noite. Quem gera lágrimas deve temer um simples sorriso.

O corredor do pavilhão produz boa acústica. Tudo aqui parece vibrar, como se, de repente, o vento fino dessa noite de verão trouxesse consigo toda a vida que há no mundo da liberdade. Mundo que nos invade por dentro, pois a luta por liberdade é a razão de nosso encarceramento.

Prosseguem as negociações em torno do sequestro do embaixador da Suíça.

CAPÍTULO VI

Presídio Tiradentes

Janeiro de 1971

No *réveillon* carcerário, todo o nosso repertório exauriu-se numa cantoria que se alongou das 11 da noite às três da madrugada. A animação superava, e muito, a afinação. Ivo sabe todas as letras, conhece até velhos boleros do tempo em que varanda era chamada de alpendre. De cada cela um pequeno coro fazia eco ao canto único que reverberava pelo presídio. Mãos atravessadas nas grades batucavam nas pesadas portas de ferro. Um ano termina, outro começa. Para uns, menos um ano de prisão; para outros, mais um de espera.

Apareceu por esses dias um dedetizador, espalhou inseticida por todas as celas. A guerra contra as baratas ia mal para o nosso lado. Elas brotavam de todos os cantos, malgrado as táticas utilizadas por nós: cimentamos os buracos, elas romperam; enfiamos cera com papel higiênico úmido nas gretas, elas roeram; provocamos mortes violentas, elas resistiram e renasceram. Agora parece que, ao menos provisoriamente, vencemos uma batalha. Mas é impossível exterminar mosquitos e formigas.

Dom Paulo Evaristo Arns denunciou a prisão do padre Giulio Vicini, da paróquia paulistana de São José do Jardim das Oliveiras, e de Yara Spadini, secretária da região episcopal Sul de São Paulo. Encontrados com manifestos de protesto contra a morte do operário Raimundo Eduardo da Silva – que se achava recolhido ao Hospital Militar à disposição das autoridades policiais –, foram torturados no DEOPS. O arcebispo praticamente invadiu aquela repartição e conseguiu avistar-se com os dois, que lhe mostraram as marcas das sevícias. Indignado, mandou afixar em todas as paróquias da arquidiocese nota em defesa dos presos e de denúncia das torturas sofridas. Agora, trazidos para o Tiradentes, Vicini se encontra em nossa cela.

Todos sentiríamos como inestimável prêmio lotérico ver o próprio nome incluído na lista de presos a serem trocados pelo embaixador suíço. Exceto Tito. Recebeu a notícia como mau agouro. Nenhum traço de alegria relampeja em seu rosto, em contraste com a euforia dos demais contemplados com a iminente liberdade. Nosso confrade reflui-se a uma tristeza muda. A tartaruga mantém o pescoço recolhido dentro do casco. Enquanto o governo cuida das providências para embarcar os que figuram na lista e bani-los do território nacional, Tito passa o dia na cama, ocupado em orar, ler, fazer yoga e, de vez em quando, dedilhar o violão para que notas soltas deem ressonância ao seu lamento gutural. Sabe que sua resistência às sevícias serve-lhe, agora, de alvará de soltura. Mas não quer arredar o pé do Brasil. Aqui a sua terra, o seu povo, as suas raízes. O exílio parece-lhe um imenso deserto no qual se pode caminhar com liberdade, sem contudo saber a direção certa e muito menos o destino.

Depois de longas e tensas negociações durante mais de 30 dias, a ditadura cedeu apenas na exigência de libertar presos políticos; recusou-se a divulgar o manifesto dos sequestradores e facultar o transporte gratuito em trens suburbanos do Rio.

Retirado do Tiradentes para viajar às 5h da manhã do dia 11, Tito passou dias sob tensão. Levaram-no várias vezes para ser identificado e fotografado de corpo inteiro, nu. Gravou um vídeo sobre as razões que o motivam a querer deixar o país. Perguntado a que Organização pertence, respondeu: "À Igreja." Disse que o seu interesse é colaborar para que a vida do embaixador seja salva. Seguiu para o Rio. Restam agora três dominicanos aqui: Ivo, Betto e eu.

Ao deixar o presídio, Tito trazia o cenho enrugado e os lábios apertados. Atravessou o pátio sob a euforia de todos nós que, grudados à grade, cantamos o *Hino da Independência* e *A Internacional*. Carregava o violão, uma sacola com poucos pertences e o peso incomensurável de sua angústia.

Dos prisioneiros do Tiradentes incluídos na lista, três se recusaram a sair do país. Dois aceitaram ir à TV para declarar estarem "arrependidos", que "este é o melhor governo que já tivemos" e "preferimos ficar presos a sair do Brasil"... Ao retornar ao presídio, foram recebidos sob vaias e protestos.

As retaliações da repressão já se fazem sentir. Doze presos políticos foram ilegalmente transferidos para a Penitenciária do Estado. Os 40 companheiros da cela 7 vieram para o Pavilhão 2, distribuídos em celas menores. Os "arrependidos" permanecem no Pavilhão 1, sob completo "gelo" da parte dos demais. São agora obrigados a comer do cadeião...

Quando os 70 companheiros incluídos na lista foram levados à aeronave que os conduziu ao Chile, Tito não demonstrou nenhuma satisfação. Talvez pressinta que, ao contrário dos que o acompanham na viagem, não é para a liberdade que ruma; quem sabe, do outro lado dos Andes, os fantasmas do terror o aguardam com a mesma voracidade de urubus famintos atraídos pela carniça fresca.

Agora nós quatro ocupamos uma pequena cela cuja mobília se resume a dois beliches, uma mesa, caixotes que servem de banco. Passamos o dia a cozinhar, ler, recordar, refletir, orar e fazer artesanato: miçangas, colares, cintos, gargantilhas. Giulio Vicini logo se entrosou em nossa pequena comunidade. Já aprendeu a trabalhar com miçangas. A declaração de dom Paulo Evaristo Arns a seu favor provocou um rebuliço. Um médico veio examiná-lo, o diretor do DEOPS e o novo secretário de Segurança Pública vieram visitá-lo. Com certeza preocupados com a repercussão na Itália.

O embaixador da Suíça foi deixado no bairro da Penha, no Rio, na madrugada do dia 16.

As cartas de prisão do Betto foram reunidas e editadas na Itália, pela Mondadori, sob o título *Nei soterranei della storia* (Nos subterrâneos da história). Em breve sairão em francês sob o título de *L'Église des prisons* (Desclée de Brouwer), e também em sueco, holandês e espanhol.[34]

Fevereiro de 1971

Por descuido, Betto derramou o pote de sal no feijão. Não titubeou: pôs bastante açúcar por cima, misturou, conseguiu equilibrar o sabor. Ou terá sido o nosso voraz apetite o segredo do tempero?

Uma coisa é certa, estava melhor que o *lavoisier* do cadeião.

Recebemos cumprimentos de solidariedade dos mais eminentes teólogos jesuítas da Alemanha, Karl Rahner e J. B. Metz.

Asassinaram no Rio, dia 6, Aderval Alves Coqueiro, que foi nosso companheiro na cela 7. Encontrado pela repressão num prédio do Cosme Velho, o zelador escutou um agente gritar: "Atira e mata." A vítima, desarmada, vestia apenas um calção. Outro agente disse ao se aproximar do corpo: "Bota a arma do lado dele." É a primeira vez que um banido é localizado e morto no Brasil.

---

[34] No Brasil, foram editadas por Ênio Silveira, da Civilização Brasileira, em 1976, graças ao empenho do escritor Hermilo Borba Filho. O prefácio é de Alceu Amoroso Lima (Tristão de Athayde). Há uma nova edição, mais completa, lançada pela Agir (2008).

Domingo, padre Heitor Turrini celebrou conosco; emotivo como bom italiano, derramou-se em lágrimas ao recordar as catacumbas.

Somos contados entre os mais antigos "hóspedes" do Tiradentes. Dos que encontramos ao chegar, em dezembro de 1969, restam dez. Os demais foram libertados ou transferidos para a Penitenciária do Estado e, posteriormente, para o Carandiru. Vimos companheiros saírem, serem novamente presos e tornarem a recuperar a liberdade.

Dom Umberto Mozzoni, núncio apostólico, veio dia 18. Trouxe-nos apoio e cigarros. Dissemos a ele que não nos agradou a carta remetida pela nova direção da CNBB ao nosso superior, frei Domingos Maia Leite. O texto abre afirmando que "a Comissão Central recebeu sua carta, pedindo uma palavra do episcopado a respeito de seus irmãos presos em São Paulo". E se frei Domingos não houvesse pedido, a CNBB se manifestaria? A carta não cita os nomes dos detentos. Nem esclarece se os bispos nos consideram culpados ou inocentes.

Março de 1971

Nestor Mota, ex-noviço dominicano e nosso professor de yoga, libertado dia 24.

O São Paulo, jornal da arquidiocese de São Paulo, transcreve carta de dom Vicente Scherer: "O caso mais sério, ainda misterioso e inexplicado satisfatoriamente, me parece o dos dominicanos. Hoje a família mesma de Frei Betto admite que ele dava oportunidade de fuga aos perseguidos pela polícia quando vinham ao Rio Grande do Sul para passar a fronteira. A ação deles no caso Marighella não me parece esclarecida."

O pai do Betto, Antônio Carlos Vieira Christo, juiz aposentado, reagiu ao cardeal, indignado com a carta remetida por ele ao cônego Amaury Castanho, diretor de *O São Paulo*. Acusou dom Scherer de arrolar a família como testemunha de acusação. E acrescentou que o próprio Betto admitiu ter dado fuga aos perseguidos.

Em resposta ao doutor Vieira Christo, o arcebispo de Porto Alegre alegou que a carta enviada ao cônego Amaury Castanho não era para ser publicada... Disse que escreveu uma segunda carta, manifestando estranheza pela publicação e confessando que "tenho receio de que uma passagem, na qual se faz referência à opinião da família de Frei Betto, possa prejudicar ao mesmo, ainda *sub judice*, o que sumamente lamentaria".

Na carta, o cardeal acrescenta: "Não creio que um cristão possa, em consciência, colaborar, não já com políticos perseguidos por suas ideias, mas com autores de assaltos, assassinatos calculados de inocentes, roubos, sequestradores etc. Quem comete este tipo de crimes se sujeita às penas previstas em lei para a defesa da vida e direitos alheios. Não julgo das intenções de ninguém, e sem dificuldade admito pureza de intenções em quem lhes presta colaboração."

Abril de 1971

No domingo de Páscoa, celebramos missa para as companheiras na sala de TV da ala feminina. Participaram cerca de 25, a maioria jovens. Padre Heitor Turrini concelebrou com Giulio Vicini e comigo. Betto pregou sobre o sentido da Páscoa no Antigo e Novo Testamentos. Lembrou que, séculos antes de Cristo, os hebreus comemoravam a data em que se libertaram da escravidão no Egito. Descreveu a evolução da pedagogia libertadora de Moisés frente ao faraó. Em seguida, destacou a figura do Ressuscitado. Disse que muitas pessoas não creem porque adquiriram uma visão deturpada da fé e da Igreja. Creem no deus "lá em cima", espacial, etéreo, que afinal não passa de um produto de imaginação. O Deus no qual devemos crer é o de Jesus Cristo. Jesus é o Deus que se fez homem, viveu na companhia de rudes pescadores, era amigo de coxos e hansenianos, estropiados e prostitutas, discutiu com os fariseus que se julgavam donos da religião, expulsou do Templo os que faziam da religião comércio, foi perseguido como bandido, preso como marginal, torturado como desgraçado e morto na cruz. Seu corpo teria sido atirado à vala comum não fosse a boa vontade de José de Arimateia. Este Jesus ressuscitou.

Encerrada a celebração, promovemos uma confraternização com doces e refrigerantes trazidos pelo padre Heitor.

Dia 16, o DOI-CODI assassinou, em São Paulo, Joaquim Alencar de Seixas. Prendeu-o na rua Vergueiro e o levou com a família – a mulher, Fanny Akxelrud Seixas; as filhas, Iara e Ieda; e o filho Ivan – para a delegacia do bairro. Ali foram todos espancados com coronhadas de mosquetão. Transferidos para o DOI-CODI, novo espancamento no pátio. Amarraram Joaquim na cadeira do dragão e surraram-no com porretes. Vários presos que ali se encontravam ouviram-no gritar horas seguidas.

Os militares forjaram a notícia de que ele morreu em tiroteio ao tentar fugir de um "ponto".

Seu filho, Ivan Axelrud Seixas, 16 anos, também torturado, viu o pai ser assassinado. Declarado inimputável pela Auditoria Militar, passou à responsabilidade da Vara de Menores da capital; encontra-se recolhido à Casa de Custódia e Tratamento de Taubaté (SP), onde agora convive com presos comuns portadores de deficiência mental.

Nossas visitas estão proibidas devido à repercussão no exterior de denúncias de torturas. O governo as atribui a nós, frades encarcerados. (Seria uma injustiça se não fosse verdade.)

Impediram, na sexta, 23, o Mestre da Ordem (superior geral dos dominicanos), Aniceto Fernandez, 76 anos, de nos visitar. Como veio de Roma especialmente com este objetivo, esteve na Secretaria de Segurança Pública sem conseguir ser recebido. No sábado, enfrentou duas horas de fila à porta do presídio, sob chuva, e de novo barraram-lhe a entrada.

Uma semana depois, dia 29, pela manhã o carcereiro abriu a cela para descermos para o banho de sol. Ao chegar ao pátio, vimos entrarem frei Edson Braga, o padre De Couesnongle e o Mestre da Ordem. A presença deles nos surpreendeu. Só na véspera frei Edson obteve autorização.

Subimos todos para a cela. Dr. Marconi Júnior, vice-diretor do presídio, sugeriu apressarmos o início da missa – na qual Ivo faria sua profissão solene – para que ele pudesse assistir. Não nos agradou tal intromissão, mormente por não sabermos se o delegado sentia-se motivado pela fé ou pela fidelidade aos órgãos de informação da ditadura.

Nosso único banco serviu de altar. Todos sentamos sobre cobertores dobrados em cima de caixotes. O Mestre paramentou-se apenas com uma estola sobre o hábito branco. Por feliz coincidência, a missa do dia era a de São Pedro Mártir, dominicano do século XIII, assassinado na Itália por aqueles que se opunham à sua pregação evangélica. Cantamos o *Glória*, Ivo leu trecho do *Livro da sabedoria* e frei Edson, o evangelho.

Em pregação dirigida ao Ivo, o Mestre falou de modo simples, amigável, num clima que nos fez recordar as catacumbas. Após a homilia, Ivo professou os votos solenes de pobreza, castidade e obediência. Cada um de nós o abraçou com profundo sentimento de fraternura. Comungamos sob duas espécies e cantamos a *Salve-Rainha* em latim.

Terminada a missa, o vice-diretor se retirou e nos deixou cerca de três horas com as visitas. Pela primeira vez, alguém de fora aceitou almoçar conosco. Outros declinaram do convite com receio de privar-nos de alimentos. O mesmo banco que serviu de altar, virou em seguida mesa. Todos comemos, de entrada, deliciosos quibes remetidos por minha tia. De almoço, arroz e feijão, bifes e batatas fritas, salada de tomate e alface. De sobremesa, goiabada com queijo. De bebida, suco de laranja. De presente, trouxeram-nos charutos... cubanos! Demos ao Mestre e ao padre De Couesnongle uma cruz de couro e um marcador de livros com os nossos nomes pirografados. Pedimos que levassem um marcador ao papa Paulo VI.

Maio de 1971

O general Médici recebeu, dia 5, dom Paulo Evaristo Arns, que lhe relatou casos de torturas. O ditador, com a rispidez que o caracteriza, não se fez de rogado e reiterou: "Elas existem e vão continuar porque são necessárias. E a Igreja que não se meta, porque o próximo passo será a prisão de bispos…"

Hoje foi a vez de o presidente receber o Mestre da Ordem no Palácio do Planalto. Diálogo pedregoso, cheio de farpas da parte do ditador, inconformado com o nosso apoio à resistência à ditadura. Sem que fosse ouvido, frei Aniceto tentou argumentar com o princípio evangélico de solidariedade aos perseguidos.

Laércio Barros dos Santos libertado no início do mês, após cumprir pena. E padre Giulio Vicini dia 25, após quatro meses de cárcere. Todo o pavilhão cantou, uníssono, a *Valsa da despedida*.

Dia 30, dormíamos o sono inquieto dos prisioneiros quando acordamos sobressaltados pelo estampido de tiros, a gritaria indecifrável, a corrida aflita de guardas e carcereiros. Um grupo de corrós ensaiara uma tentativa de fuga. Após serrar a grade da cela, foram surpreendidos no esforço silencioso de escalar a muralha. Os guardas dispararam a esmo, enquanto a carceragem, armada de porretes, cercava-os. Projetada a luz dos holofotes sobre eles, vimos serem espancados aleatoriamente, os gritos de dor, os espasmos de quem, derrubado ao chão, continuava a apanhar e a tingir com sangue a brancura da forte luz artificial. Impotentes, berramos "assassinos!", "assassinos!", sem que nos dessem a menor atenção. Pouco depois, os presos foram arrastados para a carceragem e desapareceram do nosso campo de visão. Ainda por algum tempo, o eco dos suplícios repercutiu em nossos ouvidos.

Junho de 1971

Dia 3, carcereiros e soldados da PM nos surpreenderam com a revista das celas. Chegaram quando ainda dormíamos. Exigiram que ficássemos no corredor. Reviraram livros, colchões, roupas, alimentos; quebraram caixotes que nos serviam de bancos e mesas; confiscaram papéis, baralhos, jogos de dama e xadrez; examinaram cada recanto que poderia servir de esconderijo de material considerado subversivo; apertaram tubos de pasta de dente e creme de barbear; bagunçaram tudo, deixaram a cela como se por aqui tivesse passado um furacão.

Com infinita paciência, e o travo da humilhação a amargar a boca e apertar o peito, passamos o resto do dia a reorganizar o nosso exíguo espaço.

O relato de torturas de frei Tito ganhou, nos EUA, o prêmio de reportagem 1970 da revista *Look*.

Um agente do SNI esteve em nosso convento de Belo Horizonte; perguntou por frei Estevão Cardoso de Avelar. Trazia a ficha completa dele; queria saber quem o mandou para Marabá (PA). Surpreendeu-se com a resposta: o papa. Ignorava que o nosso confrade agora é bispo. O SNI suspeita que enviaram o dominicano a Marabá para apoiar a guerrilha do PCdoB.[35]

---

[35] A guerrilha do Araguaia foi um movimento rural de resistência à ditadura desencadeado pelo PCdoB, entre 1970 e 1973, na região compreendida sobretudo entre os municípios de Marabá (PA) e Xambioá (TO). Para combatê-la, o Exército mobilizou cerca de 12 mil homens. Vários guerrilheiros foram mortos ou presos. Muitos se encontram desaparecidos ainda hoje.

Julho de 1971

Morreu o pai de Elza Lobo. Dr. Marconi Júnior permitiu-lhe passar ao pátio da ala masculina e autorizou a descida do Betto para consolá-la. Os dois caminharam juntos cerca de uma hora.

Dia seguinte, levada à Auditoria Militar, Elza foi interrogada pelo juiz. Queria saber detalhes da conversa com Betto. Não acredita que falaram da fé na vida eterna.

Corre a notícia da morte, em São Paulo, do Cabo Anselmo (José Anselmo dos Santos). Figura controversa, custo a acreditar que seja verdade. Talvez sim; talvez pura cortina de fumaça lançada pela repressão para proteger um de seus colaboradores. Há quem considere Anselmo revolucionário; outros, como eu, desconfiam de que, desde a revolta dos marinheiros, em 1964, ele já atuava em consonância com o esquema militar golpista. Tanto que jamais foi perseguido com a mesma sanha que caracteriza as Forças Armadas quando se trata de ex-militares como Apolônio de Carvalho e Gregório Bezerra.

Hoje, o diretor cortou pela metade o banho de sol extra dos doentes, entre os quais estou incluído, devido à permanente insônia. Quando já nos encontrávamos no pátio, a polícia cercou-nos com revólveres e metralhadoras. O alarma havia sido acionado "acidentalmente", soubemos depois.

Vanderley Caixe, principal figura do processo de Ribeirão Preto (SP), no qual se inclui madre Maurina Borges da Silveira, condenado a dez anos.

Chegaram ao presídio Fanny Akxelrud Seixas, viúva de Joaquim Alencar de Seixas, assassinado pela repressão em abril deste ano, e as filhas Iara e Ieda.

Frei Tito encontra-se em Paris. De passagem por lá, Alceu Amoroso Lima (Tristão de Athayde) foi conhecê-lo no convento de La Glacière, anfitriado pelo padre Pierre Chenu, teólogo dominicano.

Xavier, o Lumumba, contou na cela que teve medo da reação do pai, velho militante comunista, ao se envolver, pela primeira vez, aos 17 anos, num piquete de greve. Preso, passou três dias atrás das grades. Ao chegar em casa, tinha certeza de que o pai lhe daria, no mínimo, uma bronca. O velho o fitou de alto a baixo e apontou: "Já para o quarto." Quando acendeu a luz do cômodo, que supôs destinado a prolongar-lhe a reclusão, viu um terno novo estendido sobre a cama. Presente do pai, orgulhoso do filho subversivo... Como na parábola do filho pródigo, dia seguinte a casa se abriu em festa.

Lumumba já foi preso 15 vezes!

Faltou água o dia todo. O fedor nauseabundo emanou por todo o Tiradentes.

À noite, quando a água voltou, comemoramos.

Fanny Seixas e suas filhas, Iara e Ieda, foram transferidas para o DOI-CODI, junto com o filho Ivan, retirado do DEOPS.

Todo o fundão do Pavilhão 2 é ocupado por presos políticos, exceto a cela 21, aglomerado de corrós que trabalham na faxina. No presídio somos, ao todo, homens e mulheres, 140 presos políticos.

O delegado Fleury estaria levantando a vida de quem nos visita, com certeza à procura de vias de contatos entre nós e os companheiros que prosseguem em combate lá fora.

Em visita ao presídio, o juiz mostrou-se preocupado com o meu estado de saúde. Assegurou que, até agosto, meu caso estará resolvido. Propôs que, enquanto isso, eu trabalhe no fichário. Respondi preferir exercer o ministério sacerdotal. Ele negou, disse que conversará com o diretor a respeito de como posso me ocupar fora da cela.

À tarde, Trajano, chefe da carceragem, sugeriu-me ajudar o doutor Antônio Carlos Madeira no consultório. Aceitei.

Padre Heitor Turrini esteve na Ilha Grande (RJ). Contou que, lá, as condições carcerárias são piores do que aqui. Proibido de visitar os presos políticos, falou com os comuns. Foi praticamente expulso da ilha por insistir em avistar-se com os "terroristas".

Agosto de 1971

Betto melhorou da sinusite após conseguir emprestada uma lâmpada infravermelha, instalada na cela. Ela reduz sensivelmente a umidade do ambiente. Porém, está com problema nos dentes; estão bambos e a gengiva, latejante. Tomar cálcio é praticamente inútil, a falta de sol impede que o organismo o absorva.

Amaro Luiz de Carvalho, o "Capivara", líder camponês, assassinado, dia 22, na Casa de Detenção do Recife. Faltavam dois meses para terminar de cumprir a pena a que fora condenado pela Justiça Militar. Morreu envenenado pelos companheiros de cela, por causa de divergências políticas – diz a versão oficial. A necropsia, entretanto, constatou que foi esfaqueado por um guarda do presídio, e os exames toxicológicos resultaram negativos. Tinha 40 anos.

Setembro de 1971

Nosso julgamento iniciou-se às 10h de segunda,13. O promotor falou duas horas; os advogados, das 14h às 17h30. A defesa prosseguiu, dia seguinte, por mais quatro horas. Mário Simas encerrou com a leitura do poema de Drummond, "A noite dissolve os homens", dedicado a Portinari.³⁶

O juiz não permitiu a apresentação de nossas testemunhas de defesa; alegou "escassez de tempo".

Viva a ditadura!

Durou seis horas e meia a sessão secreta do Conselho Militar. Proclamou-se o resultado às 23h30. Ivo, Betto e eu condenados a 4 anos de reclusão. João Caldas Valença, a 6 meses (já cumpridos). Todos os demais – 14 pessoas – absolvidos por falta de provas. Graças a Deus.

Chegou-nos a notícia de que hoje, sábado, 18, a repressão fuzilou Lamarca no interior da Bahia.³⁷ Iara Iavelberg, sua companheira, morreu em enfrentamento com a polícia dois dias depois, em Salvador. Segundo versão oficial, foi "suicidada".

À noite, fizemos serenata em homenagem ao casal.

---

³⁶ "A noite dissolve os homens": A noite desceu. Que noite!/Já não enxergo meus irmãos. /E nem tão pouco os rumores/que outrora me perturbavam./A noite desceu. Nas casas,/ nas ruas onde se combate,/nos campos desfalecidos,/a noite espalhou o medo/e a total incompreensão./A noite caiu. Tremenda,/sem esperança... Os suspiros/acusam a presença negra/que paralisa os guerreiros./E o amor não abre caminho/na noite. A noite é mortal,/ completa, sem reticências,/a noite dissolve os homens,/diz que é inútil sofrer,/a noite dissolve as pátrias,/apagou os almirantes/cintilantes! nas suas fardas./A noite anoiteceu tudo.../O mundo não tem remédio.../Os suicidas tinham razão.

Aurora,/entretanto eu te diviso, ainda tímida,/inexperiente das luzes que vais acender/e dos bens que repartirás com todos os homens./Sob o úmido véu de raivas, queixas e humilhações,/adivinho-te que sobes, vapor róseo, expulsando a treva noturna./O triste mundo fascista se decompõe ao contato de teus dedos,/teus dedos frios, que ainda se não modelaram/mas que avançam na escuridão como um sinal verde e peremptório./Minha fadiga encontrará em ti o seu termo,/minha carne estremece na certeza de tua vinda./O suor é um óleo suave, as mãos dos sobreviventes se enlaçam,/os corpos hirtos adquirem uma fluidez,/uma inocência, um perdão simples e macio.../Havemos de amanhecer. O mundo/se tinge com as tintas da antemanhã/e o sangue que escorre é doce, de tão necessário/para colorir tuas pálidas faces, aurora.

³⁷ Carlos Lamarca caiu numa emboscada do Exército, a 17 de setembro de 1971, quando tentava reiniciar a guerrilha rural no interior da Bahia, no município de Brotas (atual Ipupiara). Ex-capitão do Exército, desertou do quartel de Quitaúna (SP) em 1969, levando consigo vários fuzis, e aderiu à VPR. Ao ser assassinado, aos 33 anos, estava ligado ao MR-8.

*

Julgado na segunda, 20, padre Hélio Soares do Amaral recebeu pena de 20 meses de reclusão. Capturado de novo, retornou à nossa cela.

Dois dias depois, padre Augusti, que se encontra em liberdade condicional, foi julgado e absolvido. Não compareceu, mandou o bispo em seu lugar. Talvez temesse uma condenação que o obrigasse a retornar às grades.

Elza Lobo saiu em condicional.

Outubro de 1971

Dia 8, as companheiras cantaram em comemoração ao quarto aniversário da morte do Che.

Ao voltar do Carandiru, onde fora tratar dos dentes, Mané Cirylo contou que os 20 companheiros que lá se encontram promovem curso supletivo de 1º grau para os presos comuns. As celas permanecem abertas das 7h às 11h da noite, e eles podem praticar esportes. De negativo, a comida e a falta de notícias; não têm acesso a jornais e rádio.

Padre Heitor Turrini veio nos visitar. Viu os carcereiros torturarem um corró. Trajano, chefe do plantão, ameaçou denunciá-lo ao DEOPS, caso não guardasse silêncio.

Sem se intimidar, Heitor deu parte dele à direção do presídio.

O catalão Pedro Casaldáliga sagrado bispo de São Félix do Araguaia (MT) dia 30, sábado. Exigiu aprovação de padres, religiosas e leigos, como na Igreja primitiva, quando os bispos eram eleitos pelos fiéis.

Novembro de 1971

Há dois anos estamos presos. Dois anos de muito amor sob denso ódio e inefável liberdade entre grades. Quanto tempo nossa liberdade física permanecerá limitada pela pesada porta de placas de ferro e barras roliças que jamais se abre senão pela vontade alheia?

Na quinta, 4, serenata entre as alas feminina e masculina em homenagem ao aniversário de morte de Marighella.

Assassinados José Roberto Arantes de Almeida, Ayrton Adalberto Mortati e Francisco José de Oliveira.[38]

Neste sábado, 27, data da "intentona" comunista (maldita expressão!), nossas visitas passaram por rigorosa revista. Farejadas por cães, foram despidas; as roupas, examinadas; os sapatos, dobrados; os mantimentos, retidos na portaria; os jornais, proibidos; as cartas, recolhidas pela censura. Quem sabe a repressão, que se alimenta mais de boatos que de informações, tenha advertido o presídio quanto à ameaça de uma fuga em massa ou de algum gesto de nossa parte para comemorar o fracassado levante do PCB, em 1935, quando vários soldados e oficiais do Exército foram mortos.

---

[38] José Arantes e Ayrton Mortati saíram do Brasil, em 1969, graças ao esquema de fronteiras organizado por Frei Betto no Rio Grande do Sul, conforme relato no livro *Batismo de sangue* (Rocco). Retornaram clandestinamente ao país e, em 4 de novembro de 1971, foram presos em São Paulo pelo DOI-CODI. Mortos sob torturas, o assassinato de Mortati até hoje não foi assumido pelos órgãos de segurança. Ele figura, pois, entre os desaparecidos. O corpo de José Arantes foi entregue à família. Francisco José de Oliveira, após retornar de Cuba, onde treinou guerrilha ao lado de Arantes e Mortati, foi metralhado em São Paulo, por agentes do DOI-CODI, em 5 de novembro de 1971.

Isolado na cela 21, Ariston Lucena é vigiado e provocado pelos soldados que, na muralha, portam fuzis e metralhadoras.

A nova cartilha do Mobral traz, na capa, a notícia da prisão do Betto...

No STM, o relator deu parecer favorável ao recurso do padre Hélio Soares do Amaral.

Ariston Lucena condenado à pena de morte na segunda, 29.[39] Levaram-no para o DEOPS e, de lá, para o Batalhão da PE.

Dezembro de 1971

Padre Heitor Turrini questionou o juiz, que se gaba de seu catolicismo, quanto à pena de morte, deixando-o constrangido.

O núncio recebeu mensagem da Secretaria de Estado do Vaticano, na qual o papa Paulo VI agradece a carta que lhe remetemos e nos envia a bênção apostólica.

Doutor Marconi comprou leitões para o Natal de sua família; para engordá-los com restos de comida, enfiou-os numa cela vazia na ala dos correcionais. Um dos corrós aconselhou aos bichos: "Façam greve de fome!"

Consternação geral no presídio: Carlos Eduardo Pires Fleury assassinado hoje, dia 10.[40]

---

[39] A pena de morte nunca chegou a ser formalmente aplicada pela ditadura. O que não a impediu de assassinar opositores do regime militar e suspeitos que jamais tiveram atividades políticas.

[40] Carlos Eduardo Pires Fleury conviveu na mesma cela com os frades dominicanos presos, entre dezembro de 1969 e junho de 1970, até ser libertado em troca do embaixador alemão. Após treinamento de guerrilha em Cuba, retornou ao Brasil, em 1971, como dirigente do MOLIPO. A 10 de dezembro do mesmo ano, foi assassinado pela repressão no Rio de Janeiro.

Chegou-nos notícia de que há pichações na rua denunciando a morte de Zé Dirceu, ex-presidente da UEE de São Paulo e militante do MOLIPO.

A Polícia Federal descobriu, em São Félix do Araguaia (MT), um peão contratado para matar dom Pedro Casaldáliga. Os latifundiários locais odeiam o bispo, defensor intransigente dos posseiros.

Companheiros encontraram Ariston Lucena na Auditoria Militar. Ele prossegue recolhido ao DOI-CODI. Está moralmente bem, porém sem sol, banho e água na cela; disse que a comida é intragável.

Padre Hélio Soares do Amaral recebeu ontem, 22, o alvará de soltura. Contudo, permaneceu preso por mais um dia. À sua saída, cantamos *A Internacional*.[41]

A Secretaria de Segurança Pública não permitiu a celebração da missa de Natal na tarde do dia 25, durante o período de visitas. Dom Lucas Moreira Neves, dominicano e bispo auxiliar de São Paulo, veio celebrar pela manhã. A direção do presídio proibiu a reunião de todos os presos; queria missas separadas em cada pavilhão. Os companheiros preferiram não haver celebração a aceitar essa divisão. Fomos solidários, não vemos sentido em celebrar o sacramento da unidade aceitando a quebra da nossa.

Sem concordar com a nossa posição, dom Lucas ficou sumamente irritado. Não teria sido difícil para o presídio reunir cerca

---

[41] Em 22 de setembro de 1973, o STF julgou o recurso de Hélio Soares do Amaral. Em seu parecer, o ministro Aliomar Baleeiro indagou: "Condenar este homem por delito de opinião não tem o menor efeito na vida do país. Por que não deixar o lugar que se lhe quer dar na penitenciária de São Paulo para o Esquadrão da Morte?"

de 180 prisioneiros no pátio. Por isso rejeitamos a proposta de se celebrarem várias missas. Contrariado, dom Lucas celebrou para os poucos presos comuns que ainda restam aqui. Nós três, para não magoá-lo, decidimos comparecer. Porém, retornamos à cela ao avistar, junto ao altar improvisado, quatro policiais do DEOPS que se encontram detidos por corrupção e tortura. Não podemos comungar o corpo e o sangue do Senhor ao lado daqueles que profanam, pela tortura, o verdadeiro templo de Deus!

À tarde, à hora das visitas, dom Paulo Evaristo Arns veio ao Tiradentes. Percorreu cada uma das celas, falou com cada família. Demos a ele uma grande cruz de couro – a *comenda do cárcere* – pirografada com versículos do Evangelho, trechos do *Documento de Medellín* e nomes de todos os revolucionários assassinados. Gravamos: "O Bom Pastor é aquele que dá a vida por suas ovelhas."

No início da noite, padre Macedo nos chamou para a missa celebrada para as presas comuns, a maioria prostitutas e viciadas em drogas. As companheiras políticas participaram. Ficamos na ala feminina até 23h. Em seguida, ceia e serenata alternadas com a ala masculina até três da madrugada. Todos os presos políticos do Pavilhão 2 se aglomeraram no corredor para cantar *Noite feliz*.

Betto operado da sinusite no Hospital Militar. O médico exigiu da escolta do DEOPS tirar-lhe as algemas.

Na ala feminina, caiu em mãos das carcereiras um balanço das atividades da ALN. Esperou-se revista nas celas, mas não houve.

A família de Carlos Eduardo Pires Fleury conseguiu resgatar-lhe o corpo – crivado por doze balas – e enterrá-lo em São Paulo. Não havia sinais de tortura.

Segundo versão oficial, ele e dois companheiros encontravam-se, no Rio, dentro de um carro estacionado. Um policial da ronda de uma delegacia de bairro considerou-os suspeitos e se aproximou. Recebido a bala, os dois escaparam e Fleury foi baleado.

No dia de visitas, apreendidos e remetidos para o DEOPS um peixe de madeira no qual está gravada a sigla "VPR", e um cupido portando, no lugar da flecha, uma metralhadora...
 No *réveillon*, repetimos a serenata. À meia-noite, cantamos *A Internacional*. As companheiras enviaram uma flor para cada uma de nossas celas.

CAPÍTULO VII

Presídio Tiradentes

Janeiro de 1972

Tentamos organizar um sistema de ajuda permanente às famílias dos companheiros mais pobres. Não conseguimos ainda. Vários bispos que nos visitaram, incluído o núncio, prometeram levantar um fundo especialmente destinado a elas. Falou-se muito na Cáritas. O fato é que, até agora, nada há de concreto, exceto auxílios esparsos e insuficientes.

Buscamos aliviar o problema mediante o trabalho manual: sacolas de plástico, bolsas, cintos e cigarreiras de couro – artesanatos vendidos lá fora por nossas famílias. O mercado é exíguo; o preço, conforme a generosidade do comprador.

A família do preso político enfrenta mais dificuldades que a do comum. Carrega sobre si a desconfiança de quase todos, é difícil ocultar possuir um membro da família encarcerado. A propaganda sistemática da ditadura qualifica-nos de "terroristas". Assim, dissemina verdadeiro pânico em certos setores da população, temerosos frente à repressão policial que controla nossa esfera de relações. A mulher do preso político perde o emprego porque o patrão receia "problemas com a polícia"; o filho não consegue matrícula na escola; a casa é permanentemente vigiada pelos órgãos de informação; os amigos evaporam... Se a família recebe alguma ajuda, a repressão suspeita proceder da Organização ou do partido revolucionário que dispõe de dinheiro obtido de expropriações bancárias... Ao terror e à insegurança da família acresce-se o sofrimento de quem aqui se encontra.

Alucinações ainda se me assomam de vez em quando e me suprimem o sono. Mário Simas e frei Edson conseguiram trazer ao presídio um psiquiatra que, há tempos, tratou-me por curto período. Com o laudo deste médico, o juiz autorizou o diretor a permitir que, durante o dia, eu fique fora da cela e ajude na enfermaria.

Para minha saúde, o efeito não tem sido promissor. Os fantasmas que povoam a minha mente persistem. No entanto, facilito o contato clandestino entre os presos políticos. Levo recados orais e bilhetes entre os pavilhões, inclusive para a ala feminina. Marlene Soccas, a dentista, fixa o bilhete em minha arcada dentária, no espaço antes ocupado pelo molar, arrancado há tempos.

Semana passada vivi um aperto. No banho de sol, um companheiro entregou-me um bilhete; ajustei-o no lugar do molar. Zezinho, chefe da carceragem, apareceu; irônico, pediu o bilhete que eu tinha na boca. Como insistisse, fiquei bravo, reagi sério: "Eu exijo respeito. Se acha que estou com bilhete, me denuncie ao diretor. Mas pare com essa provocação!"

Ele afinou e deu as costas; mais que depressa, engoli o bilhete.

No contato com a Torre, os bilhetes são dobrados e, cobertos com durex, formam a "balinha" que passa de um lado a outro através do beijo de companheiros que têm mulher do outro lado.

Hoje, Marlene Soccas negou-se a atender o investigador Wenceslau no consultório odontológico. Paulo, o carcereiro, ameaçou: "Se não atendê-lo, não atende mais ninguém." Ela não recuou. Wenceslau pontificou: "Com subversivos só se trata no pau."

Por se solidarizarem com a dentista, doutor Marconi Júnior proibiu a descida de todos os presos que trabalham no ambulatório.

De madrugada, um companheiro sentiu tonturas. Gritamos muito até aparecer um funcionário. Atrás dele veio todo o plantão, com medo de tentativa de fuga. Como os médicos presos estão proibidos de nos atender, chamaram o Pronto Socorro da PM; o doutor entrou acompanhado de cinco soldados, todos de cassetete tamanho família em mãos. Constatou-se que as tonturas foram provocadas pelo calor excessivo.

De manhã, o delegado Olintho Denardi solicitou ao Hospital Militar destacar um médico para dar plantão no presídio. O pedido foi indeferido. Então doutor Marconi autorizou a descida do Rubens Bergel. Este condicionou sua descida a uma consulta prévia a Marlene Soccas e a mim. Não concordamos.

Parece confirmado que o Cabo Anselmo não morreu; passou para a repressão. Dizem que esteve infiltrado na Ação Popular e fez treinamento em Cuba. Teria tido dificuldade para deixar Cuba, pois os cubanos suspeitavam dele.[42]

Marlene e eu chamados à Auditoria Militar para depor sobre o incidente de terça passada. O carcereiro Paulo acusou-me de

---

[42] José Anselmo dos Santos, conhecido por Cabo Anselmo, liderou a revolta dos marinheiros no Rio, em 1964, o que favoreceu o golpe militar que derrubou o governo democrático de João Goulart. Expulso da Marinha pelo crime de motim e revolta, e preso, logo fugiu, exilou-se no Uruguai, passou ao Chile e, em seguida, Cuba, onde fez treinamento de guerrilha. Retornou ao Brasil em 1970 e, pouco depois, foi preso em São Paulo pelo delegado Fleury.

Segundo alguns, a partir daí o ex-militar passou a atuar como agente da repressão, infiltrado em Organizações de esquerda. Segundo outros, Anselmo jamais foi de esquerda e toda a sua atuação, desde a revolta que deu pretexto ao golpe, teria sido monitorada pela ditadura.

Entre as pessoas que ele entregou à morte, figura Soledad Viedma, militante da VPR que se encontrava grávida de um filho dele. Foi assassinada em Pernambuco, em janeiro de 1973.

Após ter sido acusado de traidor, Anselmo desapareceu desde 1973, quando então foi dado como morto. Anos depois, em entrevistas concedidas a jornalistas que escreveram sobre ele, Anselmo confirmou ter trabalhado para a repressão depois de sua prisão por Fleury.

Até 2008, seu paradeiro e atual identidade eram ainda ignorados. Consta que vive sob proteção do CENIMAR.

trabalhar no ambulatório para obter informações (o que não deixa de ser verdade); e de me solidarizar com Marlene por se recusar a tratar de torturadores. Neguei a primeira acusação e confirmei a última.

Denunciei o investigador Wenceslau que, aqui no presídio, interroga até advogados, inclusive Eny Raymundo Moreira.

Foi apreendido pelo doutor Marconi, em mãos de Maria, enfermeira, o livro de cartas de prisão do Betto, publicado na Itália. Ela argumentou que, ao visitar o convento, viu um seminarista lendo-o e o pediu emprestado.

Aflita, Maria voltou ao convento para comunicar a apreensão do livro. Disse que Olintho Denardi e Marconi Júnior a apertaram e afirmaram que todos os dominicanos são subversivos, e que as cartas, agora editadas, saíram clandestinamente via advogado e dom Paulo Evaristo Arns. Mentira, eles é que não têm olhos para ver nem ler. Nem a coragem de assumir que quase todas passaram pela censura do presídio.

Marlene avisou à direção do presídio que, se até segunda Rubens Bergel e eu não descermos para trabalhar no ambulatório, ela também não irá.

Jornais de hoje anunciam a morte de Jeová de Assis Gomes, dia 9 de janeiro, em Guaraí (GO).[43] Morreu empenhado em implantar a guerrilha rural, como era o seu sonho.[44]

No sábado de visitas, revistaram com rigor inusitado a nossa roupa suja encaminhada para ser lavada no convento. A repressão

---

[43] O município de Guaraí encontra-se, hoje, no estado de Tocantins.

[44] Jeová de Assis Gomes, estudante de física da USP, esteve preso com o grupo de frades dominicanos no DEOPS, em novembro de 1969, e no Presídio Tiradentes, do qual foi libertado em junho de 1970, em troca do embaixador alemão. Após treinamento de guerrilha em Cuba, retornou ao Brasil clandestinamente, em 1971, decidido a implantar a base rural da guerrilha do MOLIPO, do qual era comandante nacional. A 9 de janeiro de 1972, foi localizado pela repressão num campo de futebol em Guaraí e assassinado a tiros.

procura descobrir como fazemos chegar ao exterior denúncias de torturas e assassinatos.

Dom Pedro Casaldáliga é uma voz que clama no deserto. Defende corajosamente os posseiros da região amazônica, ameaçados de serem expulsos a bala por grandes empresas agropecuárias. Pouco antes do Natal, prenderam Lulu, líder dos posseiros de São Felix do Araguaia (MT). Algemado, espancado e arrastado pela cidade, permaneceu na cadeia uma semana.

Ao ser intimado à delegacia, dom Pedro respondeu publicamente não ver diferença entre ele e Lulu. Só iria se fossem buscá-lo à força e, algemado, o arrastassem pelas ruas... Agora, o bispo divulgou carta em que denuncia o latifúndio, aponta os nomes dos carrascos da empresa Bordon e afirma que não é diferente do Lulu. Que venham buscá-lo do mesmo modo que a ele!

A Comissão de Não-Violência da CNBB – integrada por dom Paulo Evaristo Arns, dom Waldyr Calheiros, dom Hélder Câmara, dom Candido Padin e o advogado Mário Carvalho de Jesus – apoia a atitude de dom Pedro.

Padre Heitor Turrini está impedido de entrar no presídio. Com certeza o consideram também canal de denúncias.

Proibidos de receber mantimentos, temos comido do cadeião, após "desinfetar" os alimentos.

Nem o Exército nem a PM de Goiás explica a morte de Jeová. O irmão dele não acredita na repressão. Consta que, morto em Guaraí, lá o enterraram. Não se fez autopsia porque falta médico no município.

Revistada a cela 1, ocupada por policiais, à procura de uma serra que sumiu da carpintaria.

*

O bispo de Crateús (CE), dom Antônio Fragoso, proibiu celebrações no município de Tauá, desde que os militares expulsaram dali o padre José Pedandola que, preso, despediu-se dos paroquianos através de carta redigida no cárcere. Agora, o bispo ameaça suspender de ordens os padres capelães militares enviados pelas Forças Armadas para celebrar em Tauá.

No domigo, 23, concelebrei, com padre Macedo, no pátio da ala feminina. Devido aos meus comentários acerca de prisão e torturas, a carcereira Luci denunciou-me à direção do presídio.

A serra roubada da carpintaria foi encontrada com os corrós.

Os ovos cozidos, vindos no cadeião de hoje, não nos chegaram. Os carcereiros levaram para casa.

Tivemos notícia de que Jeová de Assis Gomes, ao chegar em Guaraí, se hospedou num hotel. Indagou se fulano havia procurado por ele. Frente à negativa, dirigiu-se ao campo de futebol, onde haveria uma partida entre dois times locais.

Pouco depois, chegou à cidade uma equipe do DOI-CODI de Brasília, acompanhada de um rapaz algemado.[45] Entraram todos no estádio. O rapaz gritou para Jeová fugir. Não deu tempo. Foi metralhado.

*

---

[45] Segundo *O livro negro do terrorismo no Brasil*, elaborado clandestinamente pelo Exército e divulgado em reportagens do jornalista Lucas Figueiredo, em abril de 2007, o rapaz que apontou Jeová seria Boanerges de Souza Massa.

Há que receber com toda reserva informações dos que atuaram na repressão militar.

Dom Ivo Lorscheiter declarou que os capelães militares obedecem aos bispos, não aos militares.

Aprofunda-se a tensão Igreja x Estado.

O carcereiro Mané veio buscar nossas cartas. Após a publicação do livro do Betto na Europa, estabeleceu-se censura especial à nossa correspondência. Inútil. Betto criou um sistema de código que impede aos censores captar o verdadeiro conteúdo de nossas mensagens. Exemplo: "Jeová assassinado pela repressão de Brasília em Guaraí." Se escrevêssemos assim, certamente a carta não passaria. Porém, utilizamos o sistema de chave numérica. No caso da mensagem acima, 5-8-4 (poderia ser 4-7-8 ou qualquer outra combinação): "Deus bíblico é chamado Jeová, que pune o assassino e salva o assassinado, pois é assim pela mão divina, livre de repressão, que os profetas, se vivos hoje, fariam de sua missão em Brasília a nova Babilônia infiel em verdade hoje ameaçada pelo uivo faminto do guaraí."

Contando o número de palavras, segundo o código, tem-se: "Deus bíblico é chamado *Jeová*, que pune o assassino e salva o *assassinado*, pois é assim *pela* mão divina, livre de *repressão*, que os profetas, se vivos hoje, fariam *de* sua missão em *Brasília* a nova Babilônia infiel *em* verdade hoje ameaçada pelo uivo faminto do *guaraí*."

Fevereiro de 1972

Corre notícia de que Boanerges de Souza Massa teria sido assassinado em Brasília. Se for verdade, pode ter sido queima de arquivo... Se for mentira, talvez uma cortina de fumaça para encobrir sua atividade favorável à repressão.

Maria, a enfermeira, responde à sindicância sobre o livro do Betto. Outro exemplar chegou às nossas mãos.

*

Acusado de desrespeito a um carcereiro, Granado foi proibido de descer para receber visitas, no sábado, 5. Uma comissão entrevistou-se com o diretor. Este desconversou. Então, em solidariedade ao companheiro, retornamos todos às celas. E as visitas se foram sem nos ver.

Caiu a gráfica clandestina do jornal *Venceremos*, da ALN.

Todas as visitas suspensas por um mês. Nosso advogado entrou no STM com pedido de quebra de incomunicabilidade.

Hoje, após o almoço, revista geral nos dois pavilhões masculinos e na ala feminina. De novo, bagunçaram os nossos pertences e anarquizaram as celas.

Portaria do diretor assinada na sexta:
"O Dr. Rubens Bergel está autorizado a dar assistência aos presos políticos somente; não havendo outro médico, fora de hora, em caso de extrema urgência, atenderá aos presos comuns, tanto da ala masculina como da feminina. O acompanhante deverá ser o enfermeiro. Se não houver no momento, poderá ser o funcionário. Em caso de extrema necessidade, o funcionário fica na porta do ambulatório, sob o ponto de vista da ética médica.

"Frei Fernando de Brito está autorizado a permanecer no ambulatório (masculino) das 9h às 18 h. Na ala masculina poderá perguntar nas celas quem necessita de tratamento médico e dentário, para informar ao encarregado de plantão. No ambulatório médico não pode haver ajuntamento de presos e nem de funcionários, senão os autorizados. O médico e a dentista atenderão um de cada vez. A dentista atenderá primeiro os presos e, depois,

as presas, nunca conjuntamente. O médico atenderá os casos de rotina durante o período diurno, em casos graves também à noite. "Cumpra-se. São Paulo, 11 de setembro (sic) de 1972."
Vitória nossa. Os carcereiros babam de ódio.

Maria contou-me, no ambulatório, não ter sido punida por tentar nos entregar o livro do Betto. Ficou aliviada ao saber que também nada aconteceu conosco e com o pessoal do convento. O que a fez sofrer foram as ameaças de seus colegas de trabalho; diziam que seria levada ao DEOPS ou ao DOI-CODI.

Esta madrugada havia um corró com alucinações. Ninguém conseguiu dormir. Fui até lá, pedi à carceragem chamar o Pronto Socorro para dar-lhe um sedativo, até que possa ser cuidado, após o carnaval. Enquanto a festa de Momo não terminar, o presídio fica incomunicável, por razões de segurança.

Nenhum carcereiro tomou qualquer providência. Parece que todos adotam este lema: "Se podemos prejudicar os presos, por que ajudá-los?"

Ariston Lucena transferido para o Carandiru, o que melhora sua situação prisional, embora permaneça incomunicável.

Os companheiros do *Venceremos* levam pau no DOI-CODI para editar um jornal a favor do governo.

Ao visitar o Tiradentes, o delegado Ênio Monte Alegre, diretor do DEIC, declarou a respeito da detenção dos corrós por tempo indeterminado: "É certo que o cidadão não pode ficar preso sem culpa formada, mas isso é válido para homens de bem, não para delinquentes contumazes, elementos ligados ao crime desde a minoridade, e que continuam delinquindo ainda hoje."

Confessou que a lei atrapalha a polícia e, portanto – concluiu –, a polícia age contra a lei.

Eny Raymundo Moreira veio ao presídio; demos uma cruz de couro para ela, outra para o doutor Sobral Pinto, a terceira para Alceu Amoroso Lima (Tristão de Athayde). Atrás gravamos: "Igreja nos cárceres" e os nossos nomes.

Ruth Escobar apresentou uma peça teatral para as presas comuns. As políticas foram impedidas de assistir. Quis falar com Betto, que já esteve ligado à classe teatral como assistente de direção do Teatro Oficina, mas não autorizaram.

Ao ser revistado ao sair para a Auditoria Militar, Cabo Mariani reclamou por lhe apalparem em demasia. Houve xingamentos, empurrões, sopapos. O diretor comunicou ao juiz que não o aceitaria de volta.

Revistou-o um carcereiro notório torturador; bêbado em serviço, já brigou aqui com um PM.

Na Auditoria, um policial da escolta testemunhou a favor do Mariani. De lá, levaram-no para o DEOPS, embora o juiz tenha assegurado a volta dele para cá.

Hoje, ele retornou ao Tiradentes. Queriam levá-lo para a cela 4 do Pavilhão 1. Recusou. Ameaçaram chamar a Tropa de Choque. Foi para a cela 9 do Pavilhão 2.

Na última semana do mês, todos os presos correcionais foram retirados do presídio e levados para o DEIC.

Março de 1972

Corre notícia de que, ao retornar de Cuba, Ana Maria, mulher de Wladimir Palmeira, teria sido assassinada. Ela saiu do Brasil, em 1969, pelo esquema de fronteiras organizado pelo Betto. Celebramos em sua memória.

Eny Raymundo Moreira fez excelente e corajoso pedido de *habeas corpus* ao STM, em favor de Paulo Vannuchi. Acusou o DOI-CODI de torturas, e o juiz Nelson Machado da Silva Guimarães de conivente.

Ariston Lucena está há quatro dias sem comer; força a volta para cá.

Padre Heitor Turrini ameaçado de prisão. O cônsul ofereceu-lhe passagem para a Itália. Recusou, embora esteja de partida para o Oriente. O sonho dele é viver como missionário na China. Gravamos na cruz de couro que demos a ele: "Heitor, as grades que nos separam não diminuem nossa amizade nem reduzem nosso amor à justiça." Ontem, o diretor apreendeu-a. Ninguém sabe o motivo. Betto pediu para falar com ele e não obteve resposta. Mandou um bilhete e o vice respondeu: "Dr. Olintho remeteu à Auditoria para ser liberada." Simas levou o bilhete para cobrar do juiz.

Heitor esteve duas vezes com o juiz nos últimos dias. Acusou-o de mentir quanto à real situação dos presos políticos, sobretudo no que concerne aos interrogatórios sob torturas. Nelson Machado da Silva Guimarães ficou constrangido. Deve desconfiar do padre quanto ao livro do Betto. A repressão investiga quem levou as cartas para serem editadas na Itália. Este mês o livro sai na França.

A revista francesa *Croissance des Jeunes Nations* publicou nossas cartas ao papa com destaque e fotos ilustrativas.

A direção proibiu abrir a porta das celas do Pavilhão 2 para apanharmos o pão e fazer a limpeza semanal. Exceto se aceitarmos lavar a galeria do pavilhão, tarefa até então realizada pelos corrós, retirados daqui. Como não concordamos, ficamos sem pão e leite, e obrigados a jogar o lixo no corredor.

No Pavilhão 1, a sala do carcereiro Zezinho foi danificada pelo lixo jogado de cima. Comentário do diretor: "Este pessoal quer ir para a Ilha de Fernando de Noronha." Vingativo, o delegado Olintho Denardi chamou a Tropa de Choque, reforçou a guarda, proibiu a entrada de advogados e alimentos remetidos pelas famílias.

O Pavilhão 1 foi ocupado pela Tropa de Choque. Sob metralhadoras e ameaças de bombas de gás lacrimogêneo, todos os companheiros foram obrigados a se transferir para o Pavilhão 2. Os soldados formaram um "corredor polonês", por onde os presos passaram sob intimidações e ofensas. Alguns chegaram a ser agredidos. Redobrada a guarda da muralha, soldados ostentam metralhadoras nas galerias do pavilhão, fazem provocações, desfilam com cães.

Para encobrir a verdade dos fatos, a direção alega ter descoberto a ameaça de um "motim com tentativa de fuga". E fala em depredação. A "prova", fotografada e anexada ao inquérito instaurado, é o cano de água que liga uma cela ao escritório da administração. Este cano tem 15 centímetros de diâmetro e, há tempos, está quebrado. Segundo a direção, os presos políticos o quebraram, pois pretendiam fugir por ele...

No inquérito aberto na Auditoria Militar a perícia anexou o cano que teria sido arrancado pelos companheiros.

As visitas estão suspensas por 15 dias; o sol, por oito.

Dizem que vão entregar o presídio ao Exército. Não creio, falam assim para nos intimidar, porque temos protestado contra as condições carcerárias. Numa penitenciária, os presos passam boa parte do dia fora das celas, há campos de esportes, biblioteca, cinema e oficinas. Aqui, nosso único espaço é a cela.

Há divergências entre o juiz, o secretário de Segurança e o corregedor dos presídios. Deve ser sobre o destino dos presos políticos. Correm dois boatos: um, de que o Exército ocuparia o Tiradentes. Outro, de que iríamos para a Penitenciária do Estado.

Alguns companheiros propõem greve de fome para denunciarmos as condições carcerárias. Somos, hoje, 150 presos políticos no Tiradentes, incluídas 30 mulheres.

Há quatro dias estamos sem energia elétrica.

À tarde, Trajano ordenou revistas minuciosas nas celas 10 e 7. Na 10, descobriu-se o buraco de comunicação com a 12. Levaram diversos papéis. Na 7, caiu bilhete que falava em greve de fome.

O carcereiro Nivaldo, durante o banho de sol de hoje, anotou os nomes dos companheiros reunidos numa grande roda.

Os advogados dos presos políticos de São Paulo se reuniram ontem para decidir como reagir diante da crise. Treze assinaram denúncia de nossas condições carcerárias para o STM e a imprensa.

O juiz disse a um advogado que a solução para o Tiradentes é retirar alguns daqui.

Um delegado do DEOPS mostrou a dom Paulo Evaristo Arns um "jornal comunista" que solicita aos leitores enviar notícias de prisões para o endereço do arcebispo.

Seria a edição do *Venceremos* que o DOI-CODI pretendia fazer sob tortura?

O gerente do Bradesco, em Conceição do Araguaia (PA), invadiu o convento dominicano de arma na mão e ameaçou de morte frei Henrique Marques da Silva. Para retirar o homem do claustro, precisou-se recorrer ao delegado e ao prefeito.

Frei Henrique havia lido, na rádio local, notícia do *Correio Braziliense* de que um homem, a soldo do banco, aliciava gente no Maranhão para trabalhar em regime de escravidão na fazenda do Bradesco.
Muita vigilância na rodovia Belém-Brasília. Pediram documentos a um rapaz. Disse que estava na pasta, puxou de dentro dela o revólver e matou um soldado e feriu outro antes de ser morto. Em Natividade (GO)[46] prenderam um suspeito de subversão. Como não havia cama nem colchão na cela da delegacia, a população, com pena, deu-lhe uma rede. Ele se enforcou com ela. Era gaúcho, com documentos de São Paulo.

Na terceira semana do mês, padre José Comblin, de origem belga, foi expulso do Brasil. O mês termina sem que a imprensa tenha dado uma linha.
É o império da censura.

Presos e presas políticos endereçaram, dia 28, abaixo-assinado aos ministros do STM e à Auditoria Militar de São Paulo:

Nós, presos políticos, vimos, através deste, denunciar as condições de cárcere que temos suportado durante esses anos no Presídio Tiradentes, em São Paulo, sob o risco de prejuízo irremediável de nossa saúde física e mental.
O prédio em que funciona o Recolhimento de Presos Tiradentes data de 1851, tendo servido de senzala para escravos. Daquela época, resta apenas um pavilhão, o de número 2, ocupado hoje por presos políticos. Somos atualmente 134, distribuídos por 20 celas de variados tamanhos. Celas para dois homens comportam geralmente oito; as com capacidade para quatro estão com dez ou 14. A solução dada pela direção é o uso de

---

[46] Hoje no estado de Tocantins.

beliches, o que a acostumou a raciocinar que, numa cela, cabem tantos homens quantos forem os colchões, mesmo que no chão.

Tudo aqui é tão precário quanto improvisado: instalações elétricas e sanitárias; redes de esgoto e água. O extenso corredor do pavilhão tem uma única porta, situada exatamente na parte do prédio que é toda de madeira, erguida sobre a escada que conduz ao pátio. Em caso de incêndio tudo será consumido como uma folha de papel. Não há saídas de emergência, extintores ou qualquer material preventivo.

Nas celas, os presos vivem amontoados. Não há espaço mínimo vital, é impossível caminhar ou praticar exercícios físicos. Falta ventilação, e a laje da maioria das celas, coberta de piche e sem telhado, durante o verão transforma o presídio em verdadeira sauna. No inverno, a umidade das paredes, esverdeadas pelo lodo, facilita epidemias de gripe e outras doenças. As frestas das paredes e do teto, por onde escorrem goteiras em dias de chuva, os beliches velhos e os colchões de capim, a própria precariedade do prédio, tudo contribui para a proliferação de insetos como percevejos, baratas, pulgas, muquiranas, aranhas e formigas. Há centenas de ratos. Acresce-se a dificuldade de lavar as celas. Não há ralos nem dentro nem fora delas, exceto um que fica bem no início do corredor de quase 60 metros. Há em cada cela uma única torneira, cuja água utilizamos para beber, lavar pratos e alimentos, e dar descarga sanitária sobre a fossa turca. A direção do presídio jamais estabeleceu horário para limpeza das celas, e impede que isto seja feito sob o nosso critério; recusa-se mesmo a abrir as portas para que a água possa escorrer. Embora o almoxarifado do presídio receba detergentes, inseticidas e outros materiais de limpeza, como vassouras e rodos, nunca nos foi fornecido qualquer material. O lixo passa a noite na cela, infestando mais ainda o ambiente, e só é retirado no dia seguinte.

Das 168 horas da semana, passamos 158 trancados nesse pequeno espaço, quase sempre deitados na cama, porque não é possível todos se movimentarem dentro da cela. As dez horas restantes são distribuídas entre quatro banhos de sol e uma visita semanal. Para se passar uma aspirina ou um tomate de uma cela à outra fica-se na dependência dos "faxina" – preso comum obrigado a trabalhar no presídio em troca da promessa de liberdade – ou do funcionário que, quase nunca, está no pavilhão e só atende após intensa gritaria que somos obrigados a fazer.

O banho de sol, de duas horas, é dentro de uma "gaiola" num canto do pátio, construída por ordem da direção, cuja área é de 10 x 16m. Ficam ali dentro cerca de 50 presos políticos. O amontoado de gente não permite esportes ou exercícios físicos, mesmo o mais elementar, como caminhar. O horário do sol é irregular; funcionários arbitrários abrem as celas em horários sob seus próprios critérios, e os presos que não saem imediatamente são punidos e ficam sem descer. Apesar de existirem ao menos três amplos pátios no presídio, a direção insiste em nosso confinamento na "gaiola".

O presídio fornece alimentos preparados na Penitenciária do Estado. É impossível fitá-los sem repugnância, quanto mais ingeri-los. Solicitamos à direção alimento in natura, como se fornece aos funcionários. Foi-nos negado, embora possamos recebê-los de nossas famílias, onerando-as ainda mais. Alimentos de alto valor nutritivo, como carnes e verduras, são raros, pois não há como conservá-los. O leite é distribuído alguns dias por semana e nunca mais de um copo para cada preso. Doces, queijos, bananas e laranjas vemos chegar nos caminhões que trazem os latões de comida, porém nunca repassados às celas...

Nossas celas são frequentemente revistadas, nossos pertences revirados, nossos livros e cadernos apreendidos, tudo sob cobertura de cassetetes da PM. Nessas ocasiões, companheiros nossos têm sido destratados, ameaçados e, por vezes, agredidos. Quando ocorre, são ainda punidos, pois a direção julga que o funcionário tem sempre razão. É proibida a entrada de livros sem autorização da Auditoria Militar, mesmo aqueles livremente vendidos nas livrarias do país. As revistas são censuradas a critério do diretor. Nossas cartas, as que saem e entram, são também censuradas, às vezes riscadas ou apreendidas, impedindo-nos de manifestar livremente o pensamento ou mesmo manter diálogo sobre assuntos privados com os nossos familiares.

Como a maioria dos presos carece de recursos e deve auxiliar no sustento de suas famílias, fazemos trabalhos manuais cujas peças são vendidas fora. Essa atividade ajuda ainda no combate à ociosidade. No entanto, a direção do presídio em nada colabora, antes dificulta o nosso artesanato. Solicitamos uma oficina de trabalho e, embora haja lugares de sobra no prédio, até agora não obtivemos nenhuma resposta. Somos obrigados a trabalhar dentro da cela, onde o barulho torna o ambiente mais insuportável, assim como o cheiro intoxicante das tintas. Couros, fios, miçangas, exigem divisão de *trabalho, que começa na compra do material, passa por sua confecção, até a colocação no mercado. Todavia, a atividade comunitária é impedida pela direção, que mantém as celas permanentemente trancadas, impossibilitando qualquer relacionamento de trabalho ou estudo entre os presos políticos.*

A visita semanal, aos sábados, que em princípio deveria ser das 13 às 16 horas é, de fato, por negligência da administração, reduzida para duas horas. É a partir das 13h que os funcionários começam a revistar as visitas que, desde cedo, sob sol ou chuva, fazem longa fila à porta do presídio. Essas revistas são desrespeitosas e ofensivas, obrigam senhoras e velhos a se despirem e, por vezes, nossas irmãs, namoradas e esposas são maliciosamente apalpadas. Os mantimentos que os nossos familiares nos trazem são furados, cortados, esfarelados; os enlatados, abertos, prejudicando a conservação. Às vezes desaparece parte deles por cobiça de funcionários e soldados da PM.

No nosso pátio de visitas não há abrigo contra a chuva, e a única instalação sanitária é infecta. Isso poderia ser facilmente resolvido mediante o acesso ao galpão da ala feminina, onde apenas 26 presas políticas recebem visitas. Mas a rigidez da separação absurda faz com que, do lado masculino, as visitas fiquem expostas ao sol ou à chuva, e sejam obrigadas, para matar a sede, a tomar água de torneira com as mãos em concha. Nem mesmo bancos para sentar há em quantidade suficiente para metade das visitas. Por outro lado, os presos políticos que têm famílias em outras cidades ou estados são proibidos de sair da cela! Estes, durante todo o tempo de prisão, têm contato com apenas um tipo de pessoa de fora: os carcereiros. Os casais presos podem avistar-se somente uma vez por semana, durante uma hora, no pátio feminino. Aqueles que têm irmãs ou mesmo mãe do outro lado não podem usufruir desse horário de visitas na terça-feira. Segundo a direção, esse sistema de visitas obedece a ordem expressa da Justiça Militar.

Aqui nessa masmorra medieval há uma prisão dentro da prisão. Inúmeros presos políticos foram isolados em quatro celas, sem que nenhuma razão tenha sido apresentada para justificar tal medida. Muitos ainda não foram julgados. Representa, pois, um pré-julgamento, talvez baseado em denúncia de funcionários ou de presos comuns que buscam ganhar a simpatia da direção. Nesse confinamento, a ninguém é dado o direito de defender-se. A propósito, a grande maioria dos presos políticos aqui do

Tiradentes aguarda, há meses ou anos, o julgamento, e aqui se encontra sem nenhuma culpa formada. As Auditorias de São Paulo funcionam a passo de tartaruga. E tem ocorrido que, após 20 meses de prisão, alguém seja posto na rua "por falta de provas"...

É facultado pela direção o ingresso no presídio de policiais do DEOPS, do DOI-CODI (ex-Operação Bandeirantes) e de outros órgãos de segurança, a qualquer hora do dia ou da noite, mesmo nos fins de semana. Ao entrarem, esses policiais dirigem provocações aos presos políticos. Por conivência das auditorias, retiram qualquer companheiro sob ameaças de novas torturas, o que nos faz relembrar o Esquadrão da Morte, que removeu várias de suas vítimas deste presídio. Inúmeros presos políticos, levados novamente aos órgãos de repressão, foram torturados ou submetidos a situações vexaminosas, quando não ameaçados de morte. A insegurança atinge todos nós, que podemos ser retirados a qualquer momento, por qualquer policial. A administração costuma usar o ardil de convocar o preso para avistar-se com seu advogado e, ao chegar à carceragem, ele é algemado e levado sem ao menos poder avisar seu defensor. Este, aliás, tem hora marcada para entrar no presídio, e suas entrevistas são vigiadas. Presos aqui se encontram também, por corrupção, policiais torturadores do DEOPS que, frequentemente, nos dirigem provocações. Além de possuírem privilégios não previstos em nenhuma lei, esses policiais acham-se perfeitamente integrados na administração do presídio como operadores de telex, datilógrafos, arquivistas e revistadores de presos.

Nossos advogados são revistados quando aqui entram. Nem os papéis referentes aos nossos processos podem entrar ou sair sem o visto do diretor, prejudicando assim o exercício do direito de defesa. Não é permitido ao preso convocar seu advogado quando julga necessário, mesmo em véspera de audiência na Auditoria.

Não há assistência médica regular. É preciso que um médico-preso ou uma dentista-presa se disponha a atender os casos mais urgentes, sob restrições da administração. Os médicos e dentistas do Estado, destinados a este cárcere, são desconhecidos de todos nós. A obtenção dos medicamentos receitados é quase impossível, embora a farmácia se encontre repleta de remédios. De outras vezes a direção se prontificou a providenciá-los, o que atualmente se nega a fazer. Os pedidos à Auditoria para ir ao hospital levam meses para serem atendidos e, em geral, a consulta é rápida e insuficiente. Advertimos que há vários casos de doenças graves neste presídio precisando de tratamento urgente, e as condições carcerárias tendem a aumentá-los.

Senhores ministros: estar preso aqui é viver inseguro, exposto à arbitrariedade, provocações e vexames, além das condições desumanas que predominam. Domingo, 5 de março deste ano, surpreendentemente a direção impediu que as portas das celas do Pavilhão 1 – onde até então se encontravam presos políticos – fossem abertas para que apanhassem o pão e fizessem a limpeza semanal. A administração propôs aos presos, através de um funcionário, que abriria a porta para pegarmos os pães desde que nos dispuséssemos a lavar o corredor do pavilhão – tarefa que, até então, era feita por presos comuns, agora transferidos daqui. Como não aceitamos, ficamos sem pão e leite naquele dia, e fomos obrigados a jogar o lixo no corredor, já que se negaram a abrir as celas para retirá-lo. No dia seguinte, o Pavilhão 1 foi militarmente ocupado pela Tropa de Choque da PM que, sob ameaça de bombas de gás lacrimogêneo e metralhadoras, obrigou todos os presos a se transferirem para o Pavilhão 2, superlotando esta dependência. Os soldados formaram um "corredor polonês", por onde todos os presos foram obrigados a passar durante a mudança, e chegaram a agredir com cassetetes companheiros nossos.

Para justificar tal medida e encobrir a verdadeira causa dos fatos, a direção armou uma farsa, denunciando a existência de um "motim com tentativa de fuga". A "prova", fotografada e anexada ao inquérito instaurado, é o cano de água que liga uma cela ao escritório burocrático do presídio. Este cano há tempos está quebrado e tem 15 centímetros de diâmetro. Segundo os diretores, nós o quebramos e pretendíamos passar por ele...

Só podemos entender isso como um prolongamento das torturas e do terror a que fomos submetidos na fase do inquérito policial. Este é o deplorável quadro que configura a realidade de um presídio que, por ironia dos tempos, traz o nome do nosso mártir da Independência. Evitamos citar exemplos nominais na descrição para não alongá-la, mas eles são inúmeros, evidentes, e jamais haveremos de esquecê-los, pois aqui a vida de todos é a vida de cada um e o que ocorre a um atinge a todos.

Todas essas denúncias são fatos facilmente comprováveis. Finalizamos denunciando, também, as condições infra-humanas em que vivem dois companheiros nossos condenados à morte: Ariston Oliveira Lucena, recolhido à solitária da Casa de Detenção de São Paulo, e Diógenes Sobrosa de Souza, preso no isolamento do II Batalhão de Polícia do Exército, em São Paulo.

Recolhimento de Presos Tiradentes
São Paulo, 28 de março de 1972

(Seguem as assinaturas de 130 presos e presas políticos.)

Abril de 1972[47]

---

[47] As tensões no Presídio Tiradentes me obrigaram a destruir todas as anotações deste mês.

CAPÍTULO VIII

Penitenciária do Estado e Carandiru

Maio de 1972

O juiz de Guarulhos (SP), Mário Fernandes Braga, que apura crimes do Esquadrão da Morte, decretou a prisão preventiva domiciliar do delegado Olintho Denardi, dia 8, acusado de coagir testemunhas que deveriam depor contra ele. O diretor do Tiradentes figura como réu no processo que investiga o assassinato de sete corrós que se encontravam sob sua guarda, e o sequestro de um oitavo, que está desaparecido.

O delegado Marconi Júnior assumiu a direção do presídio.

Nesse calor excessivo, passamos dias sem água. Foi preciso que os encarregados da faxina arrastassem, o dia todo, latões com água. A cela ficou repleta de vasilhas utilizadas como tanque de reserva. Ao final do quinto dia, descobriram a causa: registro fechado...

Cinco companheiros foram transferidos, ontem, pelo DEOPS, sem que saibamos para onde – Altino Dantas, Manoel Ciryllo, Celso Horta, Chico Gomes e Alberto Becker. Hoje pela manhã, levaram Gilberto Belloque, Manoel Porfírio, Antônio Roberto Espinosa e Vicente Roig.

*

Nosso jantar de ontem resumiu-se a uma simples sopa, para nos preparar para a greve de fome iniciada à zero hora de hoje, 12. Nem todos os companheiros aderiram. Por motivo de segurança, exigimos ficar todos juntos num mesmo presídio. A dispersão pode significar eliminação de alguns.

Quando os carcereiros vieram recolher o lixo, colocamos para fora da cela todos os produtos alimentícios, acompanhados de bilhete para que fossem encaminhados às obras sociais da arquidiocese de São Paulo.

Por volta das 10h, veio à porta de nossa cela, tentar nos demover, o doutor Lessa, delegado do DEOPS. Deixamos claro que qualquer entendimento só é possível: a) Com o retorno de todos os companheiros ao presídio; b) Mediante a palavra de dom Paulo Evaristo Arns, escolhido por nós como mediador.

Ele deixou entender que o arcebispo não será autorizado a nos visitar e que, hoje mesmo, mais presos políticos serão transferidos.

No início da tarde, o chefe da carceragem avisou para arrumarmos tudo, também seríamos transferidos para a Penitenciária do Estado. A lista de seis foi ampliada, na última hora, para nove.

Para as autoridades, os frades lideram a greve.

Os cartazes sobre a greve, afixados nas grades, foram arrancados pelos carcereiros e levados, junto com os alimentos, para a direção. Um fotógrafo da polícia veio fotografar o material.

No terceiro grupo transferido estão: Antenor Meyer, Joaquim Monteiro, Carlos Russo, Maurice Politi, Paulo de Tarso Venceslau, Vanderley Caixe, Betto, Ivo e eu. Retirados da cela às três da tarde sob cânticos dos companheiros, percorremos as ruas de São Paulo acolitados por inúmeras viaturas do DEOPS, dezenas de policiais com *walkie-talkies* e a Tropa de Choque da PM. Durante o percurso, sirenes ligadas.

A penitenciária é uma fortaleza em estrutura de ferro, sinistra, amarela, com vários pavilhões de cinco andares cada um, paralelamente perfilados. Construída em 1922, na parte frontal erguem-se os prédios da administração, da cozinha e do hospital. Nas laterais, oficinas e escolas profissionais. Lembra uma abadia medieval. Cada pavilhão tem 480 celas individuais. Não há coletivas. No fundo, dois alqueires de horta e o campo de futebol. Abriga 1.100 presos comuns submetidos a um regime castrense. No frontispício desse sarcófago de cimento, a advertência aos que chegam: "Aqui o trabalho, a disciplina e a bondade resgatam a tua falta." Na entrada de Auschwitz, o mais terrível campo de extermínio construído pelos nazistas, consta a inscrição: *Arbeit macht frei* (O trabalho liberta). Qualquer semelhança não me parece mera coincidência...

A organização interna, excessiva, prima pela eficiência. Ao chegarmos, pôs-se em movimento uma possante burocracia que, no fim, iria reduzir-nos a um número dentro de uma cela.

Na Seção de Inclusão preenchemos fichas e ficamos nus para a revista. Examinaram peça por peça de nossas roupas. Deram-nos uniforme de preso comum: calça, calção e blusão cáqui de brim, camisa de malha amarela e sapatos pretos. Do que é nosso, tivemos o direito de vestir apenas as meias. Ainda bem que eu trouxe dois pares enfiados nos pés, um dos quais é de lã. Antes de deixar o Tiradentes, lembrei do conselho do pai de Anne Frank à família prestes a atravessar Amsterdã para se esconder: "Vistam no corpo o que puderem. Se nos virem pelas ruas com malas, desconfiarão."

Enquanto esperávamos a entrega dos uniformes, serviram-nos uma saborosa refeição: arroz, salada e almôndegas. Agradecemos e recusamos. Nosso único alimento é água pura, sem açúcar.

Na barbearia, bigodes foram raspados e cabelos, cortados à moda militar. Passamos pela fotografia e datiloscopia. O exame médico incluiu amostras de sangue e urina, vacinas contra varíola, tifo e tétano. O médico, doutor Torres de Rezende, indagou se não tínhamos doença crônica ou infecciosa. Revelou-nos que é cursilhista e ministro da Eucaristia na Paróquia da Aclimação. Pedimos que nos traga o corpo e o sangue do Senhor. Respondeu não poder fazê-lo sem autorização... A penitenciária está sem capelão. Padre Ismael foi afastado por defender os direitos dos presos. Como não houve nenhuma razão justificável, o arcebispo se recusa a nomear outro. Só o pastor evangélico atende os detentos.

Na Seção Penal, preenchemos ficha de "serviço religioso" (culto a que pertence) e nomeamos as visitas – em princípio, só parentes de primeiro grau, e apenas 40 minutos por semana. No Prontuário, dados pessoais. Cada um de nós recebeu um número; aqui ele vale mais que o nome.

Comunicamos ao diretor penal, doutor Luís Gonzaga, que foi chefe da carceragem do DEOPS, nossa decisão de ficar em jejum até serem atendidas as nossas reivindicações: reunificação dos políticos e visitas semanais entre os casais presos. Confessou nos ter acolhido por obrigação, porém com uma condição: de nos submeter ao regulamento da casa – ou seja, anulação de nossos direitos de prisão especial (que, de fato, nunca tivemos; sempre suportamos o rigor carcerário). Isso significa cela individual; uniforme; proibição de receber jornal, revistas e comidas de fora; andar em fila; banho apenas duas vezes por semana etc.

Subimos para a cela por volta das sete da noite. Todos os funcionários, em número excessivo, vestem fardas. O pavilhão celular impressiona por dentro. Na entrada, numa enorme gaiola se posta o guarda que controla o movimento geral. Aberta a grade central, seguimos por um estreito corredor. É a típica penitenciária de filmes de Hollywood: corredores imensos, galerias com centenas de celas, todas as portas escuras, barras de ferro que atravessam em todas as direções, por todos os lados. Impossível andar mais de 30 metros, à esquerda ou à direita, sem ter que atravessar uma pesada grade. Da gaiola central do pavilhão vê-se algo dantesco: uma grade, com cerca de 20 metros de altura, encerrando cinco andares. É como se todo o prédio estivesse fechado dentro de uma prisão.

Estamos no terceiro andar do Pavilhão 2.

A cela de 5 x 2m tem paredes brancas encardidas, sujas e rabiscadas; chão de tábuas, cama de ferro com colchão de palha, pequeno sanitário com a única torneira logo acima; uma prancha quebrada serve de mesa. Na porta de madeira há um guichê que abre apenas por fora, para servirem a comida; por uma espécie de olho mágico, pequeno orifício pouco maior que uma tampinha de refrigerante, os carcereiros controlam os nossos movimentos. Sobre a cama, a trouxa com lençol e toalha – tudo de brim, exceto a colcha de algodão –, travesseiro, dois pratos, colher, bacia e caneca de alumínio, e sabão para lavar a roupa. Se é difícil enxugar o rosto com brim, imagina o corpo! Tudo deve ser lavado dentro da cela pelo preso. Faltam cobertores e vassoura. O melhor do cômodo é a janela, com grades por fora e vidro por dentro; é grande, espaçosa, com vasto parapeito onde é possível sentar e tomar banho de sol.

Pela janela vê-se um pátio cortado por um muro alto; do outro lado, o Pavilhão 1. E muitos pombos, cujo voo livre nos serve de consolo... É curioso observar como os presos conversam de uma cela para outra, através da grade da janela, sem enxergar o interlocutor. Berram, aprontam uma falação danada; algo divertido e dramático. Lembra um prédio de apartamentos em chamas, cujos moradores gritam por socorro. De um pavilhão para o outro, apesar da distância, os presos falam pela mão, como os mudos, e até jogam damas, cantando os lances bem alto. Cada um tem um tabuleiro onde opera também as pedras adversárias, conforme os lances ditados pelo companheiro do outro pavilhão. Vale a confiança.

Somos acordados às 6h. Meia hora depois é servido o café. O almoço é às 10h30; café às 14h30; às 16h30, jantar, última refeição do dia. Embora proibida a entrada de jornal e revista, é permitido ter na cela rádio de uma faixa e, durante as refeições, os alto-falantes do pátio ficam ligados numa emissora qualquer. À noite e nos fins de semana, transmitem futebol.

Às 21h30 soa o sinal de silêncio; as luzes se apagam. Durante a madrugada as luzes são acesas de vez em quando para a ronda carcerária certificar-se da presença do preso na cela. É quando nos deparamos com ratos avantajados à procura de comida.

Nesta primeira noite, após o sinal de silêncio, uma voz me chamou; custei a perceber que vinha do vaso sanitário. Alguém disse: "Pega o pano, enxugue o interior do vaso, os canos, ocos, são um bom canal de comunicação. Vou pôr o rádio na minha privada, você fique perto da sua. Que programa prefere?" Respondi que preferia música. Durante meia hora ouvi, chorando de emoção, música brega. Não gostei da música. No entanto, aquele gesto era como o braço de Deus me pegando pela mão. Rezei pela pessoa que se fez meu samaritano. Na hora de desligar, agradeci e perguntei quem era. Ele disse que deixasse para lá...

Ao contrário do esperado, neste primeiro dia não sentimos fome; apenas um pouco de dor de cabeça. A mudança foi cansativa, porém estamos todos em boa forma.

Pedimos a Bíblia e livros.

Elaboramos uma carta, a ser divulgada ao público, definindo a nossa posição:

Os presos políticos transferidos do Recolhimento de Presos Tiradentes para a Penitenciária do Estado vêm, através desta, comunicar às autoridades a que estão sujeitos, à imprensa e à opinião pública, que estão, a partir desta data, em greve de fome. Esta atitude extrema de nossa parte visa ao nosso retorno ao convívio de todos os presos políticos, pois se já não bastassem todas as arbitrariedades a que vimos sendo sujeitados desde nossa prisão, submetidos a torturas física e moral, recolhidos em minúsculas celas, superlotadas, em péssimas condições, sofrendo toda sorte de injustas punições, sujeitos a serem retirados – inclusive os que se encontram sub-judice – *do Presídio Tiradentes para serem novamente inquiridos e torturados nos organismos policiais, submetidos a morosos processos, a ponto de alguns presos estar há cerca de três anos sem terem sido julgados, acresce-se, agora, mais esta medida discricionária.*

Consideramos que tal medida é, de todas, a que mais caracteriza a total insegurança quanto à nossa sobrevivência física, pois, sabedores de que o aparelho repressivo de um Estado, que sequer permite o debate político nos marcos de seu próprio partido oficial, se utiliza da retaliação física contra os que suposta e concretamente se opõem a ele, não podemos deixar de reagir contra uma resolução que, visando ao isolamento de alguns presos políticos, almeja liquidá-los fisicamente. Tal feito não é uma mera hipótese ou fantasia, pois tais casos já ocorreram nos órgãos policiais, como foi o episódio ocorrido com o companheiro Eduardo Leite (o Bacuri) que, sob as vistas de mais de 50 presos políticos, detidos no DEOPS, foi retirado da cela altas horas da madrugada por policiais do Esquadrão da Morte. Sua fuga foi anunciada em 23/10/70. Eduardo Leite foi encontrado morto em 8/12/70, brutalmente massacrado.

Acreditamos que a segurança quanto à nossa sobrevivência física é seriamente atingida pelo isolamento dos demais presos políticos, pois, estando em número reduzido, as possibilidades de uma liquidação física se apresenta ainda mais concretamente. Por isso, ao adotarmos a mais drástica das medidas possíveis dentro da situação em que nos encontramos, colocamos a total responsabilidade de nossa sobrevivência física nas mãos daqueles que são diretamente responsáveis pela nossa transferência: as autoridades militares.

Lutamos, em primeiro lugar, pelo mais comezinho dos direitos: o direito à vida. Em segundo lugar, pelo retorno ao convívio de todos os presos políticos, única forma de assegurar, ainda que de forma precária, nossa sobrevivência física; uma vez que, concentrados num único presídio, menores serão os riscos de uma retaliação física individual.

Assim, só voltaremos a nos alimentar na medida em que tais objetivos nos sejam assegurados.

Por outro lado, somente aceitamos como garantia nossa, a partir desse momento, a palavra pessoal do senhor arcebispo de São Paulo, dom Paulo Evaristo Arns.

Penitenciária do Estado, 12 de maio de 1972.

Ao chegar à penitenciária, fomos punidos com dez dias sem poder sair da cela, exceto para médico e advogado. Na primeira semana, ninguém teve direito a banho, nem de sol nem de água. Nossas "regalias" foram suspensas: visitas, fósforos, cigarros, sabonetes, pasta de dente etc. Foi-nos liberada a Bíblia. Betto descobriu em sua cela duas revistas *Seleções*, com certeza anteriores ao atual regulamento que proíbe publicações: uma de 1943 e, outra, do ano seguinte. Quase todos os artigos sobre a Segunda Guerra Mundial, enaltecendo, é óbvio, os combatentes americanos.

A direção do Tiradentes encaminhou os alimentos deixados por nós a obras sociais espíritas, e não à arquidiocese de São Paulo. Melhor assim do que serem apropriados pelos carcereiros ou destinados ao lixo.

Mário Simas veio à penitenciária; não o autorizaram a nos ver.
Dormimos bem à noite. Apenas um pouco de frio, não temos agasalhos. Reclamamos ao diretor.
Sinto enorme falta de cigarros; a fome não me aflige. Bebo água continuamente. Ofereceram-me café e recusei. Estou disposto a vencer essa luta ou morrer. Nunca encarei a morte com tanta tranquilidade, como quem aguarda um passeio na eternidade. Sei que não nos deixarão morrer – não há condições políticas de "pagarem pra ver". Seria um preço muito alto, sobretudo devido à repercussão no exterior. Medito no exemplo do franciscano polonês padre Maximiliano Kolbe.[48]
Todas as manhãs, às 6h, o carcereiro bate de porta em porta, até que o preso responda. Comenta-se que ficaremos 90 dias trancados na cela. Até lá será outra vida... Geralmente, ao chegar à cadeia, o preso fica no mínimo um mês na "prova" – isolamento em cela forte. É o "sossega leão". Aqui as celas fortes são fechadas, quase não entra luz do sol, não têm água, apenas um

---

[48] Maximiliano Kolbe foi preso pelos nazistas a 7 de fevereiro de 1941. Tinha 45 anos. Levado para Auschwitz, condenaram-no a trabalhos forçados. Após a fuga de um dos prisioneiros do campo de concentração, os nazistas escolheram aleatoriamente dez outros que deveriam pagar com a vida, privados de alimentação. Kolbe pediu para morrer no lugar do operário Francisco Gajowniczek, que tinha mulher e filhos. Na cela da fome, resistiu por 15 dias, até que lhe aplicaram uma injeção letal, em 14 de agosto de 1941. Em 1982, foi canonizado pelo papa João Paulo II. Gajowniczek estava presente na Basílica de São Pedro, em Roma.

colchão no chão. Quando trancado lá dentro, o preso fica nu e de cabeça raspada, mesmo no inverno. Aos poucos lhe dão o direito de usar roupas. No fim da "prova", passa a integrar o sistema dos demais prisioneiros.

Ivo, Betto e eu estamos em celas contíguas; nos comunicamos pela janela. A oração ocupa quase todo o nosso tempo.

A penitenciária é apenas um depósito de presos. À guisa de reeducação, há trabalhos manuais, SENAI, escolas onde o preso tem condições de alfabetizar-se e adquirir qualificação profissional. A filosofia que rege tudo aqui é a que predomina na sociedade: a exacerbação do egoísmo. Como ensinar um homem a viver em sociedade se ele cumpre pena fechado numa cela individual, tendo pouco contato com os demais? Que tipo de honestidade ensinam a esses homens senão aquela que se baseia na concorrência, no lucro, no levar vantagens, na venda da força de trabalho? Embora a prisão devesse educar para a liberdade, o que se vê aqui, a cada passo, são grades, fechaduras, regulamentos restritivos. Tudo concorre para que o preso seja tratado como fera encerrada na jaula.

À tarde, um carcereiro passou de cela em cela lendo uma portaria do diretor, Luciano Antônio de Pádua Fleury. Parece que sem parentesco com o famigerado delegado do Esquadrão da Morte. Por infringirmos o regulamento da casa com a greve de fome (considerada sedição), ficaremos dez dias trancados, sem direito a nada. O termo é "sem direito a nenhuma regalia". Consideram "regalia" o mínimo de que o ser humano necessita para sobreviver com alguma dignidade: sol, banho, poder andar um pouco, ter livros etc. Acrescenta ainda que a pena é "leve", levando em conta que não conhecíamos o regulamento carcerário.

A reclamação dos agasalhos surtiu efeito. Entregaram-nos cobertores; e ainda cigarros, pasta dental, escova e sabonetes, que frei Domingos Maia Leite deixou na portaria.

Soubemos que, no Tiradentes, os companheiros em greve de fome não tiveram direito à visita, exceto os oito que não aderiram.

Todas as tardes, cada um em sua janela, cantamos em coro e proclamamos nome e número das celas ocupadas pelos 18 presos políticos recolhidos aqui. Comenta-se que virão mais nove.

Da janela, observo o banho de sol dos presos do Pavilhão 1. Ao saírem, os pombos ocupam o pátio à procura do que comer. Fazem coreográficas revoadas. À noite, o local é invadido pelos ratos, enormes e famintos.

O alto-falante transmitiu a homilia do pastor. Em seguida, músicas modernas.

Dom Paulo Evaristo Arns, nosso mediador, esteve aqui; não nos permitiram encontrá-lo. Segundo o diretor, durante o período de punição só podemos falar com os advogados. Porém, soubemos que o arcebispo advertiu-o de que está historicamente comprovado que medidas de isolamento carcerário geralmente precedem a eliminação física...

O moral da turma é excelente.

Até agora nenhuma explicação por que viemos para cá. Sinto dificuldade de pegar no sono. Sobretudo à noite, quando a imaginação ganha contornos reais. Qualquer ruído adquire enormes proporções. A tensão cresce. Tenho fumado em demasia. Aos poucos, a fraqueza toma conta do corpo.

No fim da tarde, os alto-falantes irradiaram Santos x Corinthians. Solicitei a presença do médico. Senti tonturas, ânsia de vômito, dor de cabeça. Veio o enfermeiro e passou por todas as celas. Deu-me magnésia e aspirina.

Recorro ao yoga para relaxar.

Cedo, Ivo, Betto, Vanderley Caixe e Paulo de Tarso Venceslau foram atendidos no ambulatório. O médico tirou-lhes a pressão e receitou aspirina para a dor de cabeça.

Doutor Mário Simas veio nos ver. Betto ousou descer com o relatório-denúncia do que temos padecido, redigido em papel de seda. Bem dobrado, escondeu-o entre a meia e a sola do pé esquerdo. Ao passar pela revista, o guarda ordenou-lhe tirar a roupa. Betto iniciou pela camisa, minuciosamente examinada. Em seguida, tirou os sapatos, a calça, a cueca, tudo o mais lentamente possível, para ganhar tempo. Depois, arrancou a meia do pé direito. Quando só faltava o outro pé, o guarda deu-se por satisfeito: "Pode se vestir."

O relatório já está lá fora.

Ivan Akxelrud Seixas, de 17 anos, levado para o DOI-CODI. Sua mãe e irmãs estão presas há mais de um ano, sem culpa formada.

Em bilhete ao diretor pedimos liberação de aparelho de barba e livros; sugerimos que o médico visite diariamente cada cela para medir-nos a pressão e a temperatura.

Pouco depois, um carcereiro compareceu à cela do Betto e entregou-lhe uma folha datilografada para ler e assinar "ciente". Era a resposta do diretor. Concedia o aparelho de barba, prometia os livros tão logo expire a punição de dez dias, e acrescentava dispensar sugestões a respeito de como a direção da casa deve proceder...

Apareceram manchas vermelhas em meu corpo.

Faltou água. Morto de sede, bebi a da bacia em que lavei lenço e meias.

Descemos para tirar fotos e impressões digitais. Depois, na Inclusão, conferimos nossos pertences. Nos deixaram ficar com papéis, o crucifixo de madeira das Irmãzinhas de Foucauld, o *Livro de Orações*, e canetas, envelopes, lenços e papel higiênico.

Solicitei a comunhão ao doutor Torres de Rezende, ministro da Eucaristia. Disse que por enquanto não é possível...

O ambiente aqui é sinistro. Ao lado de nossas celas estão dois policiais condenados por pertencerem ao Esquadrão da Morte: Nelson Querido e Zé Guarda. Não têm coragem nem de chegar na janela, com medo dos presos comuns que torturaram. Nunca saem da cela, nem para banho de sol.

Aqui, a única terapia para os comuns portadores de demência mental é enfiá-los em celas fortes.

Hoje é o quinto dia de greve de fome. Não me sinto bem.
Chegou a notícia que, do Tiradentes, dez companheiros em greve de fome foram transferidos para o Carandiru. Carlos Lichtsztejn e um outro teriam saído inconscientes, transportados em ambulância.

Remetemos este bilhete ao nosso superior: *Frei Domingos: em tempo de conversão, a Palavra de Deus consome a carne, seca a língua, retesa os ossos e ilumina o coração. O homem forte é aquele que faz dessa Palavra o seu único alimento. Com um abraço cheio de amizade a toda a família dominicana.*

O médico receitou-me glicose, para a fraqueza, e Andriodermol, para as manchas aparecidas na pele.
Todos têm sonhado com comida. Hoje, o preso que serve a boia mostrou-me um enorme e aromático pastel...

O que ocorreu esses dias aqui está retratado nesta crônica do Betto:

Por ter respondido à advertência de Leão, chefe da carceragem, espancaram-no durante meia hora. Naquela noite, não conseguiu dormir. O corpo rolava sobre o colchão de espuma, os olhos se abriam frente às paredes cinza desbotado pela umidade, o sol da madrugada penetrava na cela a cada dois minutos e dourava as grades, trazido pelos possantes holofotes que, da muralha, varriam a penitenciária.

Sentiu brotar nas entranhas, subir pelo estômago, espalhar-se pelo peito – como um rio dentro de um homem –, as águas a correr agitadas pelas veias, embrenhar-se pelo cipoal de músculos, infiltrar-se nos ossos, até inundarem a cabeça com uma forte ideia. Levantou-se, agarrou as barras de ferro da janela, ficou com os olhos perdidos na própria imaginação: o dia de festa no salão nobre da penitenciária, o representante do senhor governador, o secretário de Justiça, o juiz corregedor, o delegado-geral do Estado, todos em torno da mesa florida, o recinto repleto de presos, os guardas em redobrada vigilância, o diretor assegurando que, graças aos modernos métodos de reeducação para a liberdade, com pleno respeito à dignidade dos que falharam para com a ordem social, hoje podemos nos alegrar ao ver esses homens, saídos do crime, sendo alfabetizados e adquirindo uma profissão, enquanto a fila de presidiários, todos de uniforme novo e engomado, subia ao palco para receber certificados, abraços das autoridades, cumprimentos do diretor, salva de palmas dos colegas.

O sol da madrugada rodou sobre a cela de Tonhão e seu corpo, colado à grade, brilhou como um ídolo de ébano, excitado pelas coisas que fervilhavam em sua cabeça, a visão da cerimônia, ele a se erguer de repente da cadeira, revólver à mão, atirando em Leão e em mais dois ou três carcereiros, desses que mais torturam, os comparsas armados com facas e estiletes cercando a mesa, sequestrando as autoridades, conduzindo-as para o pátio interno, fora do alvo das armas dos soldados da muralha, a exigência de um helicóptero, desses de transportar tropas, e, enfim, o voo para a liberdade.

Na manhã seguinte, o plano de fuga pairava na cabeça daquele homem preso há treze anos, condenado a sessenta e quatro por latrocínio e arrombamento, um metro e oitenta e dois de altura, insensível ao medo e à morte.

Era preciso, primeiro, obter o principal: a arma. Como nenhum guarda anda armado dentro da penitenciária – para não correr o risco de ser dominado pelos presos – quem aqui dentro tiver um revólver faz abrir portas e grades, e chega ao único obstáculo entre o inferno e o paraíso: a muralha vigiada por soldados portando metralhadoras. E quem sabe um helicóptero carregado de autoridades como reféns possa decolar do pátio interno e sobrevoar o olhar impotente dos soldados...

Tonhão trabalhava na alfaiataria, costurava uniformes para guardas e presos, orientado por mestre João, velho funcionário prestes a se aposentar e cujo salário é, há anos, reforçado por um discreto tráfico de maconha que nunca lhe deu aborrecimentos. Mestre João não trafica para qualquer um, só para os de confiança, os "cascas grossas" que sabem usar os dentes como limite da língua, comprovadamente capazes de levar pau sem entregar a rapadura, como Tonhão, que suporta apanhar calado, sem risco de delação, curtindo a proximidade da morte como supremo alívio à sua longa permanência no inferno.

Mês passado, Tonhão encostou na mesa de mestre João. Disse de estalo:
– Vou te entregar pro diretor.
– Qual é, malandro? – indagou assustado o velho, espichando os olhos por cima das lentes brancas dos óculos que escorregavam nariz abaixo.
– Essa tua muamba num tá com nada. Você tá é me enrustindo, e minha paciência já transborda pelos cabelos. Qualquer hora vou lá nos home e te cagueto.
– Qual é, Tonhão, dedo-duro agora? Tá de acordo com os home, negão?
– Se guenta aí, cara, sou bandido e você é polícia. Não confunde as partes não. Veja o teu uniforme e veja o meu. Não jogamos no mesmo time não, vovô.

Era esse o papo de todos os dias. Tonhão ameaçando entregar o funcionário traficante, mestre João em pânico, imaginando o escândalo, a reação do diretor, a notícia nos jornais, talvez até entrasse no cacete, a demissão, o atraso de sua aposentadoria, e o preso pressionando, dizendo que o fumo estava da pior qualidade, parecia capim seco, não dava nem pra tragar, o barato não pintava.
– Mas posso tentar conseguir melhor – apelou o mestre.
– Que nada – replicou Tonhão – você já me encheu as beiradas e tou a fim de te sacanear.
– Pelo amor de Deus, negão, não vá estragar meu fim de vida. Diz o que quer de mim; você sabe que, podendo, eu faço.

Tonhão queria levá-lo ao desespero, ver mestre João chegar no ponto. Não demorou muito. Na semana seguinte, o aprendiz de alfaiate deu a cartada final:
– Só não te entrego se me trouxer uma máquina com caixa de balas.

Disto mestre João tinha certeza: Tonhão fazia o que falava. Era escolher. Ser denunciado ou levar a arma, confiando que, mesmo sob tortura, o preso jamais o entregaria. Trato é trato. Conhecia bem as manhas da cadeia ao longo de um convívio de 28 anos. Aprendera a distinguir os malandros, a saber em quem confiar, a decifrar jogadas, a falar a linguagem carcerária, a entender insinuações, a se calar quando os presos estão de cabeça quente. Resolvido o enigma, preferiu acreditar que jamais passara pela ideia de Tonhão denunciá-lo ao diretor. Era uma forma de chantagem, uma cartada nova naquele jogo cujas regras devem ser respeitadas, nunca desafiadas.

O 38 foi obtido nas cercanias do santuário de Aparecida, famoso mercado clandestino de pistolas, revólveres, garruchas e espingardas a preço simbólico, vendidas por romeiros que, sob promessa, vão "entregar a arma pra santa". Ingressou na penitenciária dentro da pasta de mestre João, que não é revistado, e Tonhão o recebeu numa caixa de sapatos cheia de retalhos por cima.

Cobra criada, o preso queria comandar o plano de fuga com um mínimo de riscos, prevendo todos os lances. Não convinha ficar com o revólver em seu poder, era muito visado, a qualquer momento poderia haver batida na cela e, como sempre, os guardas revirariam tudo, quebrariam os móveis improvisados com velhas tábuas, examinariam cada palmo do chão, das paredes, do teto. Se houvesse algum imprevisto, era preciso preservar a arma para outra tentativa, pois não se facilita com um trunfo desses nas mãos. O prisioneiro, tão forte quanto inteligente, sabia também que não devia confiar o 38 a um companheiro qualquer, sujeito à tentação de arriscar uma fuga sozinho ou, na pior das hipóteses, fazer um acordo com a direção da penitenciária e trocar a "descoberta" da arma por benefícios pessoais, uma comida melhor, trabalho burocrático, auxiliar de enfermeiro no ambulatório ou mesmo redução da pena, fácil de o diretor obter junto à Justiça.

Tonhão manja bem a sua raça. O mais indicado seria confiar o revólver a um companheiro tão vaidoso quanto medroso. Ficaria orgulhoso de ter em seu poder uma arma de fogo dentro deste casarão de mortos-vivos e, se descoberto, sua fama correria como tendo sido capaz de fazer chegar um 38 à sua cela – façanha ignorada na memória deste cárcere. O medo o impediria de tentar a fuga sozinho, de conceber a ideia de um acordo com o diretor, pois, cedo ou tarde, Tonhão faria com que a fria lâmina de uma faca penetrasse em sua pele, rasgasse os músculos, perfurasse os ossos, varasse os órgãos internos, arrancando-lhe a alma.

Há na penitenciária um famoso assaltante conhecido como Matador. Condenado a mais de cem anos – fora os processos em andamento – Mata-

dor decepciona os que privam de sua convivência. É frágil, tímido; em nada corresponde à imagem criada pela polícia e divulgada pela imprensa. De tão covarde, sempre assassinara as pessoas que assaltara, com medo de reagirem ou encontrarem um meio de se vingar. Contudo, toda a propaganda em torno de seus latrocínios fizera dele um homem extremamente vaidoso.

Tonhão julgou Matador o homem adequado para esconder o revólver: tinha comportamento exemplar, não era visto com desconfiança pelos carcereiros, não possuía suficiente ousadia para tentar a fuga sozinho, nem era bastante covarde para entrar em acordo com a direção. Acatava a liderança de Tonhão e sabia muito bem o que ocorrera com aqueles que o haviam traído.

Matador remetera à alfaiataria uma bola de futebol para ser costurada; foi dentro dela que recebeu o 38. Na cela, guardou-o no fundo falso do assento do tamborete de madeira.

Certa noite em que ruminava o plano, Tonhão viu-se tomado por uma interrogação que, como um fantástico animal, ocupou a cela e, com suas garras, parecia asfixiá-lo: e se a arma for encontrada e Matador der com a língua nos dentes e me entregar? Era preciso bom álibi para preservar mestre João, seu melhor canal com o mundo exterior. Em longos anos de cadeia, aprendera que, em caso de queda, melhor ter uma boa história na lapela do que bancar o herói e negar tudo. Porém, teria de ser uma história convincente, precisa, sem uma falha.

A cabeça de Tonhão trabalhou em ritmo acelerado durante 16 dias e 16 noites, enquanto ele via o sol da madrugada rodar por sua cela, transformar as barras de ferro em lanças de ouro, até que, na manhã de um sábado, o labirinto apresentou uma saída.

Domingo é dia de visitas e Efigênia – com quem Tonhão coabitara antes de ser preso – veio vê-lo. Ele sabe que ela já é de outro e ela sabe que ele sabe, mas, nas visitas, sentados no banco de madeira do pátio sob o olhar vigilante dos guardas, é como se ela fosse só dele. Fora, Efigênia continua a morar no barraco que fora de Tonhão, mesmo porque o homem com quem agora ela divide seu afeto é casado. Sussurrante, para que os carcereiros não desconfiassem, Tonhão fingiu juras de amor e disse ao ouvido dela:

– Tenho uma máquina enrustida. Pode ser que caia. Não quero complicar a vida de ninguém mas, se acontecer, quero levar um polícia desses pro brejo. Preste atenção. Dando azar, vou jogar a seguinte cascata: que

já tinha essa arma lá em casa e aqui, na visita, eu disse a você onde estava guardada e que mandaria um loque apanhar o berro no barraco. Você, tendo recebido o bisu, entregou ela ao loque, como mandei. Mas o nome do distinto você não sabe, nem o que faz. Sabe a cara, é claro, porque viu ele lá no nosso chão de estrelas. Pois bem, vou te mostrar um loque. Guarde bem a fuça dele. Qualquer sujeira, foi ele quem buscou o tresoitão.

Tonhão indicou e Efigênia fotografou na memória o rosto de Leão, o carcereiro-chefe, o mais temível torturador, homem de absoluta confiança do diretor, tido e havido como incorruptível. Odiado pela massa carcerária, muitos já haviam programado a sua morte. Raro quem não traz, no corpo e na alma, as marcas de um espancamento comandado por Leão, cuja pele é branca como cera, o rosto quadrado, os cabelos ruivos cortados em estilo militar, o semblante sempre impassível, mesmo diante de suas vítimas retorcidas em dor.

Outro dia, Matador foi conduzido ao fórum para ser interrogado pelo juiz responsável por mais um de seus inúmeros processos. A guarda da penitenciária aproveitou a ausência e deu uma batida em sua cela. Arrancou das paredes as fotos de mulheres nuas, cortou os barbantes que serviam de varal, levantou o soalho de madeira com um pé de cabra, enfiou um arame pela privada, pela boca da torneira, pelo ralo, desatarraxou a lâmpada do teto, bateu nas grades para ver se estariam sendo serradas, quebrou o tamborete de madeira. O 38 correu pelo chão, sob o espanto dos guardas. Pegaram a arma e saíram em disparada para o gabinete do diretor, como se carregassem um troféu.

Aguardaram o fim do interrogatório de Matador. Nada disseram a ele. Ao regressar do fórum no camburão todo fechado atrás, mesmo sem ver a rua, ele percebeu que a viatura tomara outro rumo. Ao abrirem a porta, viu-se nos fundos de uma delegacia de bairro. Duas horas depois, banhado em sangue, a boca rasgada pelos chutes, os dedos queimados pelos choques, os órgãos genitais roxos e inchados de tanta pancada, Matador não resistiu e cantou:

– O berro é transa do Tonhão.

Tranquilo na alfaiataria, Tonhão pregava bolsos em camisas, agulha e linha perdidas entre seus dedos grossos, quando Leão surgiu à porta:

— O negão aí quer ter a bondade de comparecer — disse o carcereiro-chefe, como se a voz brotasse de uma geleira.

O preso pressentiu logo — "sujeira!" Caminhando ao lado de Tonhão por imensos corredores retalhados de grades que se abriam e fechavam, Leão falou com sarcasmo:

— Tá sabendo que hoje demos uma batida por aí?

Tonhão revistou a própria cela em pensamento e conferiu que, lá, nada havia que não pudesse ser encontrado.

— Tô sabendo não — respondeu cabisbaixo.

— Pois é, muamba da grossa.

— Fumo?

— Que nada, malandro, coisa fina, niquelada, polida que nem prata e muita munição de banda.

O prisioneiro sentiu um calafrio percorrer-lhe as vísceras e intuiu logo: caiu o 38! O coração se acelerou, o sangue correu com mais velocidade em suas veias, um sopro de dor subiu à cabeça, o estômago se enrolou nas cordas dos intestinos. Prosaico, como se falasse do tempo, o carcereiro prosseguiu:

— Confiar em frouxo dá nisso, a língua canta logo. Como é que você dá uma dessa, negão? Tão experiente e dando bobeira?!

Tonhão sabia o que o aguardava. Conhecia de sobra o rumo em que caminhavam. Já não escutava o que Leão dizia, concentrava-se em acumular forças, contrair os músculos, preparar-se para a pancadaria.

Foram direto para a sala de torturas, situada entre a enfermaria e o pavilhão das celas fortes. Sete guardas já estavam a postos. Logo que a porta foi fechada às suas costas, Tonhão recebeu o primeiro chute à boca do estômago. Ao dobrar-se sobre a barriga, sem fôlego para soltar o grito de dor, recebeu um golpe na nuca que o atirou de cara no chão. A partir daí, seu corpo transformou-se num deserto muito árido, queimado pelo sol, atravessado por esteiras dentadas de tratores, a carne retalhada em postas disputadas por urubus, o sangue escorrendo entre as dunas de areia, serpentes venenosas entrando-lhe pela boca, pelo nariz, pelos ouvidos, inoculando chumbo em seus órgãos genitais, um vulcão implodindo em seu ventre, rios de fogo jorrando fezes e urina, os ossos partidos em mil pedaços, atirados num imenso despenhadeiro, no qual seu corpo encontrou o imponderável e, como uma mecha de algodão, começou a flutuar. Já não havia mais dores nem feridas, só uma grande paz que emergia do oco do mundo.

Ao receber um balde de água no rosto, recobrou os sentidos, fez que não aguentava mais e disse:

– Foi o Leão. Foi ele que me trouxe a máquina.

Os guardas olharam para o carcereiro-chefe, que bufava de ódio, a baba espumosa a derramar pela boca:

– Este nego vai contar tudo e, depois, a gente põe nele um paletó de madeira.

As sevícias prosseguiram e Tonhão, não tendo mais por onde sentir dor, manteve firme a versão:

– Leão transa fumo pra mim há anos, e foi lá em casa apanhar o berro com minha mulher. Ia levar uma nota preta na tramoia, mas o cagão do Matador dormiu de touca.

Afinal, vendo o preso moído de pau e sustentando a mesma história, o diretor decidiu apurá-la. Sabia, por experiência, que dentro de uma penitenciária ninguém é santo, todos têm rabo preso, embora nem sempre seja fácil pisá-lo. Ele próprio especulava no mercado financeiro com as verbas destinadas ao estabelecimento.

O oficial de Justiça bateu à porta do barraco. Efigênia atendeu, viu o documento apresentado pelo homem, estendeu-lhe um tamborete.

– Tonhão tinha uma arma guardada com a senhora? – indagou.

Ela, com a tristeza estampada na face magra, disse que nem sabia onde o revólver andava escondido, foi numa visita que ele falou o lugar, que era para eu entregar a um homem que viria buscar e, dias depois, apareceu um senhor forte, brancão, cabelos de fogo, dizendo que tinha vindo apanhar a encomenda do Antônio, e eu entreguei pra ele a arma.

– E como era o nome do homem?

– Não sei não. Não perguntei não senhor.

O oficial abriu a pasta, tirou de dentro um envelope com o timbre da Secretaria de Justiça e começou a mostrar uma por uma das fotos:

– Foi este aqui?

– Não senhor.

– E este?

– Também não.

Passadas 18 fichas com os retratos dos carcereiros da penitenciária, foi exibida a foto de Leão.
– E este?
Efigênia pegou o papel, olhou bem e devolveu-o.
– Foi sim. Tá mais novo no retrato, mas foi ele.
O diretor não queria acreditar. Tudo rodopiava confuso em sua cabeça. "Logo o Leão! Como foi se meter numa fria dessas? Deve estar batendo o pino de tanto dar porrada em bandido." Decidiu mandar buscar Efigênia, pois a ordem do juiz corregedor era tirar tudo a limpo.
Ela entrou no salão nobre e viu, sobre o palco, a fila de funcionários da penitenciária. Nervosa, mordia o lábio inferior e suava muito na palma das mãos.
– Agora a senhora vai fazer o favor de apontar o homem que apanhou a arma em sua casa – disse o diretor, acompanhado do juiz corregedor, do delegado geral do Estado e do oficial de Justiça.
A mulher encarou um por um dos homens, andando com passo miúdo e, de repente, viu-se à frente de Leão. Não titubeou:
– Foi este aqui, doutor.
O que se passou, então, não foi testemunhado pelos prisioneiros mas, à boca pequena, corre que Leão entrou no cacete para confessar suas transas na penitenciária. O certo é que foi demitido "a bem do serviço público", para a alegria geral dos presos que, eufóricos, se sentem vingados do que sofreram nas mãos do carrasco.
Após um ano de castigo na cela forte, por tentativa de fuga e porte ilegal de arma, numa manhã Tonhão entrará na alfaiataria e indagará com um sorriso cúmplice:
– Ainda aqui, mestre João?
– Ainda, negão, mas se Deus quiser me aposento no final do ano – responderá calmamente o velho, erguendo os olhos acima das lentes brancas que pendem sobre o nariz.

Sexto dia de greve de fome. Ainda dá para fazer uma boa caminhada. A fome começa a desaparecer... Quanto tempo dura um homem se alimentando apenas de água?

Hoje é aniversário do Carlos Russo, condenado, semana passada, a 12 anos de prisão. É casado há dois anos e tem um filho pequeno.

Cedo, conduziram-nos ao hospital para exame de urina e sangue. Na fila da enfermaria vimos o Bandido da Luz Vermelha – um produto da imprensa. Assaltava mansões munido de uma lanterna de luz vermelha. Intrigava a polícia o fato de ferozes cães de guarda nunca o atacarem. Ao ser preso, revelou o truque: sempre deixava a roupa no muro da casa e entrava nu. Os cães são condicionados à roupa...

Dom Ivo Lorscheiter interveio por nós junto ao ministro da Justiça, Alfredo Buzaid. Mário Simas nos disse que dom Paulo Evaristo Arns faz o que pode a nosso favor. Em encontro com Nelson Guimarães, o arcebispo questionou-o: "O senhor sabe que é responsável pela vida dos presos?" O juiz auditor assentiu: "Assumo a responsabilidade se vierem a morrer." Dom Paulo retrucou: "Meu filho, assume dois ou três dias. Depois, não assume mais. Sua consciência passa a martirizá-lo. E que contas dará o senhor perante si mesmo e perante Deus?" O juiz respondeu de cabeça baixa: "O senhor tem razão."

Quase todos os companheiros em greve de fome no Tiradentes foram transferidos para o Carandiru. No presídio ficaram uns poucos, entre os quais Paulo Vannuchi e Mário Bogliani. Os companheiros da cela 1 retrocederam frente à ameaça de serem levados para o DEOPS.

O médico e o diretor penal visitaram as celas para verificar o nosso estado de saúde. Maurice Politi não passou bem.

Às 22h deste dia 18 fomos acordados por soldados da Tropa de Choque, responsáveis pela segurança interna da penitenciária. "Saiam só de uniforme", gritaram. Formamos uma fila no corredor. Alguns dentre nós se sentiam muito fracos. Conduziram-nos ao salão nobre: tapete vermelho, longa mesa com enormes cinzeiros, cadeiras de braços recobertas de veludo, pesadas prateleiras ao fundo – sem um livro sequer. Entraram o diretor, o diretor penal e um senhor alto, magro, de cabelos grisalhos, apresentado como doutor Werner Rodrigues, diretor do DIPE, promotor público há 30 anos.

Fez longa preleção para dizer que entrara em entendimento com os nossos companheiros no Carandiru e garantiu ter "carta branca" para atender às nossas reivindicações. Assegurou que o Tiradentes será demolido; todos os presos políticos serão reunidos no Carandiru, em local especial; as autoridades assumem o compromisso de reunir os políticos assim que cessarem a greve; as companheiras serão transferidas para o presídio feminino ao lado da Casa de Detenção; e haverá visitas entre os casados, desde que o juiz auditor autorize. Trouxe-nos uma carta assinada pelos companheiros, contendo todos esses pontos. E acrescentou: "Podem chamar isso de vitória."

Fizemos muitas perguntas. Respondeu inseguro. Alguém objetou que só podíamos confiar em dom Paulo, porque havia autoridades, inclusive ali naquela sala, que se encontravam no DEOPS quando o Bacuri foi tirado de lá para ser morto, como o doutor Luiz Gonzaga podia confirmar... Também objetamos com a Lei Café Filho, que assegura direitos aos presos políticos. Afinal, pedimos para fazer uma reunião entre nós, já que não havia uma direção da greve.

Doutor Fleury buscou poltronas para acomodar Becker e Mané Porfírio. Becker aproximouse da janela e vomitou. Doutor Fleury deixou claro: "Não tenho nada contra vocês ou a greve de fome. Quero é que saiam daqui."

Confiamos nos companheiros do Carandiru e assinamos o documento. Voltamos aliviados para a cela, contudo um pouco decepcionados por quebrar o compromisso de só aceitar a palavra de nosso mediador, dom Paulo Evaristo Arns. E também por não terem sido atendidos todos os itens. Estávamos preparados para uns 20 dias. Querem evitar repercussão no Sesquicentenário da Independência do Brasil?

Pouco depois de regressarmos às celas, dois médicos vieram nos examinar. Serviram-nos chá forte, com bastante açúcar – a poção mágica do Asterix, tal o efeito provocado.

Soubemos que, dia 13, doutor Werner Rodrigues foi chamado ao Quartel General do II Exército pelo general Humberto de Souza Mello, preocupado com a repercussão internacional de nossa greve de fome. O general disse ao diretor do DIPE – com certeza refletindo a inquietação do presidente Médici – que tomasse "todas as providências necessárias para encerrar o movimento" e, para tanto, deu-lhe carta branca.

Dia esplendoroso de maio; o sol alaranja as nuvens.

Ao nos dirigirmos ao laboratório para fazer exames de sangue, notamos que os carcereiros já nos olham de modo diferente, com admiração. Encontramos no hospital o Luz Vermelha e o Homem Aranha, que assaltava prédios escalando-os pelas paredes externas.

Alguns de nós continuam sem vontade de comer. No café serviram-nos torradas. No almoço, caldo de feijão, para acostumar o estômago e evitar entalação.

À tarde, aguardamos a transferência. Nada. Nossa punição foi suspensa sem que nos deixassem desenferrujar as pernas no pátio.

No jantar, empadão de carne moída. Comi um pouco do recheio.

Hoje, na cela em frente à minha, um preso comum teve um acesso e quebrou tudo, vidros, bacia etc. Foi levado para o Serviço de Biotipologia, que examina os casos de loucura...

Fui ao médico. Temia que a tuberculose de juventude tivesse reaparecido. Nada se constatou nos pulmões.

Agora, os carcereiros nos tratam com o maior respeito. Deixam-nos fumar em qualquer lugar.

Hoje, 19, às 11h30, demos entrada no Carandiru – a Casa de Detenção que se tornou conhecida pelo nome do bairro em que se situa.[49] Viemos no ventre escuro e metálico do carro-forte conhecido por "brucutu", parecido a um tanque de guerra com pneus no lugar das esteiras. O DEOPS e a PM nos transferiram em grande aparato.

Vivem aqui cerca de cinco mil presos – a maior população carcerária do Brasil –, embora este presídio tenha sido construído para pouco menos de dois mil homens.

Somos 38 presos políticos, fora as companheiras, transferidas do Tiradentes para o Presídio Feminino, que integra o Complexo do Carandiru.

Nova romaria burocrática. Ficamos um tempão na gaiola da carceragem do Pavilhão 2, mortos de fome. Após muita insistência, serviram chá. Como a insistência prosseguiu, trouxeram sanduíches.

Passamos por minuciosa revista. Em seguida, deixamos nossos pertences na rouparia, onde fomos submetidos a nova revista de nosso vestuário, peça por peça, só que, desta vez, para nosso grande espanto, feita pelos próprios presos que trabalham na rouparia! Tomamos banho e recebemos uniformes: calça e blusão azuis, de brim, muito largos. A calça não tem bolso, nem casa para enfiar o cinto. Não se permite a entrada de roupa pessoal, nem de travesseiro, cinto, relógio, dinheiro e rádio. Na barbearia rasparam nosso cabelo à moda castrense. Preenchemos em seguida uma infinidade de fichas – tudo feito por presos comuns.

Das 8h às 21h, há sempre música ou futebol nos alto-falantes. Jornais são admitidos, ao contrário da penitenciária, que facultava o rádio e impedia jornais. Não se pode cozinhar; apenas receber comida pronta. A faxina é feita pelos presos comuns.

O Pavilhão 5, onde estamos, é quadrado, com pátio no meio. Há chuveiros coletivos. A cela mede 1,80 x 2,5m. O chão é de

---

[49] Criado na década de 1950 com o nome de Casa de Detenção Prof. Flamínio Fávero, o Carandiru abrigava 9.800 presos quando, em 2 de outubro de 1992, sob o governo de Luiz Antônio Fleury Filho, a Polícia Militar de São Paulo massacrou 111 presos. Foi desativado em setembro de 2002.

marmorite; as paredes, pintadas de verde. A cama é móvel, assim como a mesa. Num canto, a privada turca. Levantamos às 5h30, quando é servido o café da manhã, com pão sem manteiga. O almoço é às 11h; o jantar, às 17h. Entre o almoço e o jantar as celas ficam abertas, o que nos permite tomar banho de sol, jogar futebol ou vôlei, ir à barbearia.

Por volta das 20h, fomos levados à sala do chefe de disciplina, a autoridade máxima dentro do pavilhão. Falou das nossas condições de prisão: banho de sol três vezes por semana, oficina para trabalho manual, uso da barbearia etc.

Reclamamos da fome. Mandou chamar o chefe da dispensa do pavilhão, um preso gordo, meio calvo, de óculos; parecia um intelectual. Tratava-se de Ronaldo Castro, envolvido no caso Aída Cury.[50] Completamente diferente daquele jovem playboy de grossos óculos de armação preta que, nos anos 1960, se tornou conhecido pelo crime. Serviu-nos laranjada com goiabada.

Aqui, como na penitenciária, há torturas como castigo de faltas mais graves. A diferença é que não há celas fortes.

Até agora não se cumpriu o que acertamos, em documento assinado, com o doutor Werner Rodrigues: nem todos os companheiros se encontram aqui. Os que permanecem no Tiradentes foram instados a assinar um requerimento no qual pedem a mudança e se declaram sujeitos a condições que ignoram... E Ivan Seixas encontra-se no DOI-CODI. Diante da palavra não cumprida pelas autoridades, estamos num impasse. Decidimos escrever carta ao doutor Werner prevenindo-o de que, se não houver reunificação dos presos, dia 10 retomaremos a greve de fome. Enviamos carta também a dom Paulo; rogamos que prossiga como nosso mediador.

---

[50] Aída Cury era uma jovem de 18 anos que, em 1958, foi atraída ao terraço de um prédio em Copacabana, no Rio, sob o pretexto de aulas particulares de inglês. Assediada por Ronaldo Castro e Cássio Murilo Silva, ao resistir caiu ou foi jogada do 12º andar. O crime, de grande repercussão nacional, tornou-se símbolo da "juventude transviada".

Dom Paulo Evaristo Arns atuou firme como mediador no decorrer da greve. Falou com todas as autoridades possíveis. Na Auditoria Militar, o juiz disse-lhe que os militares poderiam mexer com dois ou três presos políticos, com outros não. Dom Paulo redarguiu: "Deixa de bobagem, Nelson, eles fazem com você o que quiserem." Nelson admitiu: "É verdade." E acrescentou: "Estou decepcionado com os três frades. Eles são o centro de toda a agitação no Tiradentes."

Hoje, foram presos e soltos pelo DOI-CODI os advogados de presos políticos Hélio Navarro, Belizário Santos Júnior, Airton Soares e Idibal Piveta.
Desmentida a morte de Ana Maria Palmeira.[51]

Transformamos uma cela em barbearia e outra em ambulatório. Um dos banheiros virou oficina de trabalhos em couro.

Antes do almoço, recebemos a visita de dom Paulo e dom Lucas Moreira Neves. Frisamos que a unificação ainda não foi alcançada, não há encontros dos casais presos, Ivan Seixas continua no DOI-CODI etc. Continuaremos a lutar. O arcebispo aceitou prosseguir como mediador. Fez apenas uma objeção: devemos pedir o que tem base legal.

Dom Lucas contou que, no dia 8, esteve com Paulo VI. O papa se referiu ao livro do Betto, à nossa prisão, mandou-nos sua bênção apostólica e um recado: "Permaneçam fiéis ao Evangelho."

Encontram-se no Carandiru, em nossa companhia, os presos políticos Alberto Henrique Becker, Alípio Freire, Altino Dantas,

---

[51] Ana Maria, após treinamento de guerrilha em Cuba, retornou clandestinamente ao Brasil e, sob o nome falso de Sônia, se empregou numa lapidaria em Petrópolis (RJ). Fez curso de Direito, casou-se, teve três filhos, e sua verdadeira identidade só foi reassumida após o fim da ditadura, em 1985. Hoje, vive e trabalha no Rio.

Antenor Meyer, Antônio Luiz Bernardes, Antônio Roberto Espinosa, Ariston Lucena, Carlos Lichtsztejn, Carlos Alberto Lobão Cunha, Carlos Russo, Celso Antunes Horta, Denison Luiz de Oliveira, Francisco Gomes da Silva, Geraldo Magella Campos M., Gilberto Belloque, Gregório Mendonça, Humberto Rocha Cunha, João Amano, José Carlos Vidal, Joseph B. Calvert, Manoel Cyrillo de Oliveira Neto, Manoel Porfírio de Souza, Mário Bugliani, Maurice Politi, Paulo de Tarso Vannuchi, Paulo de Tarso Venceslau, Reinaldo Morano, Vanderley Caixe, Vicente Roig e outros.

Os comandantes militares, liderados pelo general Sizeno Sarmento, reunidos semanas atrás com os ministros do STM, pediram penas mais altas para os presos políticos. Queixaram-se de que estes saem da cadeia, voltam à subversão e, quando capturados novamente, os militares não veem outra saída senão matá-los...

Dilma Rousseff, da VAR-Palmares, chegou presa no Tiradentes.

Ivan Seixas continua no DOI-CODI.

À noite, o pau correu solto nos comuns. Escutamos muitos gritos.

O *Estadão* publica, hoje, 30, representação dos advogados contra a direção do Tiradentes e a Auditoria Militar. Reclamam de arbitrariedades na prisão e do tratamento aos políticos.

O procurador-geral do Estado veio visitar o Pavilhão 5. Betto o interpelou quanto aos demais companheiros recolhidos a outros cárceres e cobrou a promessa de reunificação feita pelo doutor Werner Rodrigues. Respondeu que isso depende do juiz. Betto retrucou que o doutor Werner garantira ter poderes para tanto. O procurador desconversou.

Junho de 1972

A Auditoria Militar deu ordens para Ivan Seixas retornar ao Tiradentes. Até agora nada. Continua em mãos do DOI-CODI.

Voltaram ao Tiradentes as companheiras encarceradas no Presídio Feminino, ao lado do Carandiru. E ainda há companheiros no velho presídio. A promessa de reunificação não se cumpriu. Enviamos carta ao doutor Werner Rodrigues; cobramos o que prometera.

Decidimos retomar a greve de fome. Remetemos a dom Paulo Evaristo Arns abaixo-assinado de todos os 36 presos políticos que aderiram. Pedimos continuar como nosso mediador e denunciamos as manobras que visam a nos separar, pondo em risco nossas vidas.

Dia 9, Paulo de Tarso Vannuchi e Paulo de Tarso Venceslau foram retirados do Carandiru e levados ao DOI-CODI. Tentaram obrigá-los a comer. Por se recusarem, foram torturados. Ainda assim, não ingeriram alimentos.

CAPÍTULO IX

Penitenciária de Presidente Venceslau

Junho de 1972

Na quinta, 8, fomos acordados às 4 da madrugada. Ordenaram que nos preparássemos para viajar – sem dizer por que e para onde – Ivo, Betto, Vanderley Caixe, Mané Porfírio, Maurice Politi e eu. Iria também Mário Bugliani, mas, como sofreu desmaio no dia anterior, o cortaram da lista.

Os companheiros se despediram de nós ao canto efusivo da *Internacional*.

Betto sugeriu ao coronel Fernão Guedes, diretor do Carandiru, exame de corpo de delito, já que nem ele sabia para onde iríamos e o que nos sucederia. Ao menos ficaria comprovado que, dali, saímos inteiros. Agradeceu a sugestão e convocou médicos do Hospital das Clínicas.

Ao médico que nos atendeu, Betto disse: "Não sei o que pensa de nós, nem quero que reaja, mas gostaria que ligasse para 62-2324 e avisasse que, esta madrugada, fomos transferidos do Carandiru para local incerto." O doutor não esboçou nenhuma reação. Mais tarde, soubemos que fez a ligação para o convento sem se identificar.

Antes de nossa saída, apareceu o juiz; nervoso, tentava se justificar. Disse que a nossa transferência é uma medida legal. Acrescentou que não haverá reunificação, ainda que morra gente na greve de fome. Indagamos para onde iríamos. Informou apenas que para uma penitenciária fora da capital paulista; no caminho,

saberíamos o destino. Perdemos, pois, o direito legal de prisão especial. Garantiu não haver perigo na transferência, como alguns acusavam. E aconselhou "a pensar bastante os que têm preocupação moral"... Quem dera tivesse ele alguma preocupação moral.
Pedimos garantia de vida. O delegado do DEOPS designado para acompanhar-nos declarou ser ele a nossa garantia de vida... Estacionaram no Carandiru três viaturas. Uma carregou nossas bagagens e seis policiais. Na outra, quatro policiais e, no cofre de presos, atrás, algemados um no outro, Politi e Mané Porfírio. Na terceira, quatro policiais e, no cofre, também algemados um no outro, Vanderley Caixe e nós três.

Maurice Politi é nascido em Alexandria, numa família judaica de língua francesa. Rosto redondo, cabelo liso, estudava jornalismo na Escola de Comunicações da USP e militava na ALN. Com 23 anos, tem a fala mansa, mesmo quando indignado. Sua aparência de bonachão camufla a firmeza de suas convicções ideológicas. Talvez por isso Toledo, o segundo homem na hierarquia da ALN, o tenha escolhido como um de seus apoios preferenciais.

Manoel Porfírio de Souza, 27 anos, o Mané Porfírio ou Manezinho, como é tratado aqui, é filho do líder camponês José Porfírio, ex-deputado estadual por Goiás, cassado pelo golpe militar e, atualmente, preso em Brasília.[52] Semialfabetizado, é muito inteligente, possui profunda sabedoria sertaneja e conhece tudo de botânica. Aprende por instinto, tem memória bíblica e não há nada na natureza que lhe seja estranho. Conhece o canto de cada pássaro, a madeira de cada árvore, o brilho de cada pedra. Refere-se aos rios do sertão como falamos das ruas de nosso bairro. Pele curtida pelo sol, baixo, franzino, tem o espírito resistente como fibra de buriti, e pelas quebradas da vida persegue a justiça como um garimpeiro à procura do cobiçado diamante. Tem sofrido tanto quanto casca de seringueira. Seus irmãos perderam-se na vastidão

---

[52] José Porfírio ficou preso em Brasília de 1972 a julho de 1973. Libertado, almoçou com sua advogada, Elizabeth Diniz, que em seguida o deixou na rodoviária do Distrito Federal, onde ele pretendia tomar o ônibus para retornar à sua casa em Goiás. Nunca mais foi visto. Figura entre os desaparecidos políticos.

do mundo, sua mulher ficou no meio do caminho, incapaz de segui-lo no ideal que o anima.

Mané, condenado a 15 anos, tem conhecido as prisões de Brasília, Rio (Ilha Grande) e São Paulo. Militava no PRT. Baixo, moreno, é afilhado de dom Alano Du Noday, bispo dominicano de Porto Nacional (GO),[53] com quem se corresponde. Pavio curto, ao contrário de Politi ele deixa que suas emoções aflorem com facilidade.[54] Ao chegar ao Presídio Tiradentes nos contou que passou um bom tempo preso com nome de guerra, sem que a repressão soubesse sua verdadeira identidade; portanto, não lhe deu importância. Até que alguém preso em Goiás revelou que ele é filho do líder camponês Zé Porfírio. Foi então castigado com torturas brutais. Ao perceber que seria massacrado, reagiu agredindo os policiais. Ao aumentarem as sevícias, levaram-no ao desmaio. De outras vezes, já chegava à sala de torturas dando sopapos para logo perder os sentidos e livrar-se da dor.

Vanderley Caixe, 27 anos, é estudante de Direito e liderou, em Ribeirão Preto (SP), a resistência à ditadura através de uma Organização intitulada FALN (Forças Armadas de Libertação Nacional), fundada por ele e desarticulada após sua prisão, em fins de 1969. Esguio, cabelos lisos e aloirados, aficionado ao desenho e à poesia, respira política por todos os poros.[55]

Viajamos dentro de um caixão ambulante. Fazia muito calor e a peneira de luz vazada pelos orifícios da tampa do cofre não nos permitia um ver o outro. Aos solavancos do veículo, nossos corpos se contorciam e esbarravam, nenhuma posição era cômoda,

---

[53] Hoje, situado no atual estado de Tocantins.
[54] Manoel Porfírio de Souza ficou sete anos preso. Em 1994, faleceu em desastre de carro.
[55] Vanderley Caixe cumpriu cinco dos dez anos a que foi condenado. Vive em Ribeirão Preto, onde exerce advocacia em prol dos direitos humanos e dirige o jornal eletrônico *O Berro*.

as algemas apertavam os pulsos. Caixe se queixava da coluna e da perna. Eu suava em bicas e sentia falta de ar.

Após percorrer cerca de 80 km, estacionamos num posto de gasolina. Ao abrirem os cofres das viaturas, reconhecemos a rodovia Castelo Branco. Pedimos para ir ao banheiro. O delegado mandou esvaziá-lo, pôs dentro dois policiais empunhando metralhadoras, e disse a eles: "Qualquer coisa, queima."

Chegamos a outro posto na hora do almoço; havia ali muita gente. Ao sairmos da viatura, um grupo de adolescentes fitou-nos e um deles exclamou: "Terroristas? Legal!" Fez-se um grande círculo de curiosos em volta de nós. Os policiais gritaram com um motorista que estacionou atrás de uma das viaturas. Os atendentes do posto mostraram-se muito solícitos conosco.

Dali retornamos ao Carandiru. Por quê? Pressões políticas? Não soubemos. Pouco depois, deixamos a capital paulista pela segunda vez na mesma manhã. Durante o percurso, muitas paradas. Numa faltou gasolina, noutra quase houve um acidente: o capô do carro abriu e tampou a visão do motorista. Quase bate de frente com um caminhão. Amarrou-se o capô com arame e prosseguimos. Ofereceram-nos, como única refeição do dia, um sanduíche para cada um, que recusamos por estar em greve de fome.

Chegamos às 21h ao nosso destino: Presidente Venceslau (SP), após viajar, enlatados, 640 km naquele caixão de alumínio aquecido pelo sol e pelo motor! Só então ficamos cientes de nossa transferência para esta penitenciária regional de segurança máxima. O intuito é claro: separar os frades dos demais presos políticos. Só não entendemos a inclusão dos três leigos, Caixe, Mané e Politi. Talvez para tentar descaracterizar a segregação dos dominicanos.

Além de nós seis, outros três foram segregados do convívio com o coletivo de presos políticos e também privados dos direitos de prisão especial, que a lei nos assegura: retornaram à Penitenciária do Estado Mané Cyrillo, Celso Horta e Chiquinho (Francisco Gomes da Silva), agora integrados à população carcerária comum.

*

Tudo excessivamente limpo nesta Penitenciária Regional de Presidente Venceslau. Como os 440 presos comuns são mão de obra a ser ocupada, a administração dá-se ao luxo de manter um deles, anos a fio, encarregado de conservar a limpeza de um pequeno corredor; outro cuida das janelas; um terceiro tira o pó dos móveis... O prédio é de construção recente, os guardas vestem uniforme branco, parecem anúncio de sabão em pó. Somos tratados com gentileza, mas a disciplina é rígida.

Ao chegar, tiraram-nos fotos, colheram-nos impressões digitais, enviaram-nos ao banho frio, deram-nos uniformes, tudo sob atenta vigilância. Nas galerias não se pode fumar. Cada um recebeu dois pratos de folha de alumínio, uma colher (nada de garfo e faca), uma caneca de alumínio, mais cobertor, colcha e lençol. Não há travesseiro. O uniforme consiste em camisa e calção (que serve de cueca) de algodão, e calça de brim. Os sapatos pretos, pesados, são feitos na penitenciária.

Fomos alojados nas celas da enfermaria; cada uma mede 3 x 5m. A porta é larga, tem olheiro – um orifício pelo qual, de fora, se controla o preso –, e portinhola para entrar comida. Fixos na parede, mesinha e banco de cimento. Do outro lado, cama de cimento com colchonete de espuma. Parece que ficaremos aqui, isolados dos presos comuns. Horário: acordar 5h30; 6h café; 10h almoço; 17h jantar; 20h30 as luzes se apagam.

A privada turca fica sob janela larga, com grades pelo lado de dentro e basculante por fora, pela qual entra muita luminosidade. Entre nossas celas e a muralha há um jardim. A torre de vigia fica bem à nossa frente. À noite, o foco de holofotes varre todos os cantos da penitenciária. E as luzes das celas são periodicamente acesas pelo lado de fora, para controle dos presos. Não há muito ruído e o silêncio não chega a ser sepulcral. A cela, pintada de verde desmaiado, tem o teto branco.

Um carcereiro avisou-nos que dom José Gonçalves, bispo de Presidente Prudente (SP), já está autorizado a nos visitar.

Prosseguimos na greve de fome e na luta pela reunificação. Agora os presos políticos estão separados em três cárceres: Tiradentes, Carandiru e Venceslau. Nosso temor é que, com a diáspora dos companheiros, percamos os direitos da lei Café Filho e, amanhã, um de nós pode aparecer morto ou "foragido" sem que haja testemunhas...

Remetemos o comunicado da greve ao senhor Brito, chefe penal, que vive bêbado; durante anos foi chefe de disciplina da Penitenciária de São Paulo. Seu método preferido para intimidar: tortura. Para agradar: futebol. "Assim eles não ficam pensando bobagens", comentou conosco. Fala-se que muitos morreram em suas mãos.

O senhor Brito deve ter ficado assustado com o que leu; logo fomos levados à presença do diretor, doutor Zwinglio Ferreira. Sem esconder sua preocupação com o abacaxi que tem em mãos, disse-nos que falaria com a capital. Sugerimos pedir o nosso retorno, pois só em São Paulo voltaremos a nos alimentar.

A ordem para esta penitenciária nos receber veio do juiz corregedor, doutor Amadeu da Cunha Bueno Neto.

A temperatura está quente e abafada; refresca de madrugada.

No fim da tarde, apareceu padre Alexandre Yok, espanhol. É um dos dois sacerdotes atuantes na cidade. Conversamos bastante.

Dia 13, Paulinho Vannuchi compareceu à Auditoria Militar para depor como testemunha num processo. Sua advogada, Eny Raymundo Moreira, denunciou a tortura que ele sofreu no DOI-CODI, a 9 de maio; apontou ao juiz o hematoma no olho esquerdo e os sinais de enforcamento no pescoço. Pediu que ele abaixasse a calça e mostrasse hematomas na virilha e na perna esquerda, esfolamentos e escoriações diversas. Paulinho declarou que os torturadores, frente à sua resistência em não ingerir alimentos, introduziram um tubo em seu ânus, por onde injetaram leite.

A única providência do juiz foi prometer que o preso não retornaria ao DOI-CODI.

A coragem da Eny é desproporcional ao seu tamanho. Tem a quem puxar: trabalha no escritório do famoso advogado Sobral Pinto, no Rio. Católico convicto, Sobral defendeu Luiz Carlos Prestes, líder comunista, sob a ditadura de Getúlio Vargas.

Em Brodósqui (SP), a assembleia de arcebispos e bispos do estado de São Paulo divulgou mensagem intitulada *Testemunho de paz*. Eis o trecho mais contundente: "Colocado diante de uma situação de iniquidade, João Batista ergueu a voz para dizer com coragem profética: 'Não te é lícito' (*Marcos* 6,18). Falharíamos a um imperativo da consciência se não retomássemos a palavra de João Batista diante de alguns fatos de hoje.

"Não é lícito efetuar prisões da forma como frequentemente estão sendo feitas entre nós: sem identificação da autoridade coatora nem dos agentes que a executam, sem comunicação ao Juiz competente dentro do prazo legal. Muitas dessas detenções tomam o aspecto de verdadeiros sequestros. Ora, a lei que nos rege, emanada do próprio Movimento Revolucionário de Março de 1964, claramente determina que 'ninguém será preso senão em flagrante delito ou por ordem escrita da autoridade competente' (*Emenda Constitucional nº 1 de 17/10/1969* art. 153 § 12).

"Não é lícito utilizar, no interrogatório de pessoas suspeitas, com o fim de obter confissões, revelações ou delação de outros, métodos de tortura física, psíquica ou moral, sobretudo quando levados à mutilação, à quebra da saúde e até à morte, como tem acontecido. Está isso em frontal desacordo com a Constituição, que taxativamente diz que se 'impõe a todas as autoridades o respeito à integridade do detento e do presidiário' (Art. 153 § 14).

"Ouçam os responsáveis por essas ações: 'Eis que a voz do sangue de teu irmão clama por mim desde a terra' (*Gênesis* 4,10). E lembrem-se, outrossim, da grave obrigação que têm de oferecer aos arbitrariamente punidos e injustiçados a devida reparação pelos danos morais e sociais infligidos à sua pessoa (cf. *Mateus* 7, 1-2).

"Não é lícito privar os acusados de seu direito de ampla defesa ou prejudicá-la mediante ameaças, nem prejulgar o acusado como réu antes de julgado, nem protelar por tempo indeterminado o processo regular, quando nossa Carta Magna expressamente determina que 'a lei assegurará aos acusados a ampla defesa com os recursos a ela inerentes' (Art. 153 § 15), e que 'a instrução criminal será contraditória' (Ibid. § 16).

"Não é lícito qualquer outra autoridade sobrepor-se à consciência dos juízes ou criar impedimentos ao livre exercício de sua função. Seria expor o magistrado a uma eventual iniquidade, condenada pela Palavra de Deus (...)."

Os carcereiros nos trouxeram almoço. Deixamos os pratos sobre as mesas, sem tocá-los. Se jogássemos na privada, imaginariam que beliscamos algo. Preferimos essa tortura ao olfato e à visão a considerarem o nosso gesto uma farsa. Aliás, a descarga da privada turca é acionada pelo lado de fora da cela. Os carcereiros a apertam após o café, o almoço e o jantar.

Por ordem do corregedor, proíbem-nos o banho de sol. Ou melhor, todas as "regalias", enquanto estivermos em greve de fome. Estamos, pois, "no amarelo", como se diz aqui ao se punir um preso com o castigo de ficar dias sem sair da cela.

O enfermeiro, senhor Camolez, queria que Ivo tomasse dois comprimidos de vitaminas. Recusou.

O juiz Nelson Guimarães chamou o doutor Werner Rodrigues de "comprador de cobertores e batatas" e criticou-o por ter feito acordo com os presos políticos. "Presos devem ser tratados com extremo rigor, arrependo-me de tê-los tratado bem", disse o juiz.

Quando nos tratou bem?

*

Céu azul-claro, dias esplendorosos de junho, noites um pouco frias. Não recebemos agasalhos. Ivo teve taquicardia. O enfermeiro Camolez, congregado mariano, veio tomar-nos pulso, temperatura e pressão. E um preso fez-nos a barba. O médico, doutor Nelson Candelária, foi da JUC. De nós seis, Ivo é o que mais preocupa quanto ao estado de saúde.

Doutor Zwinglio visitou-nos acompanhado do prefeito da cidade e de um fazendeiro. Pelo jeito, viramos atração turística.

Ao nos visitar, dom José Gonçalves, bispo de Presidente Prudente, de cuja diocese Presidente Venceslau faz parte, confessou-nos: "Vim para encorajá-los, mas são vocês que me dão coragem." Conseguiu que o diretor nos liberasse o banho de sol.

A fome já me comeu, em cinco dias, cerca de três quilos. Betto foi quem mais emagreceu: cinco quilos. Doutor Zwinglio nos exibiu um ofício do juiz auditor recortado em quatro pontos: 1. Pede ao diretor que nos assegure toda assistência médica; 2. Autoriza-o a nos punir, cortar visitas e contatos com o advogado; 3. Afirma que a nossa volta para São Paulo só será possível por decisão judicial em instância superior, e não devido à medida ilegal, como greve de fome. 4. A responsabilidade por morte será nossa. Acrescenta que a reunificação dos presos políticos é impossível, e nos qualifica de rebeldes, agentes da subversão no Tiradentes...

O diretor não parece disposto a abraçar as reprimendas do juiz. Embora a única visita autorizada seja a do bispo, ele deixa entrar quem aparece.

Agora, os militares monitoram nossa greve de fome, mas fazem questão de que tudo pareça iniciativa da Justiça civil. Esta se sente incomodada, nada tem a ver com os presos políticos. Como os militares temem que, em caso de morte, a batata quente fique nas mãos deles, empurram para a instância civil.

Soubemos que os companheiros no Carandiru estão sob regime de incomunicabilidade.

Diversos carcereiros vieram se solidarizar conosco. Contudo, temem que a penitenciária passe a ser ocupada por presos políticos.

Na quarta, 14, bem cedo, os faxinas limparam as nossas celas, trocaram os lençóis, levaram os jornais velhos, deixaram tudo arrumado. O juiz corregedor viria nos visitar. Porém, recuou. Falou com o diretor, entrevistou-se com o bispo e retornou a São Paulo. Doutor Zwinglio advertiu-o de que tem condições de nos prestar assistência médica por tempo limitado.

Dom José Gonçalves veio à tarde; disse não haver indícios de nossa volta à capital. Doutor Osvaldo Murad, médico-chefe, suspendeu o nosso banho de sol e intrometeu-se em nossa conversa com o bispo. Disse que a vida está em nossas mãos e que ele nada pode fazer, exceto nos manter vivos por certo tempo. Se não quisermos nos alimentar, resta-lhe apenas "lavar as mãos".

Voltaram a colocar pratos de comida em nossas celas. A cada recusa querem que assinemos um termo de responsabilidade. Respondemos que só tomaremos qualquer decisão, mesmo assinar documento, após nos reunirmos, o que também está proibido.

O *Jornal do Brasil* e o *Estadão* publicaram, dia 18, carta de dom Ivo Lorscheiter, secretário da CNBB, ao ministro da Justiça; pede que sejam tomadas medidas para atender às nossas reivindicações.

Terça, 20, 12º dia de jejum. Doutor Murad faz forte pressão sobre nós. Colocou-nos sob regime de incomunicabilidade. Prepotente, acredita que nos dobrará. Inútil. A arrogância dele em relação a nós só reforça a nossa resistência a ele. Decidimos não mais aceitar sua assistência médica. Nem permitir que nos examine. A direção da penitenciária, em pânico frente ao impasse, pressionou para que doutor Murad renunciasse a nos prestar assistência. E ele o fez.

Doutor Nelson Candelária volta a nos atender, acompanhado pelo doutor Antônio Roberto de Cillo.

Leio *O eterno marido*, de Dostoiévski, emprestado da biblioteca da penitenciária. E também *Palavra de Deus na história dos homens*, de Carlos Mesters.

O tempo esfriou. O diretor nos trouxe o *Estadão* de domingo, no qual lemos a nota da CNBB a nosso respeito. E soubemos que o núncio esteve com o ministro da Justiça.

Quarta, 21. Tenho febre. Betto passa Furacin nos lábios ressecados. Desde ontem nos aplicam injeções endovenosas de vitamina K.

O bispo veio nos ver e padre Alexandre nos trouxe a eucaristia.

Amanhã completamos duas semanas sem comer. Desta vez entramos na greve mais preparados. Não tivemos dor de cabeça nem ânsias de vômito. Apenas fome.

Ficamos sete dias na água pura. A cada 24 horas tomam nossa pressão, pulso, temperatura e peso. A cada dia perdemos peso, a fraqueza aumenta, o rosto empalidece. A certo ponto os médicos decidem interferir. Entramos no soro de glicose e passamos a receber plasma, devido à acelerada perda de peso, fraqueza excessiva, princípio de acidose, má circulação sanguínea etc. O peso estacionou, a palidez sumiu, a energia voltou. Ao menos desapareceu a sensação de fraqueza.

A greve de fome aprofunda-nos a vida espiritual, e tudo em torno contribui: o silêncio da enfermaria, o jardim defronte às celas, o céu azul, limpo como o ar que respiramos aqui, e o sentido evangélico de nosso gesto.

Soubemos que os companheiros do Carandiru seguem firmes na greve.

Aplicaram-me injeção de vitamina B12. Doeu muito.

*

Sexta, 23. Estamos todos com diarreia. E enfraquecidos. É o 15º dia de greve de fome. E proibidos ainda de banho de sol.

O STM julgou hoje o recurso impetrado por nossos advogados para que retornemos à capital. Após emitir parecer favorável, o tribunal recebeu mensagem do general Humberto de Souza Mello, e a visita do promotor militar Durval Airton de Moura Araújo e do delegado Alcides Cintra Bueno, do DEOPS. Em sessão secreta, o STM voltou atrás.

Numa ditadura não há autonomia de poderes.

Domingo, 25. Estamos bem moralmente, embora fisicamente enfraquecidos.

Mané Porfírio já não suporta medicamentos, nem por via endovenosa, nem por via oral.

Segunda, 26. Hoje, 18 dias de greve de fome. Passamos do soro na veia à via oral. Nossas veias, de tão picadas, estão imprestáveis. O sabor das protcínas é horrível; têm gosto de leite de magnésia.

Sonhamos com pratos apetitosos...

Terça, 27. Mudamos de celas. Agora pelo menos chega até nós o sol da tarde. E conquistamos o direito de nos encontrar todos os dias às 15h.

Quarta, 28, 20º dia de greve de fome. A mãe do Politi veio vê-lo e recebemos visita de nossos confrades de São Paulo. Celebramos missa juntos.

Quinta, 29. Dia quente. Estamos de moral alto. E tomamos banho após 16 dias sem fazê-lo!

O *Jornal do Brasil* publica, hoje, artigo de Tristão de Athayde – *O canto na fogueira* – solidário a nós.
Celebrei para Betto e Ivo a missa do Espírito Santo.
Estamos tomando Hidrax e uma mistura de Casex, soro e glicose.

Sexta, 30. O médico nos recomendou tomar água o mais possível. Ivo já perdeu mais de 15% do peso. É quem inspira mais cuidados.
Nesta penitenciária, 80 vacas produzem 140 litros diários de leite. Nenhum preso recebe leite... Também há abate de porcos e galinhas. E produção de ovos.

Julho de 1972

Estudo os *Atos dos Apóstolos* e faço muitas anotações. O núncio, dom Umberto Mozzoni, nos visitou no domingo, em companhia de frei Domingos Maia Leite.
Dia 2, o *Estadão* publicou manifesto de artistas e intelectuais solidários a nós. O documento pede que "sejam atendidas as reivindicações dos presos políticos – condições humanas de vida e que sejam instalados num mesmo presídio – em observância ao que lhes assegura a Declaração Universal dos Direitos do Homem, da ONU, e a própria Constituição Federal".

Quarta, 4, 26º dia de greve de fome. Entre soro e água ingerimos, cada um, cerca de sete a oito litros por dia. Temperatura, pressão e pulso normais. Fome e apetite, agudos. Disposição para mais dois meses!
Recebemos carta do padre De Couesnongle, assessor do superior geral dos dominicanos: "É com grande alegria que recebi as cartas de vocês. Logo em seguida as enviei, pelo intermediário

com o qual mantenho contato permanente por causa de vocês, ao Soberano Pontífice. Não há dúvida de que Paulo VI está muito atento ao que vocês dizem. Há três semanas fui chamado à Secretaria de Estado. O adjunto mostrou-me duas folhas escritas pelo próprio papa: eram reflexões sobre as cartas do Betto. Ele as leu para mim. Muito edificante: apesar de todo seu trabalho, ele se debruçou longamente sobre aqueles textos."

Sexta, 7, 29º dia de greve de fome. Chove, venta, faz frio. Nuvens pesadas cobrem a penitenciária. Leio O *senhor embaixador*, de Érico Verissimo.

Longe, um preso assobia músicas românticas numa folha de papel.

Hoje, Vanderley Caixe soube que lhe reduziram a pena de dez para seis anos.

O juiz auditor proibiu-nos de receber visitas. A única exceção é para dom José Gonçalves, bispo de Presidente Prudente.

Hoje, 8, completamos o 30º dia de greve de fome. O soro nos fornece cerca de 500 calorias por dia. Só sentimos fraqueza ao levantar da cama.

Betto escreveu a Alceu Amoroso Lima: "Nenhum companheiro recuou dessa atitude, embora tenham tentado nos fazer comer sob tortura e pressões. Talvez a expressão 'alma fora do corpo' dê a ideia de um distanciamento entre a alma e o corpo. A sensação é exatamente esta, na medida em que consigo descrevê-la: empiricamente sentimos nosso espírito dentro do corpo. Oito dias depois de completo jejum, só bebendo água, o instinto de sobrevivência provocou uma fortíssima reação em meu organismo, que reagia à ameaça de morte; e em minha razão, que buscava pretextos para justificar um recuo. Durante quatro dias, estive mergulhado na mais profunda *noite*. Até que consegui dar o salto no décimo segundo dia e aceitei morrer pela causa. A partir daí sinto que a relação corpo-espírito se inverteu: agora é o espírito que envolve o corpo. Experimento, então, uma lucidez, uma clarividência, como se todas as coisas estivessem luminosamente transparentes. Sinto que, se morrer, não serei eu a morrer: apenas a minha totalidade humana se desprenderá deste corpo que definha num leito de prisão, e estarei livre de todos os limites que nos separam da eternidade. É um prenúncio de ressurreição. Os companheiros não cristãos, segundo me contam, sentem algo semelhante."

Dom Paulo Evaristo Arns proibido de entrar ao vir nos visitar.

Um estranho comunicado foi divulgado dia 8, sábado, pela cúpula da arquidiocese de São Paulo. Afirma que "em momento algum (a arquidiocese) deu seu apoio a greves de fome por considerá-las inaceitáveis sob o ponto de vista do Evangelho e da moral católica. Bem diferente é a prática do jejum que, em circunstâncias especiais e com objetivos diversos, cristãos e não cristãos têm assumido; jejum, interrompido e recomeçado, quando a razão e a prudência o recomendam".

Na primeira fase de nosso protesto, dom Paulo Evaristo Arns aceitou ser o mediador de nossa greve de fome, sem nenhuma restrição ao termo. Se agora há uma mudança de posição, só nos resta uma mudança de vocabulário: passamos a qualificar nosso gesto de jejum.

Terça, 11, após 33 dias, encerramos a greve de fome, às 18h.

No início da tarde, doutor Zwinglio disse-nos ter recebido, na véspera, três telefonemas de São Paulo: dois do coronel Guedes, do Carandiru, e um do doutor Fleury, diretor da Penitenciária do Estado que, interinamente, está à frente do DIPE. Teriam dito que, na capital, os companheiros cessaram ontem à noite. E estavam sendo removidos para o Carandiru os políticos que ainda se encontravam na Penitenciária do Estado.

Lembramos a promessa das autoridades de nos reunir num único presídio. Após opinar que talvez regressemos à capital, o diretor deixou-nos reunidos para decidir o que fazer. Decidimos prosseguir a greve até obter confirmação pelo nosso mediador, dom Paulo Evaristo Arns. Nossa posição foi transmitida às autoridades em São Paulo.

Por volta de 17h, Betto foi chamado ao telefone. Do outro lado da linha interurbana falava Paulo de Tarso Venceslau. Confirmou que, de fato, todos haviam cessado, "por razões impossíveis de serem explicadas por telefone". Betto insistiu, e ele retrucou "é muito longo, não dá para explicar agora". Reafirmamos a nossa posição de continuar até entendimento com o mediador.

Passada meia hora, Betto falou novamente com PT Venceslau e comunicou-lhe nossa decisão. Este ponderou ser "opinião unânime" dos companheiros da capital que também devíamos "cessar imediatamente", e acrescentou que isso era "fundamental em vista de novas gestões". Os companheiros de São Paulo foram pressionados inclusive pelo núncio, dom Umberto Mozzoni, que lhes apelou cessarem a greve, e prometeu empenhar-se em prol de nossa reunificação. Diante disso, e considerando a confiança e a solidariedade aos companheiros, decidimos também parar. Supomos que o mediador não está alheio às "novas gestões".

Durante os 33 dias, não houve nenhuma defecção, nem em Venceslau, nem na capital. Somada a primeira fase da greve, que durou seis dias, ao todo foram 39 dias sem comer!

Vieram os médicos e nos dedicaram todos os cuidados. Deram-nos Nestogeno. Nunca tinham tido experiência de greve de fome, aliás bastante rara, e os livros de medicina que tratam do tema são baseados em casos de campo de concentração durante a guerra. Já haviam mandado vir da capital os melhores medicamentos, prevendo possíveis consequências. O enfermeiro, senhor

Camolez, foi de um cuidado extremo conosco. Seu otimismo, sem dúvida, exerceu boa influência sobre nós.

O aparelho digestivo não suporta alimentos gordurosos ou sólidos após tanto tempo em férias. Comer uma feijoada agora – para o que não falta apetite –, seria morte certa. O metabolismo enlouqueceria... Assim, iniciamos por pequenas e contínuas doses de leite maternalizado, com apenas 12% de gordura. Tomamos também uma xícara de café. Aos poucos, biscoitos de água e sal serão acrescidos à dieta. Entretanto, sabemos que a diarreia é inevitável.

Do ponto de vista espiritual, a greve permitiu a cada um de nós três um profundo reencontro consigo mesmo e com Deus. A leveza que sentimos não resulta apenas da magreza.

Como foi bom tomar um banho depois de tanto tempo, com os cabelos brancos de tanta caspa! Quanto ao aspecto político, a greve levantou na opinião pública e na Igreja a preocupação com as condições carcerárias do preso político. Fez essa realidade emergir na consciência nacional, e mesmo internacional, pois o jornalista americano Jack Anderson, cuja coluna é reproduzida em 700 jornais do mundo, publicou uma carta-denúncia.

Sobrevivemos todos esses dias numa cama de hospital, graças ao soro. O catabolismo gerado pela desnutrição consumiu-nos gorduras e uma porção dos músculos. Fez aparecer infecções em uns, acidose em outros. O isolamento e a resistência frente a quem pretendia nos obrigar a comer abalaram o nosso sistema nervoso. Recordamos o martírio de Eleazar, descrito em II *Macabeus* 6.

Agora, três dias após o término da greve, foi-nos possível ingerir o primeiro alimento sólido. Ainda estamos bastante debilitados. O organismo, desacostumado, reage com diarreia.

O comandante do II Exército, general Humberto Souza Mello, impede que se cumpram as promessas feitas; ameaça-nos com represálias pelo fato de, durante a greve, termos recebido solidariedade nacional e internacional.

Os presos políticos de São Paulo encontram-se, agora, espalhados em quatro locais diferentes: Tiradentes, Carandiru, Penitenciária do Estado e Venceslau.

Isso viola direitos adquiridos e a legislação vigente; impõe-nos uso obrigatório de uniforme, proibição de banho de chuveiro, trabalho obrigatório, comida intragável e insuficiente; além de permanecermos trancados em celas de 3 x 2m, ficamos sujeitos a castigos por qualquer falta disciplinar, como privação em cela forte (1 x 1m), sem roupa e colchão, na completa ociosidade, dormindo no cimento frio e de cabelo raspado. E misturados a bandidos dispostos a se venderem por um maço de cigarro... Estamos sujeitos ao risco de morte.

Eis o rigor com que seremos tratados a partir deste momento em que somos incluídos na população carcerária: perda da condição de presos políticos; identificação apenas por número e não pelo nome; proibição de qualquer alimento que não seja o preparado pela penitenciária, bem como de escrever carta à mesma pessoa no espaço de 15 dias, e de usar roupas próprias, giletes e aparelhos de barbear. Impedidos de acesso a chuveiro, somos obrigados a tomar banho de torneira dentro da cela.

Mané Porfírio debruça-se sobre um possante livro de botânica emprestado da biblioteca da penitenciária. De onde vem a força interior desse companheiro que não crê em Deus, não recebe visitas e, no entanto, está sempre alegre, firme, indiferente a qualquer ameaça ou sofrimento? Basta dizer que, durante a greve de fome, teve febre alta, inflamação da vesícula e atrofiamento dos nervos; mesmo assim recusou alimentos e encarou a morte com naturalidade.

O STM confirmou, dia 19, a nossa sentença condenatória. Nosso advogado não foi notificado da sessão; assim, não pôde oferecer defesa perante o tribunal militar.

Viva a ditadura!

O procurador da Justiça Militar, Durval Ayrton de Moura Araújo, que atuou como promotor em nosso processo, concedeu, dia 12, entrevista coletiva a respeito da greve de fome. Declarou que nossa atitude foi um protesto por ter sido "desmantelada uma base de organização subversiva que acintosamente haviam organizado dentro das próprias dependências do Presídio Tiradentes". E acrescentou: "Tudo leva a crer que pretendiam rearticular o terrorismo na própria prisão e as autoridades resolveram separar os 32 grevistas." Frisou que os "intelectuais" e "dominadores" de todos os grevistas são os três religiosos e mais Caixe, Politi e Mané.

Na verdade, a repressão acredita que nós seis somos os principais responsáveis pelas denúncias contra a ditadura que, no exterior, maculam a imagem do governo brasileiro. A certa altura da entrevista, o promotor disse que "os terroristas não escondem o seu desejo de deformar a boa imagem do Brasil no exterior".

Hoje, 25, nos inseriram entre os presos comuns. Recebemos matrícula na população carcerária do Estado e fomos transferidos da enfermaria para o 1º raio (pavilhão). Aqui há quatro raios, cada um com 99 celas individuais, entre as quais quatro são celas fortes, sem cama e luz, para castigo dos presos.

Nossos atuais companheiros são homens condenados a 20, 30 ou 100 anos de prisão: homicidas, ladrões, estelionatários, traficantes de drogas, contrabandistas etc. Todo o Código Penal está representado aqui. A cada momento converso com um que já se encontra encarcerado há 12 anos; outro, completou 18; um terceiro, cumpriu dez, saiu e, pouco depois, voltou para cumprir nova pena...

Os comuns nos recebem muito bem. Admiram a união entre os presos políticos.

*

Dom José Gonçalves veio celebrar, dia 30, para toda a população carcerária. Concelebrei, Ivo dirigiu os cânticos, Betto fez a homilia. Muitos comungaram. É a primeira vez que um bispo celebra nesta penitenciária.

Por maioria de votos, o STM confirmou, dia 21, nossa condenação a quatro anos de reclusão. Por unanimidade, Ivo, Betto e eu tivemos nossos direitos políticos cassados por dez anos.

Foram absolvidos os frades Giorgio Callegari e Roberto Romano; os padres Marcelo Carvalheira e Manoel Valiente; e os leigos José Roberto Clauset, Rose Nogueira, Ana Wilma de Oliveira Morais, Carlos Guilherme Penafiel e Nestor Pereira da Mota. João Caldas Valença recebeu condenação de seis meses.

Como recuperar o tempo de vida de quem esteve preso e, agora, foi absolvido ou, como Caldas, ficou na cadeia mais tempo do que mereceu aos olhos da própria Justiça Militar?

Agosto de 1972

Na segunda semana do mês, doutor Werner Rodrigues, diretor do DIPE, ficou de quarta a domingo em Venceslau. Ao visitar nossas celas, propôs-nos trabalhar. Manifestamos disposição de dar aulas aos comuns. Não permitiu. Então dissemos preferir estudar. Também negou o pedido de dom José Gonçalves para fazermos catequese na penitenciária.

Setembro de 1972

Os presos pressionam para que nos seja autorizado dar aulas a eles. Aqui a maioria é semianalfabeta; o presídio só oferece curso até a 3ª série primária. Muitos, sedentos de cultura, nos cercam, na esperança de ensinarmos o que sabemos (chegam a reler o mesmo livro três ou quatro vezes!). Todavia, a administração ainda não autorizou. Em torno de nós sempre paira a suspeita de que só abrimos a boca "pra fazer proselitismo".

Aqui temos a impressão de que o mundo parou. É tudo muito calmo, qual terrível ferida encoberta pela capa branca e asséptica de um esparadrapo.

Outubro de 1972

Castigaram Russinho, acusado de dar resposta desrespeitosa a um guarda. Politi havia entregue a ele, que trabalha na alfaiataria, uma fronha para remendar. Indignado com a injusta punição, Politi defendeu-o junto ao Bonini, chefe de disciplina. Este atacou a moral do Russinho. Inconformado, Politi enviou carta ao diretor e, em solidariedade ao preso, se colocou "no amarelo". Solidários, nós cinco decidimos não mais sair da cela.

Imediatamente Russinho foi chamado pelo Bonini e liberado do castigo.

Domingo, 15, decisão do campeonato de futebol. Admirados por nossa atitude de solidariedade ao Russinho, os presos convidaram Politi a dar o chute inicial. Ele recusou.

Soubemos pela visita de dom Celso Pereira de Almeida, bispo auxiliar de Porto Nacional, que nossas cartas têm sido mimeografadas e distribuídas em Goiás. Há um mês o bispo dom Alano du Noday recebeu convite para visitar o governador. "Não vou apertar a mão de quem oprime meus irmãos", respondeu. Os dois prelados são dominicanos.

Dom Ivo Lorscheiter, secretário-geral da CNBB, ouviu um general afirmar que dois fatores atrapalham as relações entre Igreja e Governo: conscientização prematura do povo e preocupação com os presos políticos.

Chico Astronauta é apaixonado pelo sol, conhece chuvas e estrelas. É o nosso serviço de meteorologia. Prevê com exatidão a temperatura a vigorar no dia seguinte ou na próxima semana.
　　Sapo Gordo anda descalço, horas, pelo pátio; fala sozinho, briga, fica feliz, ri. Trafega solitário num mundo à parte.
　　A barbearia é um dos centros de bochicho da cadeia. Ali se fazem negócios, encontram-se presos dos diversos raios, briga-se, discute-se futebol e processos. Fica-se sabendo quem sai em liberdade ou para a colônia agrícola.
　　O boletim penitenciário autoriza hoje, 20, os presos a comprar 1kg de açúcar por mês, ter espelho e fumar cigarro de filtro.
　　A maioria já tem espelho. Esta é uma experiência curiosa: ficar dias sem ver o próprio rosto. Passamos por isso. É como perder aos poucos a própria identidade; nossa memória, paradoxalmente, não fixa a imagem de nosso rosto. Olhar-se no espelho é imprescindível a um mínimo de autoestima.

No recreio da noite, briga entre Jacaré e Cidinho, devido à pederastia. Após separá-los, os guardas os soltaram. A briga recomeçou noutro canto do pátio. Os guardas vieram em bando. Um dos presos atingiu de raspão um deles, que revidou com um chute. Então os demais presos, uns 40, entraram no rolo. Choveu pancadas de todo lado, até que a turma do "deixa disso" apaziguou os ânimos. O preso que iniciou a briga, exaltado, sabendo que seu destino seria a cela forte, viu um outro que o alcaguetou e enfiou o pé na cara dele. Este desmaiou, sem que os guardas o acudissem. Dois presos o carregaram para o hospital.
　　Bonini apareceu à entrada do pavilhão, sem coragem de entrar. Afinal, o preso se entregou; levaram-no para a cela forte do hospital. Outros quatro foram para o "amarelo".

*

O estupro é um crime não aceito pela população carcerária. Por isso muitos são devotos de Santa Maria Goretti.[56] Sob a lei do talião, castigam o estuprador ao fazer a ele o que fez à sua vítima.

O boletim da cadeia autorizou a entrada de Ki-suco, desodorante, talco, rádio e leite em pó.

Apreendida carta da Anistia Internacional dirigida ao Betto.

No sábado, 28, recebemos visita dos pais do Betto, acompanhados pelos frades José Renato e Domingos Maia Leite. Um agente do SNI comentou com um irmão do Betto que o governo se arrepende de ter prendido os dominicanos. Não sabe o que fazer conosco. Disse que a nossa prisão é como a construção da ponte Rio-Niterói, se apurarem as irregularidades, aparecerá muita sujeira...
    Em março de 1969, o historiador Augusto de Lima Jr. sugeriu ao doutor Vieira Christo, pai do Betto, tirar o filho dos dominicanos, porque o regime militar iria reprimi-los. Quando Betto foi preso, a primeira pessoa a telefonar ao doutor Vieira Christo foi o historiador: "Não falei?"

---

[56] Maria Goretti (1890-1902) foi uma jovem católica residente em Nettuno, Itália, vizinha da família Serenelli. Aos 12 anos, foi atacada pelo vizinho Alessandro Serenelli, que tentou violentá-la, ameaçando-a com uma faca. Diante das recusas da menina, Serenelli esfaqueou-a 14 vezes. No dia seguinte, após perdoar a seu assassino, Maria Goretti faleceu. Condenado, Serenelli passou 27 anos na prisão. Arrependido, tornou-se membro da Ordem Terceira dos Capuchinhos. Em 24 de junho de 1950, o papa Pio XII canonizou Maria Goretti, em cerimônia assistida por Serenelli.

O diretor, em conversa com nossas visitas, admitiu que o senhor Brito, chefe penal, é torturador: "Como aqui não há tortura, ele não tem nada a fazer", acrescentou.

Aqui há tortura, menos frequente, porém igualmente cruel e covarde – pois todo torturador é um covarde, incapaz de enfrentar sua vítima de homem para homem.

Novembro de 1972

No sábado, 4, cedo celebramos missa em memória de Marighella. E pelos revolucionários do MOLIPO mortos pela polícia, segundo notícia do *Estadão* de quinta.

Ontem, Brandão brigou com o carcereiro Bigode, e este teve de ficar calado. Brandão ameaçou contar a proposta que ele lhe fizera: três pacotes de cigarro para estuprar um de nós.

Cedo, na lavanderia, Chicão deu três tesouradas em outro preso. Foi recolhido à cela forte. A vítima precisou fazer transfusão de sangue. Vai dar processo de tentativa de homicídio para Chicão.

Toda a população carcerária está autorizada a ter na cela rádio de duas faixas. A muito custo, conseguimos convencer o diretor de que, graças ao rádio, cairá substancialmente o índice de violência aqui. Ligados no mundo exterior, os presos deixarão de lado suas pequenas desavenças que se transformam em grandes tragédias.

Os presos nos cumprimentam por esta conquista.

Jacaré e Cidinho brigaram outra vez. Na alfaiataria um puxou a tesoura para o outro.

Há uma semana um preso tentou suicídio porque seu amante foi transferido para outro presídio.

Segundo a direção, o 1º raio, que era o mais calmo, hoje é o mais agitado... por causa de nossa presença.

*

Soubemos pelas visitas que o juiz sofre pressão para não nos conceder condicional.

Saiu a edição francesa das cartas de prisão do Betto.

Malgrado os 400 presos aqui trancados, no dia de visitas a sala reservada a recebê-las está quase sempre vazia. As famílias preferem ignorar seus parentes trancafiados numa penitenciária ou não dispõem de recursos para empreender a viagem. Hoje, entretanto, a mãe de Cigano, líder da máfia do 1º raio, veio vê-lo. O contraste entre mãe e filho chamava a atenção: a velhinha mirrada, enfiada num surrado vestido de algodão desbotado, sandálias de dedo nos pés, diante do homenzarrão que, no raio, controla desde o tráfico de drogas à compra e venda dos "garotos", presos com menos de 25 anos forçados à homossexualidade sob risco de morte. De presente, trouxe seis laranjas numa sacola de plástico trançado.

O período de visitas dura três horas, e não é permitido deixar a sala antes de o prazo se esgotar. Como mãe e filho pareciam não ter muito a conversar, Cigano deitou a cabeça no colo da mãe, deixando-a acariciá-lo como se fosse um bebê. Ao ver a cena, Betto comentou: "Deus não pode ser menor do que esta mulher. Se ela acolhe o filho dessa maneira, mesmo ciente dos crimes que praticou, Deus como pai não pode agir de outro modo."

Padre Passos reuniu documentação completa sobre a nossa greve de fome. Segundo ele, todas as autoridades civis e militares de São Paulo queriam ceder, inclusive o general Souza Mello, comandante do II Exército. Mas o juiz tem ordem do presidente Médici para endurecer.

Esclareceu-nos ainda um detalhe de nossa transferência: ao sairmos do Carandiru para Venceslau, Ivo perguntou ao juiz quem era o responsável por nossas vidas. Nelson Guimarães apontou o delegado chefe da escolta encarregada de nos trazer. Este imediatamente relatou o fato ao doutor Sérvulo Mota Lima, secretário de Segurança Pública, que deu ordem para retornarmos à capital. Até hoje não tínhamos entendido o nosso retorno a São Paulo. As autoridades ficaram discutindo. Ninguém queria se responsabilizar. Afinal, vieram ordens superiores e fomos transferidos.

Jornal de sábado noticia o assassinato de Lola, mulher do José Arantes. Era da ALN. O rapaz que estava com ela teria fugido.[57]

Na Auditoria Militar, comenta-se que, no "aparelhão" do Presídio Tiradentes, ministravam-se aulas de marxismo, às quais os frades não compareciam, mas obrigavam outros a ir...

A direção da penitenciária promove melhorias, preocupada com os recursos impetrados pelo nosso advogado, Mário Simas, ao STM. Este incumbiu uma comissão de vir aqui averiguar as denúncias.

Agora, como por milagre, aparecem nas refeições queijo, manga e outros alimentos saborosos... Os comuns não sabem como nos agradecer.

Autorizado rádio de três faixas; já há 150 encomendas à direção. A compra é mediante desconto no pecúlio penitenciário, cujo valor atual é de Cr$ 15,00 por mês. Pagamos pelo rádio a prestação de Cr$ 9,50.

Todos os aparelhos são da mesma marca. Desconfio de que alguém da direção anda robustecendo a própria conta bancária...

Pelas tesouradas que deu em outro preso, Chicão foi condenado a 180 dias na cela forte e mais 180 no "amarelo". Um ano na tranca... E ainda pretendem recuperar essa gente?

A obsessão dos comuns é a masturbação. Revistas de mulheres nuas, como a *Ele e Ela*, são alugadas por dois ou três maços de cigarros por noite. No recreio, o locatário descreve em detalhes,

---

[57] Aurora Maria Nascimento Furtado (Lola) foi presa no Rio em 9 de novembro de 1972. Levada para a delegacia de Invernada de Olaria, torturaram-na no pau de arara com choques elétricos, afogamentos e queimaduras. Por fim, aplicaram-lhe a "coroa de cristo", uma fita de aço que, progressivamente apertada, esmagou-lhe o crânio. Faleceu no dia seguinte, aos 26 anos.

para um grupo atento – olhos impregnados de luxúria –, como foi o encontro com a "gata", o que conversaram e beberam, como foram para a cama e o que fizeram. A fantasia é tão consistente que daria para cortá-la com tesoura de jardineiro...

O doutor José Hamilton do Amaral, psiquiatra da penitenciária, pediu à administração o prontuário do Caixe. Pretende submetê-lo a um exame de periculosidade...

Soubemos que operários da capital se solidarizaram com a nossa greve de fome. Um desmaiou na rua porque continuava a trabalhar sem se alimentar.

Em São Paulo, a repressão tem parado ônibus e táxis para revistá-los e exigir documentos de todos os passageiros.

As encomendas de rádio subiram para 250.

Logo após o almoço, na terça, 21, Faísca apareceu com um pedaço de madeira para bater no Airton e no Ruberval. Mané Porfírio apartou a briga com muita sabedoria. Advertiu Faísca de que briga de preso não deve ser contra companheiros, e sim contra carcereiros. Pediu-lhe a "arma" e atirou-a no telhado. Se a tivesse entregado aos guardas, aos olhos dos presos estaria fazendo o jogo da carceragem.

Bodão fugiu hoje, 23, do parque agrícola. Como é de Venceslau, conhece bem a região. Todos comentavam o fato com alegria e uma ponta de inveja. Passou de alcaguete a herói.

Horas depois foi recapturado e levado à cela forte.

*

A edição francesa das cartas de prisão do Betto está aqui, em mãos da censura. Por enquanto ele está proibido de ler o que escreveu...

Afinal, vimos na visita o livro do Betto, *L'Église des prisons*. A edição francesa está melhor que a italiana.
 Doutor Zwinglio havia mandado nos entregar os livros trazidos pelas visitas, menos o do Betto... Este percebeu e se recusou a receber os demais endereçados a ele. O diretor consultou tradutores e hesitou porque, na contracapa, "se desmerece o Sesquicentenário da Independência do Brasil". Afinal, cedeu.

Conversei com os capelães sobre o que faremos no Natal. Eles pensam muito diferente de nós. Desprezam os presos. Exaltei-me na defesa deles. Um dos pastores admitiu que sua missão é preparar os presos para viverem o cristianismo lá fora, porque aqui é impossível... Em seguida, acrescentou que eles são culpados por estarem aqui... Indaguei que oportunidades a sociedade ofereceu a eles? Se tivéssemos nascido e vivido nas precárias condições em que a maioria foi criada, também não estaríamos aqui?
 Há um clima de festa na penitenciária, motivado pelos 250 rádios vendidos. Muitos pararam de fumar para facilitar o ressarcimento da dívida. Como prevíamos, não houve licitação para a compra dos aparelhos...
 O Botafogo, vencedor do campeonato interno, quer dar a faixa para nós em agradecimento pela conquista do direito ao rádio. Diretor e carcereiros também reconhecem que temos contribuído para melhorar a qualidade de vida da população carcerária. Segundo o doutor Candelária, médico, desde que estamos aqui a média de atendimento ambulatorial caiu 50%. O ambiente distendeu-se. Os presos agora têm com o que se ocupar quando se encontram na cela. Sintonizam a mente com as notícias de fora, e não com as pequenas picuinhas internas que, por vezes, se transformam

em grandes tragédias. Reduzem-se a ociosidade e a solidão, os grandes males da cadeia.

Dezembro de 1972

Conversei no pátio com o Chumbinho sobre o que faremos ao retornar à liberdade. Disse a ele que irei para o convento, trabalhar numa paróquia. Após pensar muito ele sugeriu que eu fosse para o interior iniciar a construção de uma igreja. A obra não acabaria nunca. Serviria para promover leilões, quermesses, festas. Uma pequena parte do dinheiro seria gasta na construção, o resto eu embolsaria. Quando tivesse o bastante, compraria uma fazenda de gado e guardaria para a velhice...

Falei que esse não é o meu projeto, fiz voto de pobreza, assinei um papel em cartório, tudo que possuo ou venha a possuir pertence à Ordem dominicana. Chumbinho arregalou os olhos, desnorteado. Soltou uma gargalhada e comentou: "Ah! essa não... eu não... comigo não, não me viu... Então o senhor se coça na direção errada? Frei, o senhor me desculpe a falta de respeito de minhas palavras, mas nem posso mais conversar com o senhor. Estou aqui por querer dinheiro e o senhor veio porque resolveu ajudar os outros?"

Comentário de quem trabalha na cozinha: "Ali é o lugar onde vemos roubos e não podemos roubar."
A missa tem, agora, o dobro de participantes do culto. Atrai pela nossa pregação.
Mané fez 28 anos no sábado, 2.
Temos sintonizado a Rádio Havana Cuba para saber notícias do Brasil.

O carcereiro Beral acusou Colombo, um dos líderes da massa carcerária, de tratar os políticos de modo especial. "Eles te dão doce?", indagou. "Não", respondeu o preso, "é que são cultos, cristãos e fazem muito por nós. Eles merecem."

A palavra mais usada pelos presos para qualificar os carcereiros é hipocrisia. Em conversa com o pastor, Feijão disse que um preso morreu de maus-tratos na cela forte. O guarda, obedecendo a ordens, tirou-lhe o cobertor. O pastor elogiou o guarda e o aliviou da responsabilidade. Reagi contra: não se pode obedecer a ordens injustas. Outro preso disse que quando um companheiro está morrendo há que socorrê-lo de qualquer modo.

Anselmo, único preso daqui beneficiado com o indulto do Sesquicentenário da Independência do Brasil, perdeu-o por falta disciplinar.

No recreio da noite, Betto leu trechos de seu livro de cartas da prisão para os presos. Muitos queriam o livro emprestado, mas está em francês...

Maninho, preso há 15 anos, e com mais 17 para cumprir, só há uma semana soube que sua irmã e mãe morreram há dois anos...

Até agora não conseguimos convencer o padre e o pastor da importância dos Círculos Bíblicos.

Hoje, no culto, o pastor afinal deixou um preso falar. Catapora soltou o verbo pomposo. O pastor cometeu dois erros: o preso, puxa-saco da direção, não é bem-visto pelos companheiros nem costuma frequentar o culto. Há fiéis convictos que nunca tiveram oportunidade de falar. Por essas e outras o culto está cada vez mais vazio.

Na prova, esta noite, no curso de Madureza ginasial, o guarda postou-se atrás do Zé Mineiro. Este se irritou, rasgou a prova e abandonou a sala.

Zé Coragem está no "amarelo" há duas semanas, sem ser ouvido. Desesperado, quebrou os vidros da cela. Foi recolhido à cela forte. Baixinho está há 20 dias na mesma situação.

O jornal *Le Monde* e a revista *Paris Match* denunciaram torturas no Brasil. No primeiro saiu artigo de H. Fesquet sobre a nossa greve de fome.

Doutor Zwinglio disse ao pastor estar preocupado porque tem sido publicada muita coisa sobre a penitenciária na Europa...

O padre capelão pretendia indicar, como leitores na liturgia de Natal, Bonini, chefe de disciplina; o pastor; e o Hélio B., estelionatário. Fomos contra.

Ontem, flagraram o Inácio com faca escondida no sapato ao retornar do parque agrícola. Está no "amarelo". Num outro raio, um preso tentou se suicidar com uma corda. Ela partiu-se, não aguentou o peso do corpo dele.

Nossas cartas são agora censuradas por professores da cidade contratados pelo diretor. Este teme que façamos outro livro de cartas, agora descrevendo o que ocorre aqui em seus domínios.

Até hoje, após duas semanas, a carta das freiras dominicanas de Blagnac, na França, não nos foi entregue. O diretor alega falta de tradutor.

Dom José se surpreendeu quando dissemos que somos revistados a cada visita dele. Pedimos que convença o diretor a me autorizar celebrar o casamento de minha irmã Diva.

Bernard, pai do Ivo, conseguiu da Cruz Vermelha remeter doces aos presos comuns. E a Souza Cruz ficou de mandar um pacote de cigarro para cada recluso. Tentaremos fazer com que essas doações venham para a capelania, para organizar a distribuição e evitar desvios.

No culto de domingo, 17, o pastor disse que o maior bem não é a liberdade, pois estamos todos muito bem aqui, e nossas vidas estão preservadas... Uns dez se levantaram e deram as costas ao culto.

Todas as celas foram revistadas na sexta, 22. Alegaram que a época de Natal é propícia a fugas...

A censura vetou a entrada de *Narciso e Goldmund*, de Herman Hesse, destinado ao Vanderley Caixe. Eis a alegação do professor-censor: "Repete-se a história de D. João, com o agravante de uma literatura salpicada de natureza que leva o leitor a preferir o sonho. Livro em que é apresentado o vício como único caminho para ir à arte, como se o vício fosse fonte de arte; despreza-se a virtude e não se acredita em Deus, pondo a figura do monge no ridículo, como sendo um covarde e invertido. Livro de péssimo exemplo, onde se convida a ser andarilho, mesmo à custa do crime para viver a vida em sua <u>intensidade</u>." (grifo do professor)

Houve culto da Igreja Adventista do Sétimo Dia no sábado, 23, animado por um coro de crianças pobremente vestidas. Muita emoção. Um velho tocou gaita; dois casais cantaram músicas de época; uma menina recitou poesias. O jogral interpretou um poema do qual anotei este verso: "Neste Natal, Jesus nasceu numa trincheira porque sua aldeia foi bombardeada." A cerimônia encerrou-se com a pregação de uma mulher.

Soubemos pelo padre Alexandre que há no arquivo da penitenciária uma enorme pasta com artigos publicados no exterior a nosso respeito. Por outra fonte, fomos informados de que a opinião escrita pelo professor sobre o livro de Hesse veio do padre Alexandre. Há uma verdadeira promiscuidade de funções: o capelão banca o censor...

Chegaram-nos três caixas de livros da Editora Vozes. E Erico Verissimo enviou-nos pacotes de livros destinados à biblioteca que estamos organizando para os comuns. Junto, uma afetuosa carta.

Eny Raymundo Moreira veio passar o Natal conosco. No fim da tarde de domingo, 24, cada preso recebeu um prato de papelão com salgadinhos e doces, e uma garrafa de guaraná. Deram-nos 15 minutos para beber o refrigerante e devolver o casco, por ser de vidro...

Às 20h, ao sair das celas, fomos revistados. Às 21h chegaram ao nosso raio os presos dos outros raios e visitantes. No culto, um pastor de fora fez uma pregação dramática, mais adequada à Sexta-Feira da Paixão que ao Natal, e o coro metodista entoou cânticos belíssimos. Os presos se comportaram como autômatos reagindo a estímulos.

Durante a missa, todos ficamos de pé, escutamos o Hino Nacional após a consagração, aplaudimos e sentamos. A banda carcerária abriu e fechou a cerimônia. A pregação do padre foi lamentável, ninguém entendeu. Contudo, muitos comungaram.

O diretor apresentou Eny após a missa: declarou que não podia deixar de assinalar a presença aqui de uma brilhante advogada que deixara o Rio para passar o Natal com seus clientes presos nesta penitenciária. Disse que ela representava aqui a mãe e a irmã de todos. Pediu uma salva de palmas a Eny.

Ao tentar fazer uso da palavra, ela não conseguiu dizer mais do que "Beijo cada um de vocês". Todos se ergueram e a aplaudiram durante cinco minutos. Do alto do palanque das autoridades, ela também aplaudia. Súbito, desceu a escadinha e veio para o meio dos 400 homens; abraçou e beijou um por um. Toda a cerimônia ficou paralisada durante uns 40 minutos, à espera de que ela terminasse os cumprimentos. Uma forte emoção tomou conta da massa carcerária. Mané Porfírio chorou. Um preso comentou: "É a primeira vez que vejo uma advogada advogar o amor." Outro disse: "Por esta mulher mato qualquer um." Um terceiro declarou: "Eu não acreditava em gente boa, mas agora sou obrigado a reconhecer que estava errado." Em seguida, ela foi cumprimentar os que estão de castigo na cela.

Doutor Zwinglio e dona Maria Tereza, sua esposa, disseram a Eny que o perigo dos políticos é que não pedimos para nós, pedimos para todos.

Eny passou conosco o dia de Natal. Pela primeira vez vimos a sala reservada às visitas encher de gente. Havia muitas crianças; o ambiente era alegre e divertido. Caixe meteu-se a fazer mágicas e Ivo improvisou um show de mímica. A garotada não nos largava. Um menino de cinco anos queria que eu contasse histórias. Inventei daqui, inventei dali, e no fim me vi com ele no colo me contando a história dos três porquinhos, cujos detalhes eu já havia esquecido.

O *Estadão* de hoje, 27, reproduz a resenha do *Le Monde* a respeito do livro do Betto.

No sábado, 30, celebrei aqui na prisão o casamento de Carlos e Diva, minha irmã. O texto litúrgico mereceu ilustrações do Caixe. Todas as minhas irmãs participaram, ao lado de outras visitas. Usei o paramento que Maria Antônia trouxe de presente.

CAPÍTULO X

Penitenciária de Presidente Venceslau

Janeiro de 1973

Corre a notícia de que Boanerges de Souza Massa foi metralhado a 15km de Porto Nacional, há dois meses.

Cedo, João do Pó teve um ataque de loucura; gritou, xingou, bateu no guichê. Outros presos riam; os guardas demonstravam medo. Não é a primeira vez; ninguém se preocupa com ele. Nunca lhe ofereceram tratamento. Está entregue à própria demência.

Nova briga do Cidinho com Jacaré. Este portava uma faca e, ainda assim, apanhou. Os dois, por questão de pederastia, sempre se engalfinham. Da última, quase Jacaré mata o Cidinho com uma tesoura. Apesar de tudo, a direção os deixa juntos. Acredita que, ao contrair relação afetiva, o preso dá menos trabalho.

O calor elevou o termômetro: 43 graus!

Cidinho saiu da cela forte. Jacaré permanece.

Hoje, jogaram no lixo 140 quilos de frango estragado.

O censor avisa que nossas cartas com mais de duas páginas não serão postadas.

Hoje, 16, flagramos doutor Zwinglio a observar nossas celas pela parte de trás da penitenciária. Qual o motivo da curiosidade?

*

Dia 17 foi a vez do Bonini, chefe de disciplina: pela grade, fitava o interior de nossas celas. Deve estar à procura de algum rádio transmissor ou coisa parecida...

Nova repressão aos dois presos pintores, amigos nossos, Moacir Pedroso e Wanderlhey Santana. Estão proibidos de desenhar na cela. Em outras palavras: condenados à ociosidade, demônio que induz à criminalidade...

Ao chegarmos aqui, descobrimos o talento dos dois. Na oficina de pintura, ocupavam-se em copiar telas famosas para o diretor dar de presente a amigos. Reagimos, obtivemos material de pintura para eles, inclusive a coleção *Grandes Pintores*, da Abril, e os incentivamos a criar. O diretor não interveio, porém manifestou desagrado.

Somos considerados ideólogos dos comuns.

Na hora do lanche, Mané Porfírio atirou no corredor o pão que o preso-servente lhe entregou com mãos sujas. O guarda Facholi mandou Mané apanhar o pão. Como o companheiro não deu ouvido, fecharam-no no "amarelo". Tentamos falar com o diretor; Facholi impediu-nos. Decidimos então permanecer trancados na cela em solidariedade ao companheiro.

Fomos punidos com dez dias de "privação em cela comum" – o "amarelo". Eis o motivo registrado no prontuário da penitenciária: "Por ter, em sinal de protesto e solidariedade ao reeducando Manoel Porfírio de Souza, matrícula nº 25.049, se recusado a sair de sua cela enquanto o Diretor não liberasse esse reeducando, que se encontrava em privação em cela comum, por dez dias, em virtude de prática de falta disciplinar consistente em atirar no pátio do 1º raio o pão que lhe fora servido."

Tiraram-nos o rádio e o jornal. É a privação na privação, como camadas de cebola que sucessivamente se fecham. Isso enlouquece um prisioneiro. Trancado na penitenciária, ele é ainda confinado à cela e destituído dos canais que o impedem de entregar-se à "louca da casa", a imaginação alucinada. E se supõe que o Estado pretende reeducá-lo para a sociedade...

O guarda que mandou o Mané pegar o pão já tinha sido acusado de irregularidades por ele. Agora, quis se vingar, tentou humilhá-lo.

Às 17h, Bonini passou de cela em cela. Indagou ao Betto: "Você é solidário aos comuns?" "Sou sim", afirmou o companheiro. "Ora – reagiu o chefe de disciplina – não vê que eles são muito diferentes de vocês! Vocês são estudados, bem educados, e eles são bandidos." Betto retrucou: "O senhor se engana, seu Bonini. Entre mim e os presos há mais em comum do que entre mim e o senhor. Eu e eles estamos aqui presos, por força da lei. Pior é o senhor, cuja liberdade é prender homens. O senhor escolheu estar aqui. Nós não."

Furioso e constrangido, Bonini procurou, em vão, nos convencer de que o Mané errou.

Hoje, 31, Mané e o preso-servente prestaram esclarecimentos. Este defendeu nosso companheiro, confirmou que tinha as mãos sujas. Os dois foram condenados a dez dias de "amarelo". E nós cinco aderimos em solidariedade.

Os carcereiros consideram que Mané estava errado, e que também erramos ao nos solidarizar com o erro dele. Respondemos que errado é condená-lo por antecipação, pois ainda não foi julgado. Errado é punir a solidariedade.

Na terça, o diretor chamou nós cinco ao seu gabinete. Falou claramente que Mané será condenado. Dissemos estranhar, já que ele ainda não nos tinha ouvido nem ao Mané. Porém, nos recusamos a prestar esclarecimentos sem a presença de nossos advogados. Ele retrucou que "advogado é para as coisas lá fora; aqui não". Na quarta, Mané foi ouvido e todos nós castigados a dez dias de "amarelo".

Querem aplicar a nós o que fazem aos presos comuns: quando acusados de infração, não têm como se defender. Contra eles apresentam a queixa os carcereiros de plantão e o chefe da disciplina. Este último ordena a punição preventiva. Embora parte interessada, também é ele que, dois ou três dias depois, toma o depoimento do preso.

Ficamos dez dias sem contato entre nós. Dentro dessa caixa de cimento, com temperatura entre 35 e 40 graus, a gente vazava por todos os poros.

Na mesma semana em que fomos punidos, Sabará foi para o "amarelo" porque disse ao chefe do plantão da noite que daria parte dele por ter contrariado a norma da casa e privado os presos de TV no domingo. Sabará ficou cinco dias no castigo; foi liberado sem julgamento. Afinal, quem é o culpado? Se o preso é inocente, quem responde pela arbitrariedade contra ele?

O diretor está entre dois fogos: de um lado, pressão para nos apertar; de outro, teme a Igreja e a repercussão lá fora.

Fevereiro de 1973

O maior castigo não é ficar na cela todo o tempo, é suportar o calor. Faz 40 graus. Doutor Nelson Candelária veio examinar Politi, Mané e a mim. Mané comunicou estar em greve de fome; pediu transferência para o hospital. Foi atendido.

O diretor não entende por que somos solidários ao Mané; disse-nos que, na cadeia, solidariedade é crime.

Como castigo suplementar, nossas visitas estão canceladas.

Recolhido nu à cela forte, Gaúcho sentiu-se mal e gritou por socorro. O carcereiro disse-lhe ter passado a hora de pedir médico; este só retornaria no dia seguinte. Gaúcho apelou ao chefe de disciplina; Bonini desconfiou tratar-se de jogo de cena, não o acudiu. Pouco depois, Gaúcho sofreu parada cardíaca.

O corpo, levado para o necrotério da cidade, com certeza amanhã será jogado numa vala comum. E em sua ficha ficará estampado o carimbo FALECIDO.

Quem tentou no Éden o Tentador? Quem pune os crimes cometidos aos criminosos?

Mané prossegue em greve de fome. Hoje, vomitou.

O papa Paulo VI nomeou 30 novos cardeais. Seis são brasileiros, entre eles dom Paulo Evaristo Arns.

No fim da tarde de quinta, 8, Politi e Caixe foram chamados pelo Brito, chefe penal. Este os engambelou para dar aos guardas tempo de mudar os pertences deles de raio. Mané também será transferido para o 4º raio. Decidiram separar os leigos de nós, frades. Não atinamos o motivo.

No domingo, 11, ao encerrar o período do nosso castigo, recebemos a visita de dom José Maria Pires, dom Tomás Balduíno, dom Waldyr Calheiros e dom José Gonçalves. Relatamos aos bispos o que ocorre aqui.
    O diretor, intrigadíssimo, quer saber como, de dentro de nossas celas, conseguimos nos comunicar com a comissão episcopal. Não acredita em mera coincidência. Ou melhor, *Cristoincidência*. Desconfia de que temos um radiotransmissor dentro da caixa de fósforos...

O *Estadão* de hoje, 20, publica denúncia dos bispos quanto a nossas condições carcerárias. O jornal foi proibido de entrar. Mas aqui tudo se sabe...
    Iniciamos os Círculos Bíblicos com os comuns.

*

Cedo, Bonini convocou-nos a prestar esclarecimentos. Nos recusamos a fazê-lo sem a presença do advogado. Mané disse que só falaria diante do diretor, porque Bonini é parte interessada.

À tarde, o diretor reuniu nós cinco e pediu para cessarmos a solidariedade ao Mané. Diante de nossa reação, doutor Zwinglio teve um ataque histérico: "Eu não aguento mais essa solidariedade! Quando vocês irão embora para eu poder descansar?"

O diretor teme perder o cargo devido às nossas denúncias.

O DEOPS investiga as pessoas que se correspondem conosco.

Orlando queria enviar carta a um padre de Júlio de Castilhos (RS). Recorreu a mim para redigi-la. Aconselhei-o procurar o capelão. Ele retrucou: "Nosso capelão é o senhor; o outro é padre da polícia."

Hoje, Bonini chamou o Orlando; disse que a carta não pode sair. O preso indagou a razão. Bonini não respondeu. Orlando viu doutor Zwinglio passar e chamou-o: "Então vamos falar com o diretor." Este liberou a carta. Bonini ainda insistiu, alegou que a carta havia sido escrita por um terrorista... Doutor Zwinglio reafirmou ao Orlando: "Quando precisar de ajuda, pode pedir aos padres." Bonini não se deu por vencido, o diretor reagiu: "Estou conversando com o preso, o senhor pode se retirar."

Orlando aproveitou para dar a verdadeira versão do caso do pão do Mané. O diretor se surpreendeu. "Então ele não pediu três pães, como me disseram? As histórias me chegam diferente."

Logo depois, Bonini ameaçou o preso. Acusou-o de criar problemas. Orlando não se conteve, respondeu-lhe que ele é quem cria problemas, só ajuda os alcaguetes.

Bonini se retirou sem nada dizer.

Um preso que tentou fuga há meses foi interrogado por um tenente da PM; perguntou-lhe sobre "os terroristas". Teme-se que sublevemos a massa carcerária.

Março de 1973

Hoje, serviram de café da manhã apenas um pequeno pedaço de pão, pouco maior que uma rodela de hóstia, amarelado como as paredes da cela. Disseram que a farinha de trigo está no fim e a nova remessa demorará a chegar. A carne acabou, a margarina também, verdura nunca houve, leite os "ratos" bebem...

Foi como se eu comesse apenas um biscoito no desjejum, a única refeição entre a sopa rala do jantar de ontem, às cinco da tarde, e o almoço de hoje, às 11h. Desacostumado à fome, ela veio e não havia como aplacá-la. Quatrocentos homens devem se contentar com essa pequena ração, sem que ninguém possa operar o milagre de multiplicá-la.

Sei que o 121503, meu vizinho, tomou apenas um gole de café amargo. Não gosta de pão. Faltou-me coragem de pedir o dele. Aquelas mãos que um dia estrangularam uma mulher por desconfiar de que ela o traíra, todas as manhãs molham o pão na água e atiram pedacinhos amolecidos aos pombos que frequentam o pátio externo. Como privar esse gesto com a minha gula? Sim, gula! No cárcere, um grão de arroz a mais é privilégio; um pingo de café a menos é o suficiente para embeber o pavio que faz explodir o motim.

Aqui, só o ódio e a esperança não são racionados; e vive-se disso.

No Círculo Bíblico, um preso comentou: "Na cadeia a gente só é feliz quando dorme." Outro confessou: "O dia mais feliz da minha vida foi quando levei o maior pau e não abri o nome de um amigo."

Esta semana chegou telegrama do pai do Betto; reclamava da falta de cartas dele. Ontem, o professor encarregado da censura chamou o Betto. Este havia escrito quatro cartas: à mãe, ao pai e a dois irmãos. Estavam retidas. O censor disse que teriam de ser enviadas em quatro envelopes... O companheiro protestou; já que o endereço é o mesmo, por que gastar tanto dinheiro em selos? Não adiantou. Betto decidiu escrever ao diretor:

Prezado Dr. Zwinglio:

Para quem está preso por ter cometido atos que não merecem condenação nem de sua família, nem da Igreja à qual pertence, é preciso muita paciência para suportar o duro peso de oito cárceres diferentes em menos de quatro anos. O mais difícil, porém, é adaptar-se a um sistema que parece modificar-se a cada dia. Tomo a liberdade de comunicar ao senhor o que se passa. Hoje, fui chamado ao Setor de Instrução, e um dos professores devolveu-me a correspondência, alegando que não posso enviar mais de uma carta no mesmo envelope. Como o senhor sabe, as cartas que escrevo, para amigos e familiares em Belo Horizonte, costumo enviá-las no mesmo envelope por questão de facilidade e economia. Se ele iria censurar todas do mesmo modo, qual a razão da exigência de que devem estar em envelopes separados? Por que só agora se exige isto? Disse que não tenho condições de gastar tantos selos e envelopes, e ele se recusou a enviá-las.

Não é a primeira vez que ocorrem problemas com o Setor de Instrução. Desde que o senhor deixou de cuidar de nossa correspondência, os problemas aumentam, embora o senhor nunca nos tenha imposto limite de páginas. Eles exigem que não ultrapassemos duas folhas. Pois bem, temos procurado não criar dificuldades neste sentido. Mas o senhor nos havia assegurado que toda correspondência interditada seria comunicada ao preso. Tudo indica que isso não tem ocorrido. Escrevi várias cartas à minha família que jamais chegaram ao destino, embora outras que seguiram no mesmo envelope tenham sido recebidas. Na semana passada, recebi carta enviada por meu primo; havia sido interditada sem que houvesse qualquer comunicação à minha pessoa. A carta só veio parar em minhas mãos porque os professores trocaram-na por engano com uma outra que deveria ser entregue ao Manoel.

Desde que estamos presos, nunca houve dificuldade para recebermos livros, que constituem nosso material de trabalho e estudo na prisão. No encontro que tivemos no dia de Natal, perante a doutora Eny, o senhor assegurou-nos que continuaria a não fazer restrições à entrada de livros. Mesmo assim os professores continuam agindo de outra forma e, quando fui argumentar com eles, em base à palavra do senhor, creio que passei por mentiroso que faz uso indevido da autoridade alheia. Até livros de teologia trazidos por dom José foram proibidos de entrar.

Doutor Zwinglio, creio que ocorrem coisas nesta casa que não chegam ao conhecimento do senhor. Se me permite a franqueza, aproveito para relatar alguns fatos. Da última vez que minha mãe aqui esteve, passou por dois incidentes desagradáveis. Como de outras vezes, havia sido cercada pelas atenções do senhor e de dona Maria Tereza; agora tudo fez para poder cumprimentá-los. Os funcionários caíram em contradição. Um disse que o senhor havia ido a um casamento, outro que iria recebê-la no dia seguinte porque tinha muito trabalho. Ela esperou pelo dia seguinte quando, então, o novo plantão informou que o senhor e sua esposa haviam viajado. Todas as vezes que mamãe me visita, traz um doce que ela mesma faz. Desta última, Bonini disse que o doce não entraria. Ela estranhou. Das vezes anteriores havia entrado. Foi então que ele deu-lhe uma resposta que não fica bem na boca de um homem que, na sua ausência, responde pela direção da casa: "Aqui, minha senhora, o regulamento muda de minuto a minuto."

O tratamento que recebemos nesta casa sofreu sensível modificação após o castigo. Tudo indica que querem nos provocar. Relatarei alguns fatos: o Maurice Politi foi chamado à Inclusão. Ao chegar ao portão da galeria, Bonini disse: "Aonde o senhor vai?" "À inclusão", respondeu. "Não vai não", disse o chefe de disciplina. "Mas fui chamado lá." Bonini retrucou: "Vou mandar verificar se é verdade e depois decidirei se o senhor poderá ir ou não."

Pedi ao funcionário para abrir a cela para que eu pudesse ir à barbearia; ele fez sinal de "espera" com a mão e continuou tranquilamente sentado num canto do pátio sem que eu fosse atendido. Frei Fernando, frei Ivo e eu recebemos visitas juntos em outros presídios e, aqui, nunca houve dificuldades quanto a isto. No último sábado, vieram minha irmã e a mãe do frei Ivo. Chamaram frei Fernando e este não pôde descer. O funcionário disse que Bonini o havia informado que, por ordem do diretor, frei Fernando só poderia descer durante 60 minutos, e deveria escolher entre o período da manhã e o da tarde. Depois do castigo nunca mais deixaram as nossas visitas chamar o Manoel.

No último domingo, creio que novamente passei por mentiroso que faz uso indevido da autoridade alheia. No dia 25 de dezembro, o senhor autorizou, perante o senhor Inácio, meu cunhado chamar à sala de visitas o preso Wanderlhey Santana, para conversarem sobre desenho. No domingo, meu cunhado aqui esteve, e tanto ele como eu falamos aos funcionários Bonini e Inácio sobre a autorização que o senhor havia dado. Disseram que "não havia autorização nenhuma!".

Haveria outros pontos a abordar (coisas que acontecem aos presos comuns), mas como esta carta já está longa, prefiro deixar para outra ocasião. Antes de encerrar, quero comunicar ao senhor que tem sido praxe de alguns funcionários dizerem aos presos que se relacionam conosco para "não andarem em companhia de terroristas". Ora, o senhor já imaginou que espécie de intimidação isso significa? Se não podemos ter contato com os presos comuns, então por que fomos incluídos na população carcerária? O senhor João Melluci disse, hoje, ao Maurice Politi, que carta nossa que se destina ao senhor não pode seguir em envelope fechado. Por quê? Outras cartas temos enviado, e como o senhor não tem dado nenhum sinal de resposta, desconfiamos que não chegaram às suas mãos.

Doutor Zwinglio, gostaríamos de saber se tudo isso parte mesmo de "ordens do diretor", como eles dizem. Estou pronto a não mais incomodá-lo com cartas e bilhetes se, por caso, o senhor achar impossível qualquer diálogo entre nós. Mas gostaria de, pelo menos, ter a tranquilidade de saber que esta chegou às suas mãos. Lembranças à dona Maria Tereza e meus cordiais cumprimentos.

Frei Betto

Às 16h, o chefe dos professores chamou o Betto. Na sua mesa estava a carta que ele escreveu ao diretor e outra do diretor ao professor. Foi uma longa discussão. Betto respondeu à altura. O chefe disse que iria fazer uma reunião com os professores. Mostrou uma lista de pessoas que não podem escrever aos frades: todos os nomes que constam de depoimentos policiais, mais os frades Carlos Mesters, José Neves, Sérgio Calixto e Basílio Tolentino.

O jornal de ontem noticiou que o líder camponês Zé Porfírio, pai do Mané, foi condenado a seis meses, e o padre Alípio de Freitas a dois anos, em Brasília.

Enquanto estávamos na barbearia, Bonini revistou nossas celas. Depois veio dizer ao Betto para lavar a dele. Betto respondeu que o faria, desde que lhe dessem material de limpeza. Há um mês o presídio não fornece material.

Soubemos que o diretor tem de nós a seguinte imagem: Politi, inofensivo; Mané, anarquista; os frades, líderes intelectuais apoiados pela Igreja; Caixe, chefe de todos nós. Para as autoridades de São Paulo, além de nós três assegurarmos o apoio da Igreja aos presos políticos, somos os unificadores das Organizações revolucionárias na cadeia. Por isso devemos ficar afastados da capital.

O diretor nos quer ingressados no regime de trabalho da penitenciária; só aceitamos se for em benefício dos presos.

Dois ditados de cadeia: "Nada pode, tudo pode." "Tudo é permitido até que seja proibido."

O relator do nosso recurso no STF é Aliomar Baleeiro. Estamos contentes; trata-se de um jurista íntegro e competente, que não se dobra à ditadura.

Há dois meses, Ademir, transferido para a colônia agrícola, fugiu. Ontem veio até aqui e se entregou ao diretor: "A situação na liberdade está muito ruim. Como não quero ficar em cadeia pública, vim me apresentar aqui."

*

Varapau concluiu que não gostamos de pobres porque queremos acabar com a pobreza...

Um carcereiro comentou com ele: "O cabeça dos políticos é o Fernando, que instiga os outros; Ivo é orgulhoso; Betto, mais simples; Caixe e Mané, os mais revoltados." Nada disse do Politi.

Tenho lido muito. Revisito a pobreza de Charles de Foucauld, o cristocentrismo de Teilhard de Chardin, a secularização de Dietrich Bonhoeffer, o engajamento político de Emmanuel Mounier.

O inferno é aqui. Outro dia, Davi, há nove anos preso, recebeu carta da esposa dizendo que, ao sair, não deve mais procurá-la; agora vive com outro homem que as crianças já tratam como pai.

Cacique, há 18 anos cumprindo pena de 30, ganhou o perdão do Conselho Penitenciário Estadual. Eufórico, preparou-se para retornar à liberdade, certo de que o Conselho Penitenciário Federal confirmaria a decisão. Mas o resultado veio negativo e, agora, tenta se acostumar à ideia de que ficará aqui pelo menos mais cinco anos.

Fortunato, casado, com filhos, vida pacata, veio cumprir pena de 12 anos por ter assassinado a irmã durante discussão por causa de herança. Daria mil vidas para ver a irmã viva novamente. Já escapou de tentativa de suicídio.

Na visita, o diretor disse à mãe do Politi que os padres são irrecuperáveis, só falam em libertar os oprimidos. E que não sabe se a Igreja vai nos aceitar...

Os suplementos da edição dominical do *Estadão* foram todos censurados. Não podem entrar porque contêm histórias em quadrinhos e estampas femininas... Dupla censura: no jornal e aqui.

A revista *Times* noticiou que o general Ernesto Geisel, presidente da Petrobrás, será o novo presidente do Brasil.

Hoje, houve homenagem dos presos comuns ao diretor e à esposa. Nenhum dos políticos compareceu. O diretor anistiou todos que estavam de castigo.

Segundo a *Folha de S. Paulo*, Alexandre Vannuchi Leme foi preso sábado, 24, junto com Adriano Diogo, Arlete Lopes Diogo, Katie Melles Megre e Concepcion Martin Perez. Ao cobrir um "ponto", Alexandre viu-se cercado pela polícia e, ao tentar fugir, teria sido atropelado por um caminhão...

Vagareza comentou conosco: "Quem rouba um é ladrão; quem rouba muitos, barão. Quem mata um é assassino; quem mata muitos, herói."

A verdadeira história do Alexandre Vannuchi: preso na terça passada, morreu de infarto na tortura. Sábado seu corpo foi retirado do IML e enterrado como indigente. Como no sábado houve o atropelamento de uma pessoa, disseram tratar-se de Alexandre. Por isso a polícia se recusa a entregar o corpo à família. O pai dele vai entrar na Justiça. Fleury fez questão de dizer à família que não foi ele nem sua equipe. Alexandre é primo do Paulinho Vannuchi, preso em São Paulo.

Retrato do Brasil: Borba Ruiz, ex-marinheiro, foi condenado à revelia a quatro anos de prisão. Vivia tranquilo no país. Tinha um casal de filhos, a moça namora um militar. Os filhos foram presos, tornaram-se reféns do CENIMAR, de modo a forçar o pai a se entregar. Este se apresentou ao Regimento Caetano de Farias, do Exército, no Rio, em companhia do futuro genro. Os filhos foram soltos.

Três dias depois, a família foi chamada para buscar o corpo. Estava irreconhecível, tamanhas as torturas que sofrera.

Abril de 1973

Frei Romeu Dale eleito novo superior geral dos dominicanos no Brasil. Ex-assistente nacional da JUC, nosso confrade foi subsecretário dos Meios de Comunicação da CNBB.

*

Após 19 anos e nove meses encarcerado, seu Raul teve direito à liberdade condicional. Sua trajetória é a de quem se perdeu no labirinto, impedido de acesso ao fio de Ariadne. Condenado à revelia, a três anos e quatro meses em dois processos por agressão, pouco depois matou a mulher que o traiu. Preso, sentenciaram-no a nove anos. Ao cumprir o sétimo, assassinou um preso que o desejou como mulher. Então, complicou-se de vez. Jamais recebeu visitas, nem escreveu ou recebeu cartas. Não tem nenhuma notícia da família.

O que será a liberdade para um homem sem referências e cujas raízes estão, agora, plantadas na ausência dela?

No Círculo Bíblico, Pardal comentou o encontro de Jesus com os doutores, no Templo, aos 12 anos: "O barato foi o seguinte. José e Maria subiram para Jerusalém com Jesus para a festa de Páscoa. Lá entraram na alegria da festa. Olharam as lojas, as barracas, compraram coisas, observaram o movimento. Enquanto José fazia compras, Maria olhava as novidades ou cochichava com outras mulheres. Jesus foi para o Templo falar no meio dos doutores. Ora, Jesus era Deus; mesmo sendo um menino, naquele menino estava Deus. Vocês já imaginaram toda a ciência e sabedoria de um Deus? Pois é, aquele menino tinha a sabedoria de muitos e muitos gênios. Jesus pensou: 'É a única oportunidade que vou ter para falar a esses doutores. Mais tarde eles vão ficar contra mim, mesmo porque eu vou abrir o barato e eles são cheios de escamas. Então o negócio é aproveitar e dizer logo tudo que penso.' E começou a falar: 'Eu sou filho do Pai que está nos céus.' Os doutores, tudo estudado, ficaram de touca ao ouvir aquele menino que eles nem conheciam. 'Cumé que pode um menino de 12 anos ter essa sabedoria toda?' Os loques não sabiam que ele era Deus. Tavam marcando uma firme. Enquanto isso, José e Maria já tinham se mandado, desligados de tudo, achando que o menino tava ali na caravana com eles. Uma certa hora deram falta dele e começaram a procurar: 'Cristinho, Cristinho, cadê você?' E não encontraram ele depois de um dia de procura. Então voltaram para Jerusalém. E continuaram a procurar lá. Depois de três dias foram dar com ele no Templo. Lá estava o menino. E estava levando uma no meio dos doutores. Deixava cair! Aí Maria disse que ela e José estavam aflitos procurando ele. Maria, aquela mulher que tinha recebido a visão do anjo, agora perguntava por que ele tinha feito aquilo. Então ela não entendeu? Se ele era Deus, sabia o que estava fazendo, não precisava ninguém ficar atrás dele. Um anjo, rapaz! Se aparece um anjo pra você e diz tudo aquilo, você num esquece nunca mais. E ela num sabia que ele era Deus? Saíram com ele do Templo e voltaram para casa. No caminho foram dizendo: 'Tá vendo! A essa hora todos já estão chegando em casa e nós aqui! Onde já se viu fazer uma coisa dessas?' E de vez em quando José dava um puxão de orelha nele.

"Jesus era Deus, mas era filho de Maria e José. Tinha de dar o exemplo e obedecer como filho. Então ele aguentou calado as broncas e os puxões de orelha. Foi para casa sem dar um pio."

O rádio deu notícia de manifestações no meio universitário de São Paulo em protesto pela morte de Alexandre Vannuchi.

Chegaram-nos colchões de espuma de náilon. Para a segurança é melhor, nada se pode esconder dentro dele.
    O rádio trouxe mais tranquilidade à penitenciária. Diminuiu o roubo de bagulhos: pasta de dente, cigarros etc. O pessoal frequenta menos a TV. E reduziu-se o índice de violência.
    A corrupção campeia entre os carcereiros. Pilhas que custam na cidade Cr$ 0,90, são vendidas aqui por Cr$ 1,20. Um preso denunciou; o diretor prometeu apurar.

*

Ivo escreveu carta de quatro folhas. O censor o convocou, disse que o regulamento só permite duas. Ele dividiu as quatro em dois envelopes. Pagou selo em dobro, mas o regulamento foi cumprido! E depois dizem que Kafka exagerou em seus escritos...

Carlito, que se sobressai pela inteligência, considera que há três estágios na vida do preso: 1) Rever sua vida e regenerar-se; 2) Tanto faz estar preso ou livre; então pode fazer muita bobagem; 3) Degenerar-se por completo.

Aos 50 anos, Carlito está preso há 18; ainda tem 12 a cumprir.

Dom Paulo Evaristo Arns e frei Gilberto Gorgulho vieram nos visitar. Chamaram os seis. Queixaram-se com a direção quanto à nossa separação em raios. O cardeal confirmou que Alexandre Vannuchi morreu mesmo sob torturas no DOI-CODI.

Criada a Comissão de Justiça e Paz de São Paulo.

O jornal *O São Paulo*, da arquidiocese paulistana, está sob censura, proibido de falar em prisões, mortes etc.

Há dissensões nas Forças Armadas. Ao receber o título de cardeal, dom Paulo foi cumprimentado apenas pelo comandante da IV Zona Aérea. A Marinha e o Exército não deram as caras. O oficial da Aeronáutica confessou-se indignado com o assassinato de estudantes. Segundo ele, há na sua arma setores descontentes com o regime militar.

Arnaldo Cardoso Rocha, 24 anos, assassinado pela repressão em São Paulo, teve o corpo levado para a sua terra, Belo Horizonte. A missa celebrada por frei Cláudio van Balen, na igreja do Carmo, estava repleta. Dentro do caixão, uma cobertura prateada impedia que se visse o corpo; só os olhos e a boca apareciam.

Comenta-se que sairemos até o fim do ano. O julgamento do STM está marcado para o mês que vem.

Ficaremos ou não no Brasil? As opiniões divergem. Nossa tendência é ficar, apesar dos riscos.

Bonini proibiu Wanderlhey Santana de desenhar na cela! E ainda há quem acredite no caráter reeducativo do cárcere...
 O guarda Facholi ganhou Cr$ 300 milhões na Loteria Esportiva. Com o dinheiro, comprou fazendas. Contudo, continua a trabalhar aqui; diz que para ocupar o tempo. Passou a ter mais poder, empresta dinheiro ao diretor, ao Brito etc.
 O ódio dos presos a ele cresceu.

Wanderlhey Santana conseguiu licença para desenhar na cela.

Acusado pelo procurador Hélio Bicudo, o delegado Fleury foi indiciado em processos do Esquadrão da Morte.

À margem da represa da penitenciária, houve um churrasco, hoje, em benefício da paróquia do padre Alexandre. Depois, os comensais vieram visitar as instalações. Os presos ficaram de olho nas mulheres... Na oficina de pintura, um dos visitantes viu a tela que o Moacir fez para o Ivo e quis comprá-la a qualquer preço. O autor não vendeu.

Maio de 1973

 No Dia das Mães, umas poucas vieram em visita aos filhos. Faz-se festa, é o costume, adocicadas com declamações de versinhos pueris no palco do salão nobre, guloseimas para aliviar o desalento e, de presente, uma flor ou um porta-retratos saído da inacriatividade da oficina de artesanato. No centro das comemorações, a supermãe, a mãe-símbolo, a mãe-paradigma, a mãe-universal dos sem-mãe, a mãe-de-todos-os-presos: dona Maria Tereza, mulher do diretor. Nos anos anteriores, à filial reverência da massa carcerária, o prêmio de consolação: anistia a todos que se encontram de castigo.

Este ano, para não anistiar os que se encontram na cela forte, suprimiram-se todos os agrados. O peso implacável da sanção falou mais alto que a brisa suave do perdão.

Muitos presos, diplomados no ensino primário, aspiram ao ginásio. Ao chegar aqui, insistimos com o diretor em promover um curso de Madureza. Seríamos nós, presos políticos, os professores. Doutor Zwinglio repeliu a proposta, acusou-nos de ingênuos, enfatizou serem os detentos "novidadeiros", não terem real interesse nos estudos. Doutor Werner, por sua vez, indignou-se ao saber de nossa sugestão, identificou nela um cavalo de troia para proselitismo político...

Não nos demos por vencidos; convencemos padre Alexandre a se unir ao nosso propósito. Graças a ele, a direção cedeu. Para evitar a impressão de proselitismo, o capelão propôs o Hélio como professor de geografia. Recusamos, é dedo-duro e intrigueiro.

O estudo, com certeza, ajudará na recuperação de alguns desses companheiros. Para as aulas, o diretor liberou o período noturno do recreio, acrescido de mais uma hora. Os alunos dispostos a frequentá-las deverão abrir mão do recreio. Doutor Zwinglio avaliava que poucos presos se interessariam. Para surpresa dele, e também nossa, 83 se inscreveram. Tivemos que formar duas turmas. E dividimos entre nós a responsabilidade pelo currículo: Politi leciona português; Ivo, história geral e estudo de problemas brasileiros (moral e cívica); Caixe, história do Brasil e geografia; Betto, química, física e biologia, auxiliado pelo Mané Porfírio, "catedrático" em botânica; e eu, matemática.

Doutor Werner Rodrigues veio da capital inteirar-se do curso. O diretor nos teria dado o sinal verde sem consultá-lo. Afinal, deu-nos um voto de confiança. Falamos da necessidade de um livro de textos; prometeu enviá-lo. Disse que o Tiradentes está vazio. Há cerca de 100 presos políticos no Carandiru e uns 70 no Presídio do Hipódromo, onde se encontram também 19 mulheres. Na Penitenciária do Estado, já não há políticos, mas há três ou quatro mulheres no presídio feminino anexo ao Carandiru. Deixou claro que ficaremos aqui até o final da pena.

Há duas semanas, Betto ensaia um grupo de teatro. Ideia do companheiro Oyama, estelionatário. Dos 72 que compareceram, 34 se inscreveram. Betto explicou que, antes de montar a peça, seria preciso fabricar os atores; não se faz uma casa sem material adequado. O objetivo não será encenar uma peça, mas propiciar aos companheiros oportunidade de expandirem energia, criatividade, comunicação e expressão. Os ensaios são aos sábados e domingos. Fazem exercícios de leitura e dicção, expressão corporal, improvisação, dinâmica de grupo e laboratório. Isso os ajuda a se desinibir; recuperar o nome, a face e a autoestima; adquirir confiança em si; e objetivar seus problemas.

Betto valoriza mais o caráter terapêutico dos ensaios. Sábado passado entrevistou os candidatos a ator e pediu a cada um representar o que contava. Foi como ressuscitar mortos. Morcegão descreveu como entrou num sítio para roubar e, surpreendido pelo casal de proprietários, matou-os. Ao representar pela primeira vez a cena, desempenhou o próprio papel. Em seguida, Betto inverteu os papéis. Morcegão representou o proprietário. No terceiro laboratório, fez o papel de polícia. Foi uma catarse geral.

Quase todos os presos nossos alunos e participantes do grupo de teatro foram beneficiados com direito a trabalhar no parque agrícola. Isso favorece seus recursos de redução da pena. E comprova que ajudamos a recuperá-los.

*

Ontem, na hora de iniciar as aulas, ao passar pelo corredor, doutor Werner Rodrigues viu Jacaré esfaquear o Cidinho embaixo da gaiola. Ferido, Cidinho correu para o 1º raio. O guarda Facholi tentou tomar a arma de Jacaré e levou uma facada no braço. Na porta do raio, o carcereiro Cola tentou barrar o agressor. Após rasgar-lhe a roupa com a lâmina, Jacaré entrou e deu mais duas facadas no Cidinho. Todos os guardas fugiram, inclusive o Facholi.

Foi um preso, Macaco, quem tomou a faca do Jacaré e a entregou aos funcionários. Alguns não o aprovam ter tomado a faca, a briga não era problema dele. A maioria apoia a agressão de Jacaré; na última vez que apanhou de Cidinho só ele ficou de castigo. O que faz esse mundo carcerário surreal é que Jacaré aprontou tudo por "amor": hoje vencia a sua pena, ele seria transferido para outra cadeia para cumprir o mandado de segurança e ficaria separado do Cidinho. E Cidinho ainda tem 18 anos de condenação para cumprir.

Jacaré veio para a cela forte do 1º raio, no qual Cidinho mora.

Junho de 1973

Um preso proibiu seu companheiro de frequentar nossas aulas. Ciúmes, por não poderem ficar juntos no recreio da noite.

Temos agora 73 alunos. As baixas se devem a brigas, doenças e desistências frente ao ritmo dos estudos.

O cantor Agnaldo Timóteo veio visitar seu irmão preso. Prometeu fazer um show aqui.

À reunião dos bispos de São Paulo compareceu dom Pedro Casaldáliga. Disse a eles: "Padres e leigos seguem as nossas orientações e são presos e torturados. A repressão não tem coragem de nos prender. É hora de nos solidarizarmos às vítimas de forma concreta."

A BBC leu trechos do *Documento dos Bispos do Nordeste* e disse que a Igreja é a única com força para se manifestar no Brasil.

Doutor Werner Rodrigues indagou ao padre Alexandre se os políticos não aproveitam as aulas para fazer proselitismo. O capelão respondeu negativamente; as aulas são assistidas pelos guardas. E acrescentou que, se quiséssemos fazer proselitismo, seria nos raios, onde estamos misturados à população carcerária.

O STM acolheu, via nosso advogado, nossas queixas das condições carcerárias; enviou a Venceslau um coronel do SNI que visitou o 1º raio, o banheiro, a cozinha; e cuidou de copiar o cardápio da casa.

Em reunião com os carcereiros, o diretor deu-lhes uma bronca pela fuga do Inácio e as facadas do Jacaré. E elogiou o nosso curso.

A aula de moral e cívica, ministrada pelo Ivo, tem sido anotada pelos guardas.

Em sua primeira apresentação, o grupo teatral dramatizou o capítulo 9 do evangelho de João. Houve também esquetes e declamação de poesias. Todos os participantes subiram ao palco para desempenhar algum papel.

Padre Alexandre preveniu-nos que, devido à representação ao STM, seremos afastados das aulas. Vingança da direção da penitenciária. Dissemos que o importante é o curso prosseguir, conosco ou "sem nosco".

Percebemos que o capelão veio, em nome do diretor, pedir para retirarmos a representação ao STM. Fizemos de conta que não entendemos e desconversamos. O diretor morre de medo dos militares.

*

Fizemos reunião com os futuros professores do curso. Os alunos estão indignados com a nossa substituição.

O preso que serviu café na reunião do padre Alexandre com os professores substitutos ouviu estes afirmarem não ter condições de dar o curso.

No encontro que tivemos, hoje, com Mário Simas, Facholi viu nosso advogado tomar notas e apreendeu o papel. Simas, a muito custo, conseguiu reavê-lo. Agora vai transformar o recurso ao STM em diligência, para manter o diretor sob pressão.

O juiz auditor perguntou ao Simas o que faremos ao sair em liberdade. Sugeriu nossa ida para o exterior.

Jornais lançam Geisel, da linha castelista, como sucessor de Médici.

Na tarde de hoje, 14, revistaram a cela do Mané. E antes do café da manhã houve uma revista sutil na minha.

Os guardas têm revistado nossas celas quando estamos ausentes; e levam meia hora para nos chamar à visita. Provocam-nos e ficam irritados porque adotamos a tática de não dar a menor importância. Se somos obrigados a esperar dez ou 15 minutos sob a gaiola que controla o trânsito entre as galerias, abrimos um livro e, como quem não tem a menor pressa, ficamos a ler.

Laudelino denunciou, há cerca de dois meses, o tesoureiro da penitenciária como corrupto. Dia 6, escreveu ao diretor e pediu transferência para qualquer outra cadeia, pois se sentia prejudicado porque a denúncia não foi investigada. Sexta, o diretor o convocou diante do advogado da casa e ele provou tudo que denunciara. O diretor admitiu: "Não posso transferi-lo após esta denúncia, porque ficarei prejudicado. Lá fora você falará sobre isso." Laudelino respondeu: "Quer dizer que o senhor não pode ser prejudicado, mas eu posso! Estou preso porque roubei lá fora; por que o tesoureiro rouba aqui dentro e fica solto? Existe uma máfia aqui." O diretor indagou: "Eu sou da máfia?" "Eu não disse isto", respondeu Laudelino, "digo que há uma máfia aqui porque tem gente protegendo um ladrão."

O diretor viu-se na obrigação de tomar três páginas de depoimento do Laudelino.

Padre Alexandre nos procurou para falar do novo horário do curso. Os políticos ficam apenas com as tarefas de complementação. Os alunos queriam desistir, boicotar. Insistimos para que prossigam com as aulas.
À noite, o capelão foi às classes explicar as mudanças no curso; os alunos o botaram na parede. Sentiu-se muito mal. Pior ainda foi sua aula de educação moral e cívica. Espanhol formado na ideologia católico-franquista, quase nada sabe de Brasil.

Soubemos, nesta terça, 19, que possivelmente seremos libertados dia 4 de outubro – festa de são Francisco de Assis.

Fui ao dentista: duas cáries. Não há material para tratamento.
Dois professores faltaram às primeiras aulas. Os políticos os substituíram; os alunos comemoraram.

Quase pronto o novo conjunto de celas fortes. Servirá para os que aqui enlouquecem por causa do longo tempo de prisão. Esses não são tratados, são isolados.
Mal tinha se curado de meningite, Belini ficou nervoso, quebrou a cela, bateu num guarda. Levaram-no ao hospital; doutor José Hamilton acalmou-o com uma injeção de "sossega-leão".

Após a divulgação do documento conjunto dos bispos do Centro-Oeste e do Nordeste, os milicos estão por conta com a Igreja.

Este documento é para o Brasil o que Medellín foi para a América Latina, em 1968.[58] Em Goiânia, invadiram a gráfica que imprimia o documento, quebraram as instalações, prenderam o gerente. Dom Fernando Gomes dos Santos, arcebispo da capital de Goiás, denunciou tudo, disse que os responsáveis pelo documento são os signatários, e que se apresentaria à prisão enquanto o gerente estivesse preso. O gerente foi solto. No Nordeste, quatro policiais foram à Cúria do Recife e, sem se identificar, quebraram o que encontraram pela frente. A Polícia Federal compareceu ao local. Dom Hélder disse aos agentes: "Chegaram tarde. O estrago já foi feito." Os federais admitiram: "Deve ser o DOPS. Nós fazemos as coisas direito."

Julho de 1973

No salão nobre, para uma plateia de convidados da cidade e muitos detentos, o grupo teatral encenou a peça *Ninguém prende um homem livre*, dramatização dos capítulos três e quatro dos *Atos dos Apóstolos*.

No próximo dia 8, haverá outra apresentação: um drama, *A cura do cego*, inspirado no capítulo nove do evangelho de João, cinco esquetes cômicos, e declamação do poema *I-Juca Pirama*, de Gonçalves Dias. O espetáculo dura duas horas e envolve 30 participantes.

No cinema, ontem à noite, um preso dormiu e, ao encostar sem querer a cabeça no ombro do vizinho, levou um murro de quem achou que era viadagem. O outro revidou. Foram os dois para o castigo.

---

[58] Em 1968, na cidade colombiana de Medellín, os bispos da América Latina aprovaram um documento crítico ao capitalismo predominante no Continente, o que deu origem à Teologia da Libertação.

O guarda carregou nas tintas no relatório que fez. Pelo resto da vida os dois serão considerados pederastas e terão dificuldades de obter recursos de redução da pena.
Tudo por um simples esbarrão involuntário.

O STM reduziu a pena de Maurice Politi de dez para quatro anos. Daqui a sete meses ele retorna à liberdade.
Hoje, Carlito, falsário, confessou que abandonou o curso porque doutor Zwinglio o aconselhou a não se deixar confundir com terroristas.

Revista geral nos raios. O cozinheiro foi pego com duas facas na cela. Mais oito facas foram descobertas no pátio de esportes.
À noite, a Rádio Tupi deu notícias de nossa vida aqui, e do castigo sofrido pelo Mané há meses. Vários presos ouviram.
Um professor já jogou a toalha e demitiu-se do curso. Outro nunca apareceu. Medo dos presos.

O "cofre" deste diário – o interior de uma caneta Bic opaca – vazou e borrou três folhas. Estão perdidas.

Nos pedidos pagos, hoje, constatamos que baixaram os preços das mercadorias adquiridas pelos presos, como rádios e pilhas, cigarros e cosméticos, graças às denúncias do Laudelino. Mas isso significa também arquivamento da denúncia.

O *Estadão* noticiou que dom Pedro Casaldáliga e mais três irmãzinhas de Foucauld, que vivem em São Félix do Araguaia (MT), encontram-se ameaçados de prisão. Quarenta bispos se preparam para ir lá na próxima segunda à festa da padroeira.

A direção da penitenciária boicota a apresentação do grupo teatral. Adiou-a várias vezes. Até o padre Alexandre intercedeu a favor do espetáculo. Mas doutor Zwinglio desconversa.

Todos os presos que leram o livro do David Nasser – *Falta alguém em Nuremberg* –, emprestado de nossa biblioteca particular, se alegraram com a morte de Filinto Muller, em desastre da Varig, dia 11, em Paris.[59] Morreu também o cantor Agostinho dos Santos.

O diretor recebeu carta-denúncia de que um homicida, transferido da cadeia de Avaré (SP), planeja assassiná-lo. Está com muito medo.

Um preso fugiu do parque agrícola; três outros foram com a polícia procurá-lo. Vaiados ao retornarem, correm risco de morte.

Cigano suspenso da barbearia por ter raspado o cabelo do Ademir com navalha. Só podia ser com máquina. Mas por que ali há navalha? Para barbear os funcionários...

De tarde, Betto foi chamado para visita. Dois policiais se apresentaram como cursilhistas de Uberlândia (MG), membros de um grupo chamado "Comunidades rurais", dirigido por um "beneditino", frei Mateus Rocha, de Anápolis (GO). Frei Mateus é dominicano e mora em Abadiânia (GO). Antes, passaram pela sala de estudos para dar uma espiada em nosso grupo.

Queriam levantar ligações do Betto com uma comunidade rural de Uru, próximo à Uberlândia. Falaram muito de um casal, Ricardo e Marlene, e de Ronan Tito. Deixaram transparecer que as cartas do Betto são lidas na região. Sondaram também se ele faz trabalho político na cadeia...

---

[59] Ao morrer, Filinto Muller era senador. Admirador dos nazistas, chefiou a repressão na ditadura de Vargas, que durou de 1937 a 1945, e foi quem entregou à Gestapo a mulher de Luiz Carlos Prestes, Olga Benário, que estava grávida.

A repressão se pergunta se a nossa libertação não porá lenha na movimentação antiditadura da Igreja Católica.

Sucesso total a apresentação teatral nas noites de terça, 17, e de quarta, 18. Dos cartolas, só o Bonini esteve presente. Mas levou informações positivas ao diretor. Por medida de segurança, dividiu-se o pessoal em duas plateias. Na terça, para o primeiro e terceiro raios; na quarta, para o segundo e quarto.

Cada apresentação durou duas horas e meia. A primeira parte constou de cinco esquetes cômicos que provocaram muitas risadas: *Bobo do bêbado que bebe toda bebida*; *Há algo de podre no Jardim Público*; *O pega-ladrão*; *Três fregueses e um restaurante*; e *Lua de mel no escuro*. Na parte dramática: *I-Juca Pirama*, de Gonçalves Dias; e *A cura do cego*, baseado no Evangelho. Carlito cuidou dos efeitos de som e luz.

Três presos fugiram, hoje, do parque agrícola. O diretor mandou botar fogo no canavial para ver se os fugitivos andavam escondidos por lá.

O rádio noticiou que Geraldo Vandré foi preso ao retornar do exílio. Nos anos de 1967/68, Vandré frequentava o convento de São Paulo, e compôs *A Paixão Segundo Cristino*, cantada em nossas liturgias de Semana Santa.

Após 72 horas de fuga, foram capturados os três fugitivos. Ocupavam um jipe e disfarçavam-se de mulher, com roupas tomadas de prostitutas. Elas os denunciaram à polícia. Levados para Pirapozinho (SP), sofreram torturas na delegacia. Agora estão na cela forte do hospital, nus, obrigados a dormir no chão. E faz muito frio.

Por causa da fuga, 12 presos foram impedidos de trabalhar no parque, onde cada grupo de cinco presos passa a ser vigiado por um guarda.

Na sexta, 20, reprisamos a apresentação teatral para os funcionários com suas famílias e convidados da cidade. O diretor se fez presente acompanhado de seus familiares. Compareceram cerca de 60 pessoas, todas isoladas dos presos. O espetáculo teve início às 20h45 e terminou às 23h30. Ninguém deu sinal de cansaço. O que mais surpreendeu foi a descontração dos atores. Chamou muita atenção o fato de o papel de Jesus ter sido interpretado por um negro.

Já começamos a ensaiar o próximo: um drama baseado nos capítulos 3 e 4 dos *Atos dos Apóstolos*, intitulado *Ninguém prende um homem livre*.

Apenas o pastor metodista e senhora tiveram a delicadeza de cumprimentar os atores.

A direção teme que visitas sirvam de reféns para possíveis fugas. A PM de Presidente Venceslau está de prontidão. Nas duas *blitzen* feitas até agora foram recolhidas 20 facas, uma delas de 70cm de comprimento.

*

A Rádio Moscou citou, ontem, o jornal francês *Le Figaro*, que deu notícias da Igreja no Brasil, em especial de São Félix do Araguaia (MT) e dom Pedro Casaldáliga. A Rádio Havana fez o mesmo, citando o jornal *L'Avvenire*, da Itália.

O São Paulo de 31/7 publicou nota do bispo de Sorocaba (SP) sobre a morte de Alexandre Vannuchi. No sábado, houve missa na Catedral da Sé, celebrada por 15 padres e presidida por dom Paulo Evaristo Arns. Cinco mil universitários presentes.

O cardeal proferiu uma corajosa homilia. Ao final, Sérgio Ricardo cantou *Calabouço*. Ao sair da catedral, 30 estudantes foram presos.

Agosto de 1973

Na noite de sexta, 3, três presos sequestraram a esposa do diretor.

Num salão próximo à sala de aula, houve sessão de cinema para o pessoal da administração. Betto havia terminado a aula de ciências quando percebeu uma movimentação estranha: os três arrastavam dona Maria Tereza pelo corredor, presa por um golpe de braço; colado ao pescoço dela, as pontas de uma faca e de um estilete.

Transcorreram seis horas de muita tensão entre o momento do sequestro e a hora em que deixaram a penitenciária no veículo que lhes foi entregue. Ficamos todo o tempo retidos na sala de aula. Esperávamos o pior a qualquer momento; um grupo de atiradores de elite se posicionou para atirar contra os sequestradores. Não o fizeram porque doutor Zwinglio se deu conta do risco de sua mulher ser atingida. Decidiu-se, então, atender a exigência dos três: um carro, com o tanque de combustível abastecido, para empreenderem a fuga. Levaram junto a refém.

Os presos que fizeram o sequestro – Padeiro, Jabur e João Vitor – não eram nossos alunos; portanto, saíram do raio por negligência ou conivência dos carcereiros. Fazia muito calor e, ainda assim, os guardas não estranharam que usassem japonas... Meteram-se na sala de aula, onde aguardaram o momento em que a família do diretor e amigos entrassem na sala de cinema. Assim que chegaram, os presos invadiram a sala. Eram 9 da noite. Demonstrando uma calma surpreendente, dona Maria Tereza dialogava com seus algozes, com certeza no intuito de retardar a fuga enquanto seu marido buscava um modo de impedi-la. O filho Spencer arriscou-se para tentar salvar a mãe, mas foi repelido pelos foragidos, atingido levemente pelo estilete e jogado ao chão. Doutor Zwinglio chegou a oferecer-se para ser trocado por sua mulher, o que não foi aceito. Às 3 da madrugada saíram com a vítima. Logo, teve início a caçada. A polícia perseguiu-os e, a 100km daqui, atirou nos pneus do carro. Eles o abandonaram e, valendo-se da escuridão, embrenharam-se no mato. Dona Maria Tereza conseguiu controlar o veículo.

Capturados dois dias depois, os presos foram torturados e recolhidos à cela forte.[60] Também estão trancados em celas fortes outros presos considerados perigosos. E toda a população carcerária está no "amarelo". Nosso único contato com o exterior é o rádio.

Como há revistas frequentes, suspendi as anotações deste diário.

Há mais de uma semana permanecemos trancados. Só deixam as celas aqueles que cuidam da alimentação. Outras tarefas, como limpeza, são feitas pelos guardas.

A penitenciária parece um cemitério de vivos. Pela manhã, com o céu nublado e o clima frio, quase todos dormem. O silêncio é pesado como um grito mudo de desespero. Preso só esquece as grades e encontra paz quando dorme.

Ao cair da noite, ouve-se o ressoar dos pulos de quem faz ginástica na galeria superior; o ruído prolongado da água correndo nos canos indica que alguém toma banho; com certeza muitos estão sentados lendo, escrevendo, outros deitados, sonhando. É o que fazem até retornarem à liberdade. Ou encontrarem a morte. Consideram o tempo de prisão um vácuo em suas existências. Aqui apenas esperam, estoicamente. Carne, ossos, sangue e lágrimas se fundem com cimento e ferros.

---

[60] João Vitor, um dos três sequestradores, passou anos no presídio-manicômio de Franco da Rocha (SP) e, ao obter o direito de trabalhar fora da unidade correcional, fugiu e veio a reincidir no crime. Em 1998 – 25 anos depois da frustrada fuga – ainda se encontrava preso.

Ficamos dez dias trancados; prisão dentro da prisão. O diretor reuniu todos os presos no pátio de nosso raio e discorreu sobre as novas determinações. Ficam suspensos o curso de Madureza e o teatro.

Aproveitei esse tempo de isolamento para estudar teologia. Betto leu Teresa de Ávila e o *Journal de Raissa* (Maritain). Ivo pesquisou a Igreja primitiva; leu, de são Cipriano, *Preparação para o martírio* e *De Lapsis*.

Setembro de 1973

Dia 26, o STF, por unanimidade, reduziu para dois anos a pena de quatro anos de reclusão que a Justiça Militar impôs a nós três. O ministro Aliomar Baleeiro, relator do recurso impetrado junto à suprema corte, expressou em seu voto: "Os padres foram presos no clima conturbado de agosto e novembro de 1969. Para mim, num Estado de Direito, até por motivos éticos, há de se ter presente no espírito dos juízes o plurissecular *nemo tenetur se ipsum prodere* (ninguém é obrigado a trair a si mesmo)." E prosseguiu: "Nada nos autos convence que os frades houvessem concebido, fundado, organizado ou fossem líderes de agrupamento contrário à segurança nacional. Adesistas, sim, facilitando fugas, dando esconderijos e ajudas etc., talvez obedecendo a impulsos da caridade cristã. Quem quer que tenha vivido nas fases trágicas de ebulição social, como os homens de minha geração, dificilmente resiste a certos impulsos de solidariedade humana, que o marechal Juarez Távora descreve, por experiência própria do beneficiário, em seu recente livro de memórias. Não vejo também a intensidade do dolo nesses frades ardorosos e irrequietos, como sempre foram os dominicanos e jesuítas." (...) "Tenho para mim que, paradoxalmente, a fé extremada conduz facilmente à efervescência política: os padres da Inconfidência, os da Revolução Pernambucana de 1824 ou 1827, e monsenhor Arruda Câmara, que entrava em cólera sagrada contra comunistas e divorcistas (embora amigo pessoal do líder destes, seu principal adversário), mas que combateu de armas em punho, foi preso e até ferido em revoluções e motins políticos no Norte."

Mané Porfírio recebeu carta de dom Tomás Balduíno. O bispo de Goiás (GO) comunica: "Aqui tivemos assembleia diocesana, de 9 a 13 deste. Este ano tivemos a ajuda de dom Fragoso. A turma gosta de ter, durante a assembleia, a presença de homens mais comprometidos com a Igreja e a realidade. Ano passado dom Pedro Casaldáliga nos assessorou. Ambos foram excelentes.

"Por uma triste coincidência, durante a assembleia deste ano houve a prisão domiciliar de dom Pedro, em São Félix, conforme as agências já noticiaram. O pior é que, até esta data, já prenderam mais de dez colaboradores imediatos dele, e estão todos ainda incomunicáveis. Quatro padres, a saber, Leopoldo, Canuto, Eugênio e Pedro Mari, foram torturados pela Polícia Militar de Mato Grosso, sob as ordens do coronel Euro. A Conferência Nacional dos Bispos já iniciou processo contra os torturadores, pois o delegado de São Félix, também militar, confessou o crime diante de dom Ivo Lorscheider e dom Fernando Gomes dos Santos, arcebispo de Goiânia. Tanto o que confessou quanto as testemunhas são suficientemente qualificadas.

"A intenção dos militares é, com todas essas prisões e interrogatórios, incriminar o bispo dom Pedro e preparar sua expulsão do país, repetindo o velho processo de forjar delitos na base de denúncias pré-fabricadas, sem possibilidade para a vítima se defender. Por que tanto medo da verdade? Por que tanta ação às ocultas e tanto silêncio imposto aos que poderiam projetar alguma claridade?

"Com tudo isso eu fico cada dia mais convencido de que a estrutura política está podre. Ela já tem sérios sinais de decrepitude. Assim vai ser rejeitada pela história como um corpo estranho, ou seja, como um órgão que já não serve mais à saúde do corpo social, mas tornou-se um câncer perigoso. Com efeito, do mesmo modo que o corpo reage ao câncer, assim a sociedade reage às estruturas baseadas na mentira, na violência institucionalizada, na delação, na calúnia, no desrespeito à dignidade do homem, especialmente do pobre e do fraco."

Outubro de 1973

Dia 4, quinta, festa de são Francisco de Assis, fomos libertados às 9h50. Retornamos a São Paulo em companhia de nossos confrades Edson de Souza, José Neves e Reginaldo Fortini. O alvará de soltura só chegou na noite anterior.

Antes de deixar a penitenciária, fomos aos quatro raios nos despedir de um por um dos presos. E distribuímos a eles nossos pertences.[61]

---

[61] Maurice Politi se tornou alto executivo de uma empresa multinacional de seguros, casou e teve dois filhos. Aposentado, vive hoje em São Paulo. Vanderley Caixe também se casou, teve um casal de filhos e, após advogar na Paraíba, em defesa de pequenos agricultores, de sem-terra e dos direitos humanos, vive hoje em Ribeirão Preto (SP). Manoel Porfírio de Souza instalou-se em Porto Nacional (TO), onde trabalhou como enfermeiro. Na década de 1970, faleceu em acidente rodoviário. Ivo Lesbaupin deixou a Ordem dominicana, formou-se em ciências sociais, casou, teve dois filhos, foi professor universitário no Rio. É assessor de movimentos pastorais e sociais. Frei Betto também assessora movimentos pastorais e sociais, é escritor, e vive hoje no convento dominicano das Perdizes, em São Paulo. Após longos anos de trabalho com a Comissão Pastoral da Terra, no Rio e em Goiás, eu vivo, hoje, em Conde (BA), dedicado ao diálogo inter-religioso entre a tradição cristã e as tradições africanas. Para atender às necessidades dos jovens, fundei uma Casa de Cultura.

Epílogo

Diante de tanta dor, o humano degradado em lixo, a voracidade satânica deglute o que antes nos parecia angélico; a tortura provoca uma maldita ópera de tenores, barítonos e contraltos enlouquecidos; o teatro arde em chamas. Resta-nos a esfinge. Quem haverá de decifrar o seu enigma? Quem poderá salvar Deus desta armadilha crucial do dilema de Epicuro: ou Deus pode e não quer evitar o mal e, portanto, não é bom; ou quer e não pode e, portanto, não é onipotente; ou nem pode nem quer e, portanto, não é Deus.

Pode-se tentar escapar do dilema apelando ao "mistério". Isso não elimina a contradição. Lactâncio sugere que Epicuro procurou comprovar a indiferença de Deus à nossa sorte.

Uma visão ingênua da onipotência considera que Deus poderia, se quisesse, evitar todo mal. Se não o faz é por razões que, para nós mortais, ele preferiu guardar no âmbito do "mistério". No entanto, manifesta-nos a sua bondade quando nos estende sua mão salvadora, ainda que à custa do sacrifício de seu Filho. É o que expressa Juan de Iriarte (séc. XVIII) neste ácido epigrama: "O senhor Don Juan de Robres,/de caridade sem igual,/construiu este santo hospital/e também fez os pobres."

Onde se escondia a bondade divina frente ao pavor dos genocídios indígenas na América Latina, nos massacres de africanos, no Gulag, em Auschwitz e Hiroshima? Por que razão foram consentidos por Deus? Por que não os evitou? Ou devemos recorrer à velha hipótese cabalística do *Zimzum*, de que Deus limita sua infinitude e onipotência para dar lugar às suas criaturas?

Bonhoeffer admite um Deus "impotente e fraco" (carta de 16/7/1944). Na carta de 21/8/1944 afirma: "O Deus de Jesus nada tem a ver com um deus que pudesse e tivesse que fazer tudo, tal como nós pensamos."

Conta-se que, após a guerra, um ateu perguntou a um rabino que esteve em campo de extermínio: "Como é possível acreditar em Deus depois de Auschwitz?" Ao que o rabino respondeu: "Como é possível *não* acreditar em Deus depois de Auschwitz?"

Primo Levi diz que "existe Auschwitz, portanto Deus não pode existir". Por que não inverter a questão? "Se Deus não existe, por que existe Auschwitz?" Então concluiremos que Auschwitz e tudo o mais que se lhe assemelha são obras humanas.

Esquecer a morte, pretender matá-la, desprezá-la como a um cadáver retido sob pedras no fundo mais escuro dos oceanos, é adicionar ao crime físico o crime hermenêutico. As abominações não prescrevem e, ainda que todos os arquivos tenham sido incinerados, a injustiça cometida exige reparação. Não é esta uma das leituras dogmáticas do próprio sacrifício de Cristo?

Ora, um Deus limitado acaba enredado na contradição de um ser infinito-finito. O mal atinge a todos, indistintamente, crentes e incrédulos, seja como dor física ou opressão social, culpa ou desgraça, catástrofe natural ou violência urbana. De onde procede o mal? Por que buscá-lo em Deus e não neste nosso mundo? É hora de abandonar as fantasias da mente e recorrer à razão. Diante de um incêndio ou avalanche, não é a Deus que apelamos, mas às causas naturais. Enfermos, recorremos à medicina, assim como a criminalidade nos remete às ciências sociais e às políticas de segurança.

Deus não poderia jamais criar um mundo finito-infinito. Seria o mesmo que desenhar um círculo quadrado. Não há que fazer do Absoluto sinônimo do absurdo. Em si mesma a finitude não é um mal, é condição de possibilidade da criatura. Equivocado é partir da suposição de que o mundo poderia ser perfeito. Um mundo perfeito é uma antinomia tal qual o círculo quadrado. De que vale indagar por que Deus não quis ou não pôde fazer um círculo quadrado? Isso é um *flatus vocis*, palavras ao vento. Seria o mesmo que perguntar: por que uma professora de física não pode ensinar uma equação a seu bebê de um ano? Isso em nada depõe contra a sua capacidade e a sua pedagogia, apenas demonstra a incapacidade de a criança poder aprender em tão tenra idade.

Ficamos encerrados no círculo do absurdo quando levamos a sério a questão que alunos de catequese levantam para desafiar o professor: Se Deus é onipotente, pode fazer uma pedra tão pesada que nem ele próprio poderia levantá-la? Ora, se não pode levantá-la, então não é onipotente... A onipotência de Deus significa que ele pode fazer qualquer coisa que não seja logicamente impossível.

Kierkegaard nos dá uma boa pista ao afirmar que o senhor pode libertar o seu servo, mas este sabe que o poder do senhor é capaz de novamente lhe tirar a liberdade. Assim, jamais se estabelece uma relação de alteridade entre o servo e o senhor. Somente a onipotência divina é capaz de retomar a si mesma enquanto concede liberdade e, uma vez concedida, não pode ser suprimida, pois o dom de Deus instaura a nossa independente liberdade, o que nos possibilita a relação de alteridade e, portanto, de amor.

Para Schelling, a autêntica divindade de Deus consiste na propriedade de ele ser inteiramente livre por nos fazer livres. Ele, que é tudo, abre espaço às suas criaturas, sem que isso reduza ou ameace o seu próprio ser. Isso se chama autonomia criatural.

Nada disso, contudo, diminui a importância da queixa de Jó. Seu grito faz ressoar toda a dor da humanidade: "Maldito o dia em que nasci!" (3, 3). "Para que dar à luz um desgraçado?" (3, 20). Chega a pedir um julgamento imparcial entre Deus e o homem, assim como há entre homens (16, 21). Grito que ecoa na paixão de Jesus: "Meu Deus, por que me abandonaste?" (*Marcos* 15, 34). No entanto, o Filho dá o salto na fé: "Em suas mãos ponho minha vida" (*Lucas* 23, 46).

O *Livro de Jó* enterra a teologia (deuteronômica) que afirmava que onde há mal, há pecado. O mal não resulta do pecado. Resulta de nossa finitude. Ou somos assim ou não poderíamos ser em absoluto. Por isso Deus não dá razão aos amigos de Jó. E sabemos que, malgrado todos os males, "Deus será tudo em todos" (1 *Coríntios* 15, 28), pois, agora, já "nele vivemos, nos movemos e existimos" (*Atos dos Apóstolos* 17, 27).

Obras de Frei Betto

EDIÇÕES NACIONAIS:
1 – *Cartas da prisão* – 1969-1973, Rio de Janeiro, Editora Agir, 2008. (Essas Cartas foram publicadas anteriormente em duas obras – *Cartas da Prisão* e *Das Catacumbas*, pela Editora Civilização Brasileira, Rio de Janeiro. *Cartas da Prisão*, editada em 1974, teve a 6ª edição lançada em 1976.)
2 – *Das catacumbas*, Rio de Janeiro, Civilização Brasileira, 1976 (3ª edição, 1985) – esgotada.
3 – *Oração na ação*, Rio de Janeiro, Civilização Brasileira, 1977 (3ª edição, 1979) – esgotada.
4 – *Natal, a ameaça de um menino pobre*, Petrópolis, Vozes, 1978 – esgotada.
5 – *A semente e o fruto*, Igreja e Comunidade, Petrópolis, Vozes, 3ª edição, 1981 – esgotada.
6 – *Diário de Puebla*, Rio de Janeiro, Civilização Brasileira, 1979 (2ª edição, 1979) – esgotada.
7 – *A vida suspeita do subversivo Raul Parelo* (contos), Rio de Janeiro, Civilização Brasileira, 1979 (esgotado). Reeditado sob o título de *O aquário negro*, Rio de Janeiro Difel, 1986. Há uma edição do Círculo do Livro, 1990 – esgotada. Edição no prelo, Agir.
8 – *Puebla para o povo*, Petrópolis, Vozes, 1979 (4ª edição, 1981) – esgotada.
9 – *Nicarágua livre, o primeiro passo*, Rio de Janeiro, Civilização Brasileira, 1980. Dez mil exemplares editados em Jornalivro, São Bernardo do Campo, ABCD-Sociedade Cultural, 1981 – esgotada.
10 – *O que é Comunidade Eclesial de Base*, São Paulo, Brasiliense, 5ª edição, 1985. Coedição com a Editora Abril, São Paulo, 1985, para bancas de revistas e jornais – esgotada.

11 – *O fermento na massa*, Petrópolis, Vozes, 1981 – esgotada.

12 – *CEBs, rumo à nova sociedade*, São Paulo, Paulinas, 2ª edição, 1983 – esgotada.

13 – *Fogãozinho, culinária em histórias infantis* (com receitas de Maria Stella Libanio Christo), Rio de Janeiro, Nova Fronteira, 1984 (3ª ed. 1985). Nova edição da Mercuryo Jovem – São Paulo, 2002.

14 – *Fidel e a religião, conversas com Frei Betto*, São Paulo, Brasiliense, 1985 (23ª edição, 1987). Edição do Círculo do Livro, São Paulo, 1989 – esgotada.

15 – *Batismo de sangue*, Os dominicanos e a morte de Carlos Marighella, Rio de Janeiro, Civilização Brasileira, 1982 (7ª edição, 1985). Reeditado pela Bertrand do Brasil, Rio de Janeiro, 1987 (10ª edição, 1991). Edição do Círculo do Livro, São Paulo, 1982. Em 2000, foi lançada a 11ª edição revista e ampliada – *Batismo de sangue* – A luta clandestina contra a ditadura militar – Dossiês Carlos Marighella & Frei Tito – pela editora Casa Amarela, São Paulo. Em 2006, foi lançada a 14ª edição, revista e ampliada, pela Editora Rocco.

16 – *OSPB, Introdução à política brasileira*, São Paulo, Ática, 1985 (18ª edição, 1993) – esgotada.

17 – *O dia de Angelo* (romance), São Paulo, Brasiliense, 1987 (3ª edição, 1987). Edição do Círculo do Livro, São Paulo, 1990 – esgotada.

18 – *Cristianismo & marxismo*, Petrópolis, Vozes, 3ª edição, 1988 – esgotada.

19 – *A proposta de Jesus* (Catecismo Popular, vol. I), São Paulo, Ática, 1989 (3ª edição, 1991) – esgotada.

20 – *A comunidade de fé* (Catecismo Popular, vol. II), São Paulo, Ática, 1989 (3ª edição, 1991) – esgotada.

21 – *Militantes do reino* (Catecismo Popular, vol. III), São Paulo, Ática, 1990 (3ª edição, 1991) – esgotada.

22 – *Viver em comunhão de amor* (Catecismo Popular, vol. IV), São Paulo, Ática, 1990 (3ª edição, 1991) – esgotada.

23 – *Catecismo popular* (versão condensada), São Paulo, Ática, 1992 (2ª edição, 1994) – esgotada.

24 – *Lula – biografia política de um operário*, São Paulo, Estação Liberdade, 1989 (8ª edição, 1989). *Lula – Um operário na presidência*, São Paulo, Casa Amarela, 2003 – edição revisada e atualizada – esgotada.

25 – *A menina e o elefante* (infantojuvenil), São Paulo, FTD, 1990 (6ª edição, 1992). Em 2003, foi lançada nova edição revista pela Editora Mercuryo Jovem, São Paulo.

26 – *Fome de pão e de beleza*, São Paulo, Siciliano, 1990 – esgotada.

27 – *Uala, o amor* (infantojuvenil), São Paulo, FTD, 1991 (6ª edição, 1996).

28 – *Sinfonia universal, a cosmovisão de Teilhard de Chardin*, São Paulo, Ática, 1997 (5ª ed. revista e ampliada). A 1ª ed. foi editada pelas Letras & Letras, São Paulo, 1992. (3ª ed. 1999).

29 – *Alucinado som de tuba* (romance), São Paulo, Ática, 1993 (20ª edição, 2000).

30 – *Por que eleger Lula presidente da República* (Cartilha Popular), São Bernardo do Campo, FG, 1994 – esgotada.

31 – *O paraíso perdido – nos bastidores do socialismo*, São Paulo, Geração, 1993 (2ª edição, 1993) – esgotada.

32 – *Cotidiano & Mistério*, São Paulo, Olho d'Água, 1996. (2ª .ed. 2003) – esgotada.

33 – *A obra do Artista – uma visão holística do universo*, São Paulo, Ática, 1995 (7ª edição, 2008).

34 – *Comer como um frade – divinas receitas para quem sabe por que temos um céu na boca*, Rio de Janeiro, Francisco Alves, 1996 (2ª edição 1997). Em 2003, foi lançada nova edição revista e ampliada pela Editora José Olympio, Rio de Janeiro.

35 – *O vencedor* (romance), São Paulo, Ática, 1996 (15ª edição, 2000).

36 – *Entre todos os homens* (romance), São Paulo, Ática, 1997 (8ª edição, 2008).

37 – *Talita abre a porta dos evangelhos*, São Paulo, Moderna, 1998.

38 – *A noite em que Jesus nasceu*, Petrópolis, Vozes, 1998 – esgotada.

39 – *Hotel Brasil* (romance policial), São Paulo, Ática, 1999 (2ª ed. 1999). Nova edição no prelo – Editora Rocco.

40 – *A mula de Balaão*, São Paulo, Salesiana, 2001.

41 – *Os dois irmãos*, São Paulo, Salesiana, 2001.

42 – A *mulher samaritana*, São Paulo, Salesiana, 2001.

43 – *Alfabetto – autobiografia escolar*, São Paulo, Ática, 2002 (4ª edição).

44 – *Gosto de uva – textos selecionados*, Rio de Janeiro, Garamond, 2003.

45 – *Típicos tipos – coletânea de perfis literários*, São Paulo, A Girafa, 2004.

46 – *Saborosa viagem pelo Brasil – Limonada e sua turma em histórias e receitas a bordo do Fogãozinho*, (com receitas de Maria Stella Libanio Christo), São Paulo, Mercuryo Jovem, 2004.

47 – *Treze contos diabólicos e um angélico* – São Paulo, Editora Planeta do Brasil, 2005.

48 – *A mosca azul – reflexão sobre o poder* – Rio de Janeiro, Editora Rocco, 2006.

49 – *Calendário do poder* – Rio de Janeiro, Editora Rocco, 2007.

50 – *A arte de semear estrelas* – Rio de Janeiro, Editora Rocco, 2007.

EM COAUTORIA

1 – *Ensaios de Complexidade* (com Edgar Morin, Leonardo Boff e outros), Porto Alegre, Sulina, 1977.

2 – *Comunicación popular y alternativa* (com Regina Festa e outros), Buenos Aires, Paulinas, 1986.

3 – *Sinal de contradição* (em parceria com Afonso Borges Filho), Rio de Janeiro, Espaço e Tempo, 1988 – esgotada.

4 – *Essa escola chamada vida* (em parceria com Paulo Freire e Ricardo Kotscho), São Paulo, Ática, 1988 (18ª ed. 2003).

5 – *Teresa de Jesus: filha da Igreja, filha do Carmelo* com Frei Cláudio van Balen, Frei Paulo Gollarte, Frei Patrício Sciadini e outros, São Paulo, Instituto de Espiritualidade Tito Brandsma, 1989 – esgotada.

6 – *O plebiscito de 1993 – Monarquia ou república? Parlamentarismo ou presidencialismo?* (em parceria com Paulo Vannuchi), Rio de Janeiro, ISER, 1993.

7 – *Mística e espiritualidade* (em parceria com Leonardo Boff), Rio de Janeiro, Rocco, 1994 (4ª ed. 1999). Rio de Janeiro, Garamond (6ª ed. revista e ampliada, 2005).

8 – *Mística y Espiritualidad* (com Leonardo Boff), Buenos Aires, CEDEPO, 1995. Cittadella Editrice, Itália, 1995.

9 – *Palabras desde Brasil* (com Paulo Freire e Carlos Rodrigues Brandão), La Habana, Caminos, 1996.

10 – *A reforma agrária e a luta do MST* (com vv.aa.), Petrópolis, Vozes, 1997.

11 – *O desafio ético* (com Eugenio Bucci, Luís Fernando Verissimo, Jurandir Freire Costa e outros), Rio de Janeiro/Brasília, Garamond/Codeplan, 1997 (4ª ed.).

12 – *Carlos Marighella – o homem por trás do mito* (coletânea de artigos organizada por Cristiane Nova e Jorge Nóvoa) – São Paulo, UNESP, 1999

13 – *Hablar de Cuba, hablar del Che* (com Leonardo Boff), La Habana, Caminos, 1999.

14 – *A Avareza in "7 Pecados do Capital"* (coletânea de artigos, organizada por Emir Sader) – Rio de Janeiro, Record, 1999.

15 – *Prisão em dose dupla in "Nossa Paixão Era Inventar Um Novo Tempo"* – 34 depoimentos de personalidades sobre a resistência à ditadura militar (organização de Daniel Souza e Gilmar Chaves), Rio de Janeiro, Rosa dos Tempos, 1999.

16 – *A Prática dos Novos Valores in "Valores de uma Prática Militante"*, em parceria com Leonardo Boff e Ademar Bogo, São Paulo, Consulta Popular, Cartilha nº 09, 2000.

17 – *Brasil 500 Anos: trajetórias, identidades e destinos*. Vitória da Conquista, UESB (Série Aulas Magnas), 2000.

18 – *O MST abre um caminho de futuro* in *"Quem está escrevendo o futuro?"* – 25 textos para o século XXI (coletânea de artigos, organizada por Washington Araújo) – Brasília, Letraviva, 2000.

19 – *Contraversões – civilização ou barbárie na virada do século*, em parceria com Emir Sader, São Paulo, Boitempo, 2000.

20 – *O indivíduo no socialismo*, em parceria com Leandro Konder, São Paulo, Fundação Perseu Abramo, 2000.

21 – *O Decálogo* (contos), em parceria com Carlos Nejar, Moacyr Scliar, Ivan Angelo, Luiz Vilela, José Roberto Torero e outros, São Paulo, Nova Alexandria, 2000.

22 – *As tarefas revolucionárias da juventude*, reunindo também textos de Fidel Castro e Lênin; São Paulo, Expressão Popular, 2000.

23 – *Diálogos criativos*, em parceria com Domenico de Masi e José Ernesto Bologna, São Paulo, DeLeitura, 2002.

24 – *Democracia e construção do público no pensamento educacional brasileiro*, organizadores Osmar Fávero e Giovanni Semeraro, Petrópolis, Vozes, 2002.

25 – *Por que nós, brasileiros, dizemos Não à Guerra*, em parceria com Ana Maria Machado, Joel Birman, Ricardo Setti e outros, São Paulo, Editora Planeta do Brasil, 2003.

26 – *A paz como caminho*, em parceria com José Hermógenes de Andrade, Pierre Weil, Jean-Yves Leloup, Leonardo Boff, Cristovam Buarque e outros. Coletânea de textos, organizados por Dulce Magalhães, apresentados no Festival Mundial da Paz, Rio de Janeiro, Editora Quality Mark, 2006.

27 – *Lições de Gramática para quem gosta de literatura*, com Moacyr Scliar, Luís Fernando Verissimo, Paulo Leminsky, Rachel de Queiroz, Ignácio de Loyo-la Brandão e outros, São Paulo, Panda Books, 2007.

28 – *Sobre a esperança – diálogo*, com Mario Sérgio Cortella, São Paulo, Papirus, 2007.

29 – *40 olhares sobre os 40 anos da Pedagogia do oprimido,* com Mário Sérgio Cortella, Sérgio Haddad, Leonardo Boff, Rubem Alves e outros – Editora e Livraria Instituto Paulo Freire, 2008-10-30.

30 – *Dom Cappio: rio e povo,* com Aziz Ab'Sáber, José Comblin, Leonardo Boff e outros – Centro de Estudos Bíblicos, 2008.

31 – *O amor fecunda o Universo – ecologia e espiritualidade*, com Marcelo Barros, Rio, Agir, 2009.

EDIÇÕES ESTRANGEIRAS:

1 – *Dai Soterranei della Storia*, Milão, Itália, Arnoldo Mondadori, 2ª edição (esgotada), 1973.
2 – *Novena di San Domenico*, Brescia, Itália, Queriniana, 1974.
3 – *L'Eglise des Prisons*, Paris, França, Desclée de Brouwer, 1972.
4 – *La Iglesia Encarcelada*, Buenos Aires, Argentina, Rafael Cedeño editor, 1973 (esgotada).
5 – *Brasilianische Passion*, Munique, Alemanha, Kösel Verlag, 1973.
6 – *Fangelsernas Kyrka*, Estocolmo, Suécia, Gummessons, 1974.
7 – *Geboeid Kijk ik om mij heen*, Bélgica-Holanda, Gooi en sticht bvhilversum, 1974.
8 – *Creo desde la carcel*, Bilbao, Espanha, Desclée de Brouwer, 1976.
9 – *Against Principalities and Powers*, Nova York, EUA, Orbis Books, 1977 (esgotado).
10 – *17 Días en Puebla*, México, México, CRI, 1979.
11 – *Diario di Puebla*, Brescia, Itália, Queriniana, 1979.
12 – *Lettres de Prison*, Paris, França, du Cerf, 1980.
13 – *Lettere dalla Prigione*, Bolonha, Itália, Dehoniane, 1980.
14 – *La Preghiera nell'Azione*, Bolonha, Itália, Dehoniane, 1980.
15 – *Que es la Teología de la Liberación?*, Lima, Peru, Celadec, 1980.
16 – *Puebla para el Pueblo*, México, México, Contraste, 1980.
17 – *Battesimo di Sangue*, Bolonha, Itália, Asal, 1983. Nova edição revista e ampliada publicada pela Sperling & Kupfer, Milão, 2000.
18 – *Les Freres de Tito*, Paris, França, du Cerf, 1984.
19 – *El Acuario negro*, La Habana, Cuba, Casa de las Americas, 1986.
20 – *La Pasión de Tito*, Caracas, Venezuela, Ed. Dominicos, 1987.
21 – *El Día de Angelo*, Buenos Aires, Argentina, Dialectica, 1987.
22 – *Il Giorno di Angelo*, Bolonha, Itália, E.M.I., 1989.
23 – *Los 10 mandamientos de la relación Fe y Politica*, Cuenca, Equador, Cecca, 1989.
24 – *10 mandamientos de la relación Fe y Política*, Panamá, Ceaspa, 1989.
25 – *De Espaldas a la Muerte*, Dialogos con Frei Betto, Guadalajara, México, Imdec, 1989.
26 – *Fidel y la Religion*, La Habana, Cuba, Oficina de Publicaciones del Consejo de Estado, 1985. Até 1995, editado nos seguintes países: México, República Dominicana, Equador, Bolívia, Chile, Colômbia, Argentina, Portugal, Espanha, França, Holanda, Suíça (em alemão), Itália, Tchecoslováquia

(em tcheco e inglês), Hungria, República Democrática da Alemanha, Iugoslávia, Polônia, Grécia, Filipinas, India (em dois idiomas), Sri Lanka, Vietnam, Egito, Estados Unidos, Austrália e Rússia. Há uma edição cubana em inglês. Ocean Press, Austrália, 2005.

27 – *Lula – Biografía Política de un Obrero*, Cidade do México, México, MCCLP, 1990.

28 – *A Proposta de Jesus*, Gwangju, Korea, Work and Play Press, 1991.

29 – *Comunidade de Fé*, Gwangju, Korea, Work and Play Press, 1991.

30 – *Militantes do Reino*, Gwangju, Korea, Work and Play Press, 1991.

31 – *Viver em Comunhão de Amor*, Gwangju, Korea, Work and Play Press, 1991.

32 – *Het waanzinnige geluid van de tuba*, Baarn, Holanda, Fontein, 1993.

33 – *Allucinante suono di tuba*, Celleno, Itália, La Piccola Editrice, 1993.

34 – *Uala Maitasuna*, Tafalla, Espanha, Txalaparta, 1993.

35 – *Día de Angelo*, Tafalla, Espanha, Txalaparta, 1993.

36 – *La musica nel cuore di un bambino* (romance), Milano, Sperling & Kupfer, 1998.

37 – *La Obra del Artista – una visión holística del Universo*, La Habana, Caminos, 1998.

38 – *La Obra del Artista – una visión holística del Universo*, Córdoba, Argentina, Barbarroja, 1998.

39 – *La Obra del Artista – una visión holística del Universo*, Madri, Trotta, 1999.

40 – *Entre todos los Hombres* (romance), La Habana, Caminos, 1998.

41 – *Uomo fra gli uomini* (romance), Milano, Sperling & Kupfer, 1998.

42 – *Gli dei non hanno salvato l'America – Le sfide del nuovo pensiero político latinoamericano*, Milano, Sperling & Kupfer, 2003.

43 – *Hotel Brasil* – Éditions de l'Aube, França, 2004.

44 – *Non c'e progresso senza felicità*, em parceria com Domenico de Masi e José Ernesto Bologna, Milano, Rizzoli, 2004.

45 – *Sabores y Saberes de la Vida – Escritos Escogidos*, Madri, PPC Editorial, 2004.

46 – *Dialogo su pedagogia, ética e partecipazione política*, em parceria com Luigi Ciotti, EGA – Edizioni Gruppo Abele, Torino, Itália, 2004.

47 – *Ten Eternal Questions – Wisdom, insight and reflection for life's journey*, em parceria com Nelson Mandela, Bono, Dalai Lama, Gore Vidal, Jack Nicholson e outros – Organizado por Zoë Sallis – Editora Duncan Baird Publishers, Londres, 2005. Edição portuguesa pela Platano Editora, Lisboa, 2005.

48 – *50 cartas a Dios*, em parceria com Pedro Casaldaliga, Federico Mayor Zaragoza e outros – Madri, PPC, 2005.

49 – *Hotel Brasil* – Cavallo di Ferro Editore, Itália, 2006.

50 – *El Fogoncito* – Cuba, Editorial Gente Nueva, 2007.

Impressão e Acabamento:
EDITORA JPA LTDA.